第2版

論文演習 会社法

上田純子・松嶋隆弘・大久保拓也［編］

勁草書房

第2版はしがき

1. 初版刊行後4年を経て、改訂の機会を与えられ、ここに第2版を刊行する。本書の基本的コンセプトは、初版のはしがきに掲げられていることに尽きている。本書にも収録したのでご参照いただきたい。法科大学院教育に関する過度の期待、過度の教条主義的言説が廃れ、ようやく冷静な議論ができる時期となった。受験勉強は、起案練習の前倒しであるという本書のコンセプトは、初版刊行時から一貫しており、広く受け入れられたものと理解している。

2. ここで、第2版の特徴について概括的に述べておくことにしたい。

⑴. 今回から、共編者として新たに大久保拓也が加わることとなった。我々3人は、かねてから仕事を共にすることが多かったが、奇しくも本書でも共同作業に携わることとなった。また、編集幹事として、従前からの金澤大祐氏の他、鬼頭俊泰氏が新たに加わった。

⑵. 問題については、①. 可能な限り、最新版の司法試験、予備試験の過去問を取り上げることとし（令和2年分まで収録）、その結果、②. 初版にあったオリジナル問題は、全部ではないものの、極力、過去問に差し替えることにした。また、③. 過去問でも、重複したり、法改正により意義を減じたと思われるものは、省くことにした。その結果、執筆者の何人かは交代することとなった。

⑶. 解答例は、前回同様、若手弁護士にお願いしたが、メンバー及び解答例はすべて一新した。できる限り「受験時」に近い感覚の解答例が望ましいと考えたためである。そして、解答例については、読者の利便を考慮し、あえて、完璧なものではなく、合格レベルのものをご用意いただいた。解答例に付されたコメントを読み、読者がより良い答案を作るという作業が期待されている。

⑷. 法改正については、令和元年会社法改正、平成29年債権法改正等最新の民法改正を反映する内容とした。ただ、いくつかの問題については、説明の都合上、大幅な改題をせず、旧法下の内容を基礎として、解答例、コメン

ト・解説ともに進め、脚注等で適宜情報を補うという方式がとられていることを付記しておく。

(5). 本書の目次立ては、学習しやすいよう、便宜上、会社法の章立てに沿って、問題を配置している。過去問は、横断的に論点を取り扱っているものが多いため、過去問をより多く収録した第２版では、目次立ての「便宜性」がより際立つこととなった。このため、ぜひ他の章に配置されている問題にも取り組んでみてほしい。

3. 第２版の刊行に際しては、執筆者の方々の他、編集者である勁草書房・山田政弘氏、中東小百合氏に大変お世話になった。ここに著して感謝申し上げる次第である。

2021年１月

上田　純子
松嶋　隆弘
大久保　拓也

初版はしがき

1. 本書は、新司法試験、司法試験予備試験の過去問に若干のオリジナル問題を加え、合格者の答案を付したうえで、研究者による解説を付した学習書であり、未来の法曹を目指す「司法試験受験生」の「受験勉強」の一助にとの思いから編まれたものである。

類書の中で本書の特徴をあげるなら、①過去問を素材としていること、②合格者による答案を付していること、③研究者による解説は、前記答案を見た上で書かれていること、④解説を担当した研究者が答案にコメントを付していること、を指摘することができよう。法科大学院における教育の多元性を反映し、解説のタッチもさまざまである。基本的には、各自の持ち味を活かすことにしているが、答案を基に解説をしていただくことで、議論がそれないよう、一定の枠をはめてある。解説と答案のタッチの差は、教える者と教わる者の差に由来するのか、それとも実務家と研究者の差に由来するのか、それは皆さんで考えてほしい。

なお、「タッチの差」に関連し、教育的効果に鑑み、模範答案に誤りがあったとしてもあえて残してあること、会社法の体系に沿って問題を配置する都合上、同じ問題を素材として、別の解説者に執筆いただいているものがあることを、念のため付言する。

2. 会社法は、とっつきにくいうえ、範囲も広く、苦手とする受験生も多いようである。もちろん勉強に王道はなく、基本書をじっくり読むという地道な勉強をしていくしかないわけであるが、私どもとしては、そのうえで、コツコツと過去問をツブしていくのが有用であると考えている。本書は、そういう孤独で泥臭い勉強の「友」となれればという見地から企画されたものである。

本書は、両編者の長年にわたる意見交換の過程から派生的に産まれたものである。いたずらに近時の裁判例や最先端の学説の展開を追うよりも、過去問をつぶしていく中で、基本書の記述の理解を深めていくような勉強をさせられないであろうか、というのが両名の思いである。法曹実務は起案の連続であり、法曹は、それらの数を重ね、経験知を積み重ねていく中で、量を質に転化させていくものである。そのような観点からは、答案練習は、単なる受験勉強にとどまるのではなく、（将来の）起案の前倒しともいいうる。本書は、数ある試験科目のうち、会社法に関するものにすぎない。ただ、会社法は、苦手とされることが多い科目なので、本書により、少しでもその苦手意識を軽減できればと願っている。

3. 本書は、あくまでも学習書にすぎないが、本書刊行にいたる作業は、通常の書籍以上に大変なものであった。各章の模範答案作成者と解説者には多忙を極める中、相互の議論の方向性が逸れないよう綿密な擦り合わせを自主的に行っていただいた。本書の趣旨に賛同し、ご理解いただいたうえでの執筆者相互間のこうした真摯な取組みがなければ本書が形になることはなかった。なお、本書の目次の作成は、金澤大祐先生（日本大学法科大学院助教、弁護士）の献身的な努力に負うところが大きい。また、具体的な編集作業にあたっては、担当編集者の山田政弘さんに大変にご尽力をいただいた。ここに著して感謝申し上げる次第である。

2017年1月

上　田　純　子
松　嶋　隆　弘

目　次

【下巻】

第5章　機関3：役員の義務、責任……1

Ⅰ　集団的内部統制と親子会社の役員等の責任……2
問題（オリジナル）……2
解答例……4
解説……8
Ⅱ　従業員の引き抜き・競業取引……13
問題（司法試験平成27年度民事系第2問）……13
解答例……18
解説……24
Ⅲ　利益相反取引①……38
問題（予備試験平成24年度）……38
解答例……39
解説……45
Ⅳ　利益相反取引②……57
問題（予備試験平成26年度）……57
解答例……58
解説……62
Ⅴ　報酬……71
問題（司法試験平成25年度民事系第2問）……71
解答例……75
解説……81
Ⅵ　差止め……94
問題（司法試験平成21年度民事系第2問）……94

解答例……98
解説……104
Ⅶ　対会社責任……111
問題（旧司法試験平成18年度第1問）……111
解答例……111
解説……116
Ⅷ　対第三者責任……127
問題（旧司法試験平成19年度第2問）……127
解答例……127
解説……132

第6章　監査……141

Ⅰ　監査役、監査役会、指名委員会等設置会社、監査等委員会設置会社……142
問題（オリジナル）……142
解答例……143
解説……147

第7章　会社の計算……155

Ⅰ　会計帳簿……156
問題（予備試験平成25年度）……156
解答例……158
解説……162
Ⅱ　計算書類の不実記載と違法配当……173
問題（オリジナル）……173
解答例……176
解説……181

第8章　組織再編 …… 189

Ⅰ　事業譲渡 …… 190
問題（司法試験平成18年度民事系第1問）…… 190
解答例 …… 193
解説 …… 198
Ⅱ　分割、事業譲渡 …… 205
問題（旧司法試験平成21年度第1問）…… 205
解答例 …… 205
解説 …… 210
Ⅲ　詐害分割 …… 217
問題（オリジナル）…… 217
解答例 …… 218
解説 …… 220
Ⅳ　キャッシュ・アウト …… 225
問題（オリジナル）…… 225
解答例 …… 226
解説 …… 229

第9章　その他 …… 235

Ⅰ　手形 …… 236
問題（予備試験平成28年度）…… 236
解答例 …… 237
解説 …… 241

巻末付録 …… 249

Ⅰ　巻末付録① …… 250
問題（予備試験平成27年度）…… 250

解答例……252
解説……257
Ⅱ　巻末付録②……268
問題（予備試験令和２年度）……268
解答例……270
解説……274

【上巻】

第１章　設立

Ⅰ　発起人の権限、定款に記載なき財産引受け、事後設立
問題（司法試験平成 29 年度民事系第２問）
解答例
解説
Ⅱ　現物出資
問題（司法試験平成 22 年度民事系第１問）
解答例
解説
Ⅲ　仮装払込み
問題（予備試験平成 29 年度）
解答例
解説

第２章　株式、新株発行

Ⅰ　株式譲渡
問題（司法試験平成 22 年度第１問）
解答例
解説
Ⅱ　自己株式
問題（司法試験平成 23 年度民事系第２問）

解答例
解説
Ⅲ　新株発行無効
問題（司法試験平成 19 年度民事系第 1 問）
解答例
解説
Ⅳ　新株発行不存在
問題（司法試験平成 26 年度民事系第 2 問）
解答例
解説
Ⅴ　新株予約権
問題（司法試験令和元年度民事系第 2 問）
解答例
解説

第 3 章　機関 1：株主総会

Ⅰ　株主提案権
問題（予備試験平成 30 年度）
解答例
解説
Ⅱ　株主総会決議の瑕疵
問題（司法試験平成 24 年度民事系第 2 問）
解答例
解説

第 4 章　機関 2：取締役会

Ⅰ　取締役会決議
問題（予備試験平成 23 年度）
解答例
解説

Ⅱ　取締役会決議の瑕疵①（総合問題）
問題（司法試験平成 20 年度民事系第 2 問）
解答例
解説
Ⅲ　取締役会決議の瑕疵②（総合問題）
問題（司法試験平成 28 年度民事系第 2 問）
解答例
解説

巻末付録

Ⅰ　巻末付録①
問題（司法試験平成 30 年度民事系第 2 問）
解答例
解説
Ⅱ　巻末付録②
問題（予備試験令和元年度）
解答例
解説
Ⅲ　巻末付録③
問題（司法試験令和 2 年度民事系第 2 問）
解答例
解説

凡　例

1　解説中、カッコ内で条数を記載する場合、会社法については、法令名を省略する。

会社法施行規則については、施行規則と記載する。

会社計算規則については、計算規則と記載する。

例：会社法467条1項5号、会社法施行規則135条

→（467条1項5号、施行規則135条）

2　判例掲載書誌については、以下の略記を用いる。

民集　　最高裁判所民事判例集

刑集　　最高裁判所刑事判例集

民商　　民商法雑誌

判時　　判例時報

判評　　判例評論

判タ　　判例タイムズ

金判　　金融・商事判例

新聞　　法律新聞

編者・執筆者一覧

編者

上田　純子（うえだ　じゅんこ）

愛知大学大学院法務研究科教授。椙山女学園大学教授、静岡大学大学院法務研究科教授、九州大学大学院法学研究科教授を経て 2017 年より現職。

〔主要著書〕

上田純子＝植松勉＝松嶋隆弘編著『少数株主権等の理論と実務』（勁草書房、2019 年）等多数

松嶋　隆弘（まつしま　たかひろ）

日本大学法学部教授・弁護士（みなと協和法律事務所）。日本大学大学院法学研究科博士前期課程修了後、司法修習等を経て、現職。私法学会理事、公認会計士試験委員（企業法）などを歴任。令和元年度会社法改正に関する衆議院法務委員会参考人。

〔主要著書〕

松嶋隆弘＝大久保拓也編『商事法講義 1 ～ 3』（中央経済社、2020 年）

松嶋隆弘編著『実務が変わる！　令和改正会社法のまるごと解説』（ぎょうせい、2020 年）

松嶋隆弘＝渡邊涼介編著『改正資金決済法対応 仮想通貨はこう変わる!!　暗号資産の法律・税務・会計』（ぎょうせい、2019 年）

上田純子＝植松勉＝松嶋隆弘編著『少数株主権等の理論と実務』（勁草書房、2019 年）等多数

大久保拓也（おおくぼ　たくや）

日本大学法学部教授。日本大学大学院法学研究科博士後期課程満期退学後、日本大学法学部助手・専任講師・准教授を経て現職。日本空法学会理事、日本登

記法学会監事。令和元年度会社法改正に関する参議院法務委員会参考人。
〔主要著書〕
松嶋隆弘＝大久保拓也編『商事法講義１～３』（中央経済社、2020年）
藤田勝利＝落合誠一＝山下友信編『注釈モントリオール条約』（有斐閣、2020年）〔共著〕
神作裕之＝藤田友敬編『商法判例百選』（有斐閣、2019年）〔共著〕等多数

執筆者

【上巻】

第１章

Ⅰ　解説　**原　　弘明**（関西大学教授）
　　解答例　**石原光太郎**（弁護士）
Ⅱ　解説　**大久保拓也**（日本大学教授）
　　解答例　**萩原　　任**（弁護士）
Ⅲ　解説　**武田　典浩**（国士舘大学教授）
　　解答例　**長谷川佳英**（弁護士）

第２章

Ⅰ　解説　**隅谷　史人**（流通経済大学准教授）
　　解答例　**石原光太郎**（弁護士）
Ⅱ　解説　**隅谷　史人**（流通経済大学准教授）
　　解答例　**長谷川佳英**（弁護士）
Ⅲ　解説　**西川　義晃**（静岡大学准教授）
　　解答例　**石原光太郎**（弁護士）
Ⅳ　解説　**鬼頭　俊泰**（日本大学准教授）
　　解答例　**長谷川佳英**（弁護士）
Ⅴ　解説　**山本　将成**（椙山女学園大学講師）
　　解答例　**三木原健太**（弁護士）

第3章

Ⅰ	解説	**松嶋　隆弘**	(日本大学教授・弁護士)
	解答例	**水島　　昴**	(弁護士)
Ⅱ	解説	**松嶋　隆弘**	(日本大学教授・弁護士)
	解答例	**三木原健太**	(弁護士)

第4章

Ⅰ	解説	**牧　真理子**	(大分大学准教授)
	解答例	**水島　　昴**	(弁護士)
Ⅱ	解説	**松嶋　隆弘**	(日本大学教授・弁護士)
	解答例	**三木原健太**	(弁護士)
Ⅲ	解説	**松嶋　隆弘**	(日本大学教授・弁護士)
	解答例	**水島　　昴**	(弁護士)

巻末付録

Ⅰ	解説	**深澤　泰弘**	(岩手大学教授)
	解答例	**服部　滋多**	(弁護士)
Ⅱ	解説	**深澤　泰弘**	(岩手大学教授)
	解答例	**服部　滋多**	(弁護士)
Ⅲ	解説	**原　　弘明**	(関西大学教授)
	解答例	**服部　滋多**	(弁護士)

【下巻】

第5章

Ⅰ	作題・解説	**上田　純子**	(愛知大学教授)
	解答例	**山岡　達也**	(弁護士)
Ⅱ	解説	**松嶋　隆弘**	(日本大学教授・弁護士)
	解答例	**松宮　　愛**	(弁護士)
Ⅲ	解説	**隅谷　史人**	(流通経済大学准教授)
	解答例	**山岡　達也**	(弁護士)
Ⅳ	解説	**岡田　陽介**	(愛媛大学准教授)
	解答例	**松宮　　愛**	(弁護士)

Ⅴ　解説　**大久保拓也**（日本大学教授）
解答例　**山岡　達也**（弁護士）
Ⅵ　解説　**尾形　祥**（早稲田大学准教授）
解答例　**松宮　愛**（弁護士）
Ⅶ　解説　**西川　義晃**（静岡大学准教授）
解答例　**半澤　斉**（弁護士）
Ⅷ　解説　**重田麻紀子**（青山学院大学教授）
解答例　**半澤　斉**（弁護士）

第6章

Ⅰ　作題・解説　**鬼頭　俊泰**（日本大学准教授）
解答例　**萩原　任**（弁護士）

第7章

Ⅰ　解説　**松嶋　隆弘**（日本大学教授・弁護士）
解答例　**萩原　任**（弁護士）
Ⅱ　作題・解説　**上田　純子**（愛知大学教授）
解答例　**半澤　斉**（弁護士）

第8章

Ⅰ　解説　**尾形　祥**（早稲田大学准教授）
解答例　**萩原　任**（弁護士）
Ⅱ　解説　**岡田　陽介**（愛媛大学准教授）
解答例　**山本　暢明**（弁護士）
Ⅲ　作題・解説　**牧　真理子**（大分大学准教授）
解答例　**山本　暢明**（弁護士）
Ⅳ　作題・解説　**金澤　大祐**（日本大学講師・弁護士）
解答例　**山本　暢明**（弁護士）

第9章

Ⅰ　解説　**松嶋　隆弘**（日本大学教授・弁護士）
解答例　**山本　暢明**（弁護士）

巻末付録

Ⅰ　解説　**山本　将成**（椙山女学園大学講師）

解答例　服部　滋多（弁護士）
Ⅱ　解説　武田　典浩（国士舘大学教授）
解答例　内田　貴史（弁護士）

第5章

機関3：役員の義務、責任

Ⅰ　集団的内部統制と親子会社の役員等の責任

問題（オリジナル）

次の文章を読み、後記設問に答えなさい。

1．Ｐは、東京証券取引所第二部に、その発行する株式の全部を上場している株式会社である（以下「Ｐ社」という。）。もともとは医薬品の卸売販売を手掛けていたがその後一般流通業に業容を拡大し、バブル期にはさらに不動産売買・仲介・鑑定・開発も行うようになった。

2．Ｐ社は、2011年に新設分割により不動産事業部門を切り離してＱ株式会社（以下「Ｑ社」という。）とし、Ｑ社の発行済株式50万株のすべてを保有することによって、以降Ｑ社をＰ社の完全子会社とするに至った。Ｑ社は、普通株式１種類のみを発行し、株式の譲渡に株式会社の承認を要する旨の定款の定めを置いていない取締役会設置会社であるが、監査等委員会設置会社でも、指名委員会等設置会社でもなく、その発行する株式を金融商品取引所に上場してもいない。資本金は５億円、その資産のほとんどは固定資産であるが、2011年の会社設立以降、ほぼ毎事業年度その総資産額は200億円前後、１株当たりの純資産額は9,000円前後で推移してきた。

3．2018年、Ｑ社の代表取締役社長Ｉは、取締役会の全会一致を得て、駆け出しの会社の社運を賭け△市の広域宅地開発プロジェクトを計画した。△市内の有名大学や主要教育施設等が近々移転する予定の△市の東部丘陵地帯を成形して宅地造成し、約100戸の一戸建て住宅を建築し、販売すると、子育て世帯等を中心に高い関心を集め、販売開始からわずか２か月のうちに完売した。

4．Ｑ社の宅地開発プロジェクトは、Ｑ社の市場調査室の報告をもとにその営業利益率を重視して立案されたもので、Ｑ社の取締役会で承認された後、Ｑ社の監査室が最終的な確認を行い、Ｑ社の職務権限規程に基づき、Ｉの決裁のもと、Ｑ社監査室からＰ社取締役会へ事前に報告された。Ｐ社の内部統制規程によれば、子会社における一件総額５億円以上の新規プロジェクトは、Ｐ社の取締役会へ報告されることとなっており、当該規定に従ったものであった。当該計画を巡っては、Ｐ社の代表取締役社長であるＡが積極的な意見を述べた後、他の取締役B、C、D、E、F、G、Hからもそれに追随するかのように期待の声が上がり、反対意見はP社取締役会でも皆無であった。その後も、Q社の宅地造成、建売販売、販売状況については、P社の内部統制規程に基づき、その都度P社への報告書がQ社監査室によって作成されIの決裁を受けたあとP社の取締役会に送付され、大規模プロジェクトにも関わらずの速やかな完売にP社の取締役も一様に安堵した。このプロジェクトの収益により、Q社の営業利益は50億円上昇し、また、1株当たりの純資産額も18,000円まで上がった。

5．2020年、△市の開発行為などの許可業務を巡り、△市宅地課課長KとIが各収賄および贈賄の容疑で逮捕される事態となった。カードローンなどで多重債務を抱えたK側から持ち掛けられたとのことであったが、Iが申請したQ社の開発事業の審査に便宜を図った見返りとして、Kが額面600万円の小切手を受け取っていたことが明るみに出たのである。

6．Kへの贈賄はIの一存で行われたため、Q社の他の取締役たちはまったく気づく術もなかったが、ただ、Q社の取締役財務経理本部長のJは、部下である経理部長から、Iの交際費に600万円の使途不明金が発生しているとの報告を受けていた。Jは、社長を問いただすことは気が引けたので、経理部長に「誰にも口外するな」とのみ告げ、当該事実を隠匿した。Q社におけるIの事実上の権限は強大であり、Iが自己の一存で重要な業務執行をなすことが常態化していたが、誰もIを諫めることができなかった。

ちなみに、Iの贈賄が行われた時点におけるP社保有に係るQ社株式の帳簿価額は20億円で、P社の総資産額は1,200億円であったが、上記4のとおり、Q社の宅地開発プロジェクトの成功により、本件贈収賄事件に係る報道直前の当該株式には70億円の含み益が生じていた。P社の総資産額の変動はなかった。

7．Iの贈賄容疑による逮捕の報道が流れるとQ社の新規物件取扱件数は激減し、Iの贈賄時と比較して、営業利益は100億円あったものが8,000万円まで落ち込み、純資産額も90億円あったものが、10億円まで減少した。そのため、P社は、監査法人の助言を得て、保有するQ社株式について減損処理を行い、その結果、2020年度決算において当該株式の評価額に10億円の損失が生じた。

〔設問〕

Xは、15年来のP社の株主であり、単独でP社の株式の約2％を保有している。2011年のP社の不動産事業部門の独立採算化はほかならぬこのXの助言によるところが大きく、Xは以降Q社の業績にとくに注視してきた。Xは、せっかく軌道に乗りかけたQ社の存続そのものを危うくしかねない今回のI逮捕の報道に憤激し、P社の取締役であるA、B、C、D、E、F、G、HのP社に対する任務懈怠責任、および、Q社の取締役であるI、JのQ社に対する任務懈怠責任を追及したいと考えている。Xはそのような主張を行いうるか、また行いうると考える場合、いかなる主張を行いうるかを検討しなさい。

解答例

第1　A～HのP社に対する責任

1　株主代表訴訟

P社の株主であるXは、取締役A、B、C、D、E、F、G、H（以下、「Aら」とする。）のP社に対する任務懈怠責任を追及する方法として、株主代表訴訟（法847条）を提起することが考えられる。

この点、P社は上場しており「公開会社」（法2条5号）であるところ、Xは15年来の株主であり、「6か月前」から株式を保有している。

したがって、XがP社に提訴請求（法847条1項本文）をし、P社が「請求の日から60日以内」に提訴しない場合（法847条3項）には、Xは株主代表訴訟を提起してAらの任務懈怠責任を追及することが考えられる。

2　Aらの任務懈怠責任（法423条1項）

本件では、P社の完全子会社であるQ社の代表取締役Iが贈賄容疑により逮捕され、Q社の業績が悪化している。

そこで、Iのかかる不正行為を防止できなかった点について、P社の取締役Aらに任務懈怠責任を追及することが考えられる。

この点、取締役の会社に対する任務懈怠責任が認められるには、①任務懈怠（「任務を怠った」）、②損害、③任務懈怠と損害との因果関係に加えて、④帰責事由（法428条1項参照）が必要である。①

なお、①「任務を怠った」とは、取締役の具体的な法令違反又は善管注意義務違反をいう。

3　Aらの善管注意義務について

(1)　内部統制システム構築義務

ア　P社は、資本金5億円の「大会社」（法2条6号イ）であり、取締役会設置会社（法2条7号）であるため、取締役会において内部統制システムを構築し、決定しなければならないとされている（法362条5項、同条4項6号）。

そのため、P社の取締役は、善管注意義務（法330条、民法644条）及び忠実義務（法355条）の一内容として、会社の事業規模等に応じた内部統制システムを構築し、これを適切に運用する義務を負うと考えられる。

そして、かかる統制システムの対象は、P社だけでなく、その子会社にも及ぶことから（法362条4項6号参照）、Q社に関する内部統制システムも構築する必要がある。

イ　本件では、P社の内部統制規定として、Q社の事業について、①一件総額5億円以上の新規プロジェクトはP社の取締役会へ報告する必要があること、②宅地造成、建売販売、販売状況についてその都度報告書を送付すること、という統制システムが構築されている。

(ア)　まず、Q社の事業について、新規プロジェクトはP社の取締役会への報告を必要とし、プロジェクトによっては実施状況に応じて逐次報告書の送付を求めているとおり、P社においてQ社の取締役等の職務執行に関する報告体制（規則100条1項5号イ参照）は構築されており、適切に運用もされているといえる。

(イ)　また、新規プロジェクトは、通常の事業と比べて、一般的にリスクを伴うものであるが、かかるリスクの高い事業については取締役会への報告を必要としている。そして、事前の報告だけでなく、逐次報告書の送付を求めることにより、事業の実施状況に応じて内容を精査することが可能な体制をとっている。

加えて、P社の取締役会への報告を求めているため、複数の取締役による多角的な監査が可能である。

したがって、損失の危険の管理に関する体制（同号ロ参照）も構築されており、適切に運用もされているといえる。

(ウ)　さらに、Q社には監査室が設けられており、これはQ社の取締役等の職務執行の適正等の監査機関と思われるところ、P社取締役会への報告はQ社監査室により行われており、Q社の取締役等の職務執行の法令適合性を確保する体制（同号ニ）も構築されていたと思われる。

この点につき、本件ではQ社の代表取締役Iが不正行為に及んでいるが、かかる事実をもって、直ちに上記体制の構築に不備があったとまでは認められない。

すなわち、法令適合性の確保については、通常想定される不正行為を
②

防止しうる程度の統制システムを構築すれば足りると考えられるところ、本件不正行為はＩの一存で行われた贈賄容疑であり、水増し請求や架空発注のような取引に関連するものではなく、通常容易に想定し難い方法によるものである。したがって、これを防止できなかったことをもって、統制システムの内容が一定の水準に達していないとはいえない。

ウ　以上のとおり、Ａらは、会社の事業規模に応じた内部統制システムを構築し、これを適切に運用していることから、善管注意義務違反は認められない。

⑵　監視義務

Ａらは、取締役の職務として、他の取締役等が適正に職務を行っているか監視すべき義務を負うところ、子会社の取締役に対しても、事前に違法行為を察知した場合には、必要な措置をとる等、監視すべき義務を負うと考えられる。③

本件でも、Ａらが内部通報等により事前にＩの不正行為を察知していた場合には、必要な措置をとらなかったとして、監視義務違反が認められる可能性がある。

４　その他の要件

Ａらに上記監視義務違反（要件①）が認められる場合、甲社にはＱ社株式の価値減少分として80億円の損害が生じ（要件②）、これはＩの不正行為によるものであるといえ（要件③）、Ａらに過失が認められる可能性も高い（要件④）。

したがって、この場合には、Ｘは、株主代表訴訟を提起し、Ａらの任務懈怠責任を追及することができる。

第２　Ｉ、ＪのＱ社に対する責任

１　Ｉ、ＪのＱ社に対する任務懈怠について

⑴　Ｉは、贈賄行為という法令違反行為（刑法198条参照）をしており、任務懈怠が認められる。

⑵　Ｊは、取締役として他の取締役の監視義務を負うところ、Ｉの交際費として600万円の使途不明金が発生していることを知りながら、かかる事実を隠匿しており、監視義務違反が認められる。

２　上記のとおり、Ｉ及びＪにはＱ社に対する任務懈怠が認められるが、Ｐ社の株主であるＸがＱ社の取締役Ｉ及びＪ責任を追及することができるか。

⑴　まず、Ｘはあくまでｐ社の株主であってＱ社の株主ではないため、上記

株主代表訴訟（法847条）を提起することはできない。

(2)　次に、P社はQ社の完全親会社であることから、XはQ社の「完全親会社等」の「株主」として、特定責任追及の訴え（法847条の3）を提起することが考えられる。

この点、「特定責任」とは、原因となった事実が生じた日において、株式の帳簿価格が④親会社の総資産額の5分の1を超えていなければならない⑤。贈賄時におけるQ社の株式の帳簿価格は20億円であるところ、P社の総資産額は1200億円であり、5分の1を下回る。したがって、「特定責任」には該当しない。

よって、Xは、特定責任追及の訴えを提起することはできない。

3　以上のとおり、I及びJにはQ社に対する任務懈怠は認められるが、P社の株主Xがかかる責任を追及することはできない。

以　上

［コメント］

①　任務懈怠責任の要件を適切に抽出している。①任務懈怠と④帰責事由を切り分けるのは二元説的構成による。

②　設例事実中内部統制システムの内容について個別具体的に記した部分はないが、(ア)(イ)(ウ)等の所与の事実から判断される範囲で内部統制システムの構築内容・運用実態を措定し、P社取締役の善管注意義務違反の成否を判断している。もちろん、違法不正行為を防ぎえなかったという事実をもって、内部統制システム運用上の不備が推定されるわけではなく、誤解を恐れずに言えば、取締役に内部統制システム構築整備義務を認めることには、内部統制システムの適正な運用によっても防ぎえない社内の違法不正行為については、取締役の善管注意義務違反を問わないという側面もある。もっとも、贈賄が通常容易に想定し難い行為であるとしても、設例事実中、使途不明金情報をQ社取締役が入手していたことをどう評価するかという問題はあろう。

③　形式的には別法人であるから、そう考える根拠を示したほうがよい。本解答例では、一応、内部統制システム下の内部通報制度等を通じて情報を察知していながら取締役らが対応していない等の場合に監視義務違反を見出しうると考えていることは窺われるものの、上記根拠が示されていないためか、内部統制システム構築整備義務違反を否定しつつ監視義務を肯定しうるとする論理がやや把握しにくい。

④　法847条の3第4項。この文は、主語と述語が噛み合っていない。

⑤　子会社の株式。

解説

1　はじめに

会社法上、株式会社は、「取締役の職務の執行が法令及び定款に適合することを確保するための体制その他株式会社の業務並びに当該株式会社及びその子会社から成る企業集団の業務の適正を確保するために必要なものとして法務省令で定める体制の整備」の決定を各取締役に委任することができず（348条3項4号、362条4項6号）、大会社においては、当該決定が義務づけられる（348条4項、362条5項）。この決定は、取締役会非設置の大会社の場合には、取締役（取締役が複数いる場合にはその過半数）の決定、取締役会設置の大会社の場合には、取締役会の決議による。上記の「」中「取締役の……定める体制」の部分について、一般に内部統制システムと呼ばれている。子会社から成る企業集団についても内部統制システムの構築・整備の対象とされたのは、平成26年改正によってであり、同改正によって導入された特定責任追及の訴え（多重代表訴訟）の制度と平仄を合わせたものである。ちなみに、指名委員会等設置会社および、平成26年改正によって導入された監査等委員会設置会社の各取締役会についても、同様の決定義務が規定されている（416条1項1号ホ、399条の13第1項1号ハ）。

会社法の定めは、内部統制に関する取締役または取締役会の決定義務についてであり、必ずしも意思決定機関の構成員である各取締役に内部統制構築整備義務を課すものではないが、意思決定機関の構成員として、当該意思決定機関において会社にふさわしい内部統制システムを構築し整備する決定をしなければ、また、（代表）取締役は、当該意思決定機関の決定に基づいて会社にふさわしい内部統制システムを構築し整備しなければ、善管注意義務に違反する（330条、民法644条）ことは疑いないであろう。一方、判例・裁判例は、平成17年に会社法が成立する以前から、各取締役は「リスク管理体制構築整備義務」を負う旨を判示してきた（大阪地判平成12・9・20判時1721号3頁、最判平成21・7・9判時2055号147頁ほか）〈内部統制構築整備義務違反に関する判例・裁判例に関しては、本書第４章Ⅲ参照〉。内部統制に関する取締役または取締役会の権限を定める会社法の規定が、上記判例法上のリスク管理体制構築整備義務を踏まえたものであるかは明らかではないが、内部統制システムに関する意思決定および執行（構築・整備）に関する注意義務と判例法上の義務の内実は実際上重なるように思われる。

内部統制システムに関する決定が取締役や取締役会に義務づけられるか否かに関わらず、内部統制システムを定める場合には、法務省令に列挙される事項を網羅する必要がある（施行規則100条、110条の４、112条参照）。

2　Ｐ社取締役のＰ社に対する責任

Ｐ社は、会社法上の大会社（２条６号イ）であり、かつ公開会社でもあるから（同条５号）、取締役会設置会社（同条７号、327条１項１号）である。したがって、Ｐ社の取締役会には内部統制システムの構築・整備に関する決定が義務づけられ（362条５項・４項６号、施行規則100条）、取締役会構成員たる各取締役には取締役会において内部統制システムの構築・整備に関する適正な決定をなし、代表取締役には当該取締役会決議に基づいて内部統制システムを適正に構築し整備することに善管注意義務が課せられる。上記のとおり、当該内部統制システムには、企業集団としての業務の適正を確保するために必要な体制も含まれる（362条４項６号、施行規則100条１項５号）。具体的には、Ｐ社の子会社であるＱ社の取締役等の職務の執行に係るＰ社への報告に関する体制（施行規則100条１項５号イ）、Ｑ社の損失の危険の管理に関する規程その他の体制（同号ロ）、Ｑ社の取締役等の職務の執行が効率的に行われることを確保するための体制（同号ハ）、および、Ｑ社の取締役等の職務の執行が法令に適合することを確保するための体制（同号ニ）を構築しなければならない[(1)]。

設例からは、Ｐ社は内部統制規程を有しており、それに従って、子会社であるＱ社の監査室との連携のもと、一定規模以上の新規プロジェクトはＰ社の取締役会に報告されていたほか、Ｑ社の重要プロジェクトの実施状況について

（1）　詳細については、中村直人ほか『平成26年改正会社法対応　内部統制システム構築の実務』（商事法務、2015）、大塚和成ほか『内部統制システムの法的展開と実務対応』（青林書院、2015）、弥永真生編著『企業集団における内部統制』（同文館出版、2016）、ほか参照。

は、逐次報告されていたことが窺われる。したがって、Ｐ社の取締役に内部統制システム無構築に関する善管注意義務違反はないと評価してよいと思われる。もっとも、それが法務省令の事項（施行規則100条１項・３項）を網羅するものであったか、また、Ｐ社に適合する水準のものであったか、等については不明であるが、Ｑ社における取締役等の職務執行の状況がＰ社取締役会に把握される仕組みは一応確立しているといえるので、Ｐ社の内部統制システムは著しく不合理であるとはいえず、また、機能していなかったともいえないように思われる。そうすると、Ｐ社の取締役に内部統制システム構築整備義務違反はないことになる。他方で、Ｑ社の取締役財務経理本部長のＪは、経理部長からＩの交際費に600万円の使途不明金があるとの報告を受けながら、当該情報がＩへ遠慮して物が言えない雰囲気のなかでＱ社取締役会で共有されず、ひいては親会社であるＰ社取締役会にも知らされることがなかったため、法令違反行為が放置された点を捉えて、Ｐ社の集団的内部統制システム運用上の不備と構成する余地はあるかもしれない。なお、いかなる水準のシステムを構築すべきかは、Ｐ社取締役らの経営判断に委ねられる（前掲大阪地判平成12・９・20等）。

3　Ｐ社取締役によるＱ社取締役の監視義務

会社法上、親会社の取締役による子会社取締役の監視義務を定める明文規定はないが、一定の場合に親会社取締役による子会社の監視懈怠に基づく責任を認めた判例・裁判例は存在する（東京地判平成23・11・24判時2153号109頁（ただし、結論として任務懈怠責任は否定）、福岡地判平成23・１・26金判1367号41頁、福岡高判平成24・４・13金判1399号24頁、最判平成26・１・30裁時1597号１頁）。少なくとも、親会社の取締役が子会社の決定を指図し、支配するような状況下にあり、当該指図や支配が親会社に対する法令定款違反や善管注意義務違反に相当するような場合に親会社の取締役は子会社の監視義務違反に基づく責任を負うといえよう（東京地判平成３・１・25判時1760号144頁）。そのような場合には、親会社の取締役は、子会社の取締役の法令違反行為や善管注意義務違反に対し、当該親会社のみならず、子会社に対しても責任を負う可能性がある。

企業集団としての内部統制システムの決定義務が会社法上明文化された平成26年改正以降は、親会社取締役には当該内部統制システムを通じて子会社の業務執行に関する監視が当然期待されることとなるから、内部統制規程等に基づいて取締役会で報告された子会社の業務執行状況から子会社取締役による法令違反行為等が察知されたにもかかわらず、放置していたような場合には、子会社が実質的に親会社の一事業部門にすぎないような場合に限らず、親会社取締役にも、親会社・子会社の双方に対する善管注意義務違反が生じると考えてよいのではなかろうか。いずれにせよ、Q社は、P社の不動産事業部門がP社の完全子会社として別法人化したものにすぎない。このような場合には、平成26年改正前の上記判例・裁判例の判旨に照らしても、P社取締役の監視義務をQ社取締役に対しても及ぼすことは可能である。もっとも、Q社の代表者Iが独断かつ秘密裏に行った法令違反行為については、使途不明金情報を摑んだJ（やQ社経理部従業員等）が自発的対応をしない限り、P社の取締役が察知することはほぼ不可能であるから、P社の取締役に監視義務違反を認定することはいささか酷のように思われる。

4　P社株主によるP社取締役の責任追及

上記1、2の考察において、P社取締役にP社に対する善管注意義務違反がないとするとP社取締役がP社に対し任務懈怠責任を負うことはなく、したがって、Xは責任追及等の訴え（847条以下）を提起することもできない。

他方、P社取締役にP社に対する善管注意義務違反が認められると構成する場合には、他の要件、すなわち、P社における損害の発生、損害と取締役の任務懈怠との因果関係等の検討がさらに必要となってくる（P社取締役らの過失は当然存在すると考えられる）。

Iの贈賄および逮捕の報道により、報道直前には70億円の含み益が出ていたP社保有に係るQ社株式が、報道後には10億円の減損処理による損失が出る事態となったのであるからIの贈賄という法令違反行為（刑法198条参照）および事情を知りながら隠匿しようとしたJの監視懈怠と相当因果関係のある損害はその差額である80億円であると考えられる。

Xは、P社の株式を15年保有している。したがって、公開会社における責任追及等の訴えの原告適格を有しているので（847条１項本文・２項）、当該訴えにおいてＰ社取締役のＰ社に対する任務懈怠責任を追及していくこととなる（手続の詳細説明については割愛する）。

５　Ｐ社株主によるＱ社取締役の責任追及

Ｐ社は公開会社であり、かつＱ社の完全親会社である。加えて、Ｘは15年来Ｐ社株式の約２％を保有している。ＩにはＱ社に対する法令違反行為があり（刑法198条参照）、上記のとおり、それによってＰ社には、自社保有に係るＱ社株式に80億円の損害が発生している。また、その事実を知りながら隠匿したＪにも上記のとおり、Ｑ社に対する監視義務違反が生じているといえ、監視義務を尽くしていれば、損害は防ぎえたのであるから、かかる監視義務違反と損害との間に因果関係も認められる（もっとも、Ｉのワンマン体制により運営されていたＱ社の状況に鑑みると、他の取締役が監視義務を尽くしたとしても、損害は不可避だったといえるのかもしれない。そのように解する場合には因果関係を否定することとなろう）。

もっとも、責任原因事実発生日、すなわち、Ｉの贈賄時におけるＰ社の総資産額に占めるＱ社株式の帳簿価額の割合は20％以下であるため、Ｘは平成26年会社法改正によって新設された特定責任追及の訴えを提起することはできない（847条の３第４項）。したがって、Ｘが自ら原告となってＱ社の取締役であるＩおよびＪのＱ社に対する任務懈怠責任を追及することはできない。

Ｘは、会社法429条１項に基づき、自己が保有するＰ社株式の価値の下落分（Ｐ社がその保有するＱ社株式について評価損を被ることにより、反射的にＰ社株式の価値も下落するはずである）に係る損害賠償責任をＩおよびＪに対して追及するか、Ｐ社取締役に対しＰ社を原告としてＱ社の取締役に対する任務懈怠責任追及のための責任追及等の訴えの提起を懈怠した責任（Ｑ社の唯一の株主であるＰ社の取締役として、ＩおよびＪを被告とする責任追及等の訴えを提起しなかったことを任務懈怠と構成する）を追及する（847条以下）こととなろう。

Ⅱ　従業員の引き抜き・競業取引

問題（司法試験平成 27 年度民事系第 2 問）

〔設問1〕から〔設問3〕までの配点の割合は、 4：4：2

次の文章を読んで、後記の〔設問1〕から〔設問3〕までに答えなさい。

1．甲株式会社（以下「甲社」という。）は、A、B及びS株式会社（以下「S社」という。）の出資により平成19年に設立された取締役会設置会社である。甲社では、設立以来、Aが代表取締役を、B及びCが取締役をそれぞれ務めている。

甲社の発行済株式の総数は8万株であり、Aが4万株を、Bが1万株を、S社が3万株をそれぞれ有している。甲社は、種類株式発行会社ではなく、その定款には、譲渡による甲社株式の取得について甲社の取締役会の承認を要する旨の定めがある。

2．甲社は、乳製品及び洋菓子の製造販売業を営んでおり、その組織は、乳製品事業部門と洋菓子事業部門とに分かれている。

乳製品事業部門については、Aが業務の執行を担当しており、甲社の工場で製造した乳製品を首都圏のコンビニエンスストアに販売している。

また、洋菓子事業部門については、Bが業務の執行を担当しており、甲社の別の工場（以下「洋菓子工場」という。）で製造した洋菓子を首都圏のデパートに販売している。甲社は、世界的に著名なP社ブランドの日本における商標権をP社から取得し、その商標（以下「P商標」という。）を付したチョコレートが甲社の洋菓子事業部門の主力商品となっている。

3．S社は、洋菓子の原材料の輸入販売業を営んでおり、S社にとって重要な取引先は、甲社である。

4．平成22年1月、甲社は、関西地方への進出を企図して、マーケティング調査会社に市場調査を委託し、委託料として500万円を支払った。

5．Bは、関西地方において洋菓子の製造販売業を営む乙株式会社（以下「乙社」という。）の監査役を長年務めていた。Bの友人Dが乙社の発行済株式の全部を有し、その代表取締役を務めている。

平成22年３月、Ｂは、Ｄから乙社株式の取得を打診され、代金9000万円を支払って乙社の発行済株式の90％を取得した。Ｂは、この乙社株式の取得に際して、Ａ及びＣに対し、「乙社の発行済株式の90％を取得するので、今後は乙社の事業にも携わる。」と述べたが、Ａ及びＣは、特段の異議を述べなかった。Ｂは、この乙社株式の取得と同時に、乙社の監査役を辞任して、その顧問に就任し、その後、連日、乙社の洋菓子事業の陣頭指揮を執った。また、Ｂは、同年４月以後、月100万円の顧問料の支払を受けている。

平成22年４月、乙社は、業界に知人の多いＢの紹介により、チョコレートで著名なＱ社ブランドの商標（以下「Ｑ商標」という。）を日本において独占的に使用する権利の設定を受けた。

6．平成22年５月、Ｂは、甲社におけるノウハウを活用するため、洋菓子工場の工場長を務めるＥを甲社から引き抜き、乙社に転職させた。Ｅの突然の退職により、甲社の洋菓子工場は操業停止を余儀なくされ、３日間受注ができず、甲社は、その間、１日当たり100万円相当の売上げを失った。

7．その後、乙社は、関西地方のデパートへの販路拡大に成功し、平成21事業年度（平成21年４月から平成22年３月まで）に200万円であった乙社の営業利益は、翌事業年度には1000万円に達した。

8．平成23年４月、甲社は、乙社が関西地方においてＱ商標を付したチョコレートの販路拡大に成功したことを知り、関西地方への進出を断念した。

〔設問１〕　上記１から８までを前提として、Ｂの甲社に対する会社法上の損害賠償責任について、論じなさい。

9．平成23年７月、Ｂは、甲社の取締役を辞任した。Ｂに代わり、Ｆが甲社の取締役に就任し、洋菓子事業部門の業務の執行を担当するようになったが、Ｂの退任による影響は大きく、同部門の売上げは低迷した。

10．平成24年５月、甲社は、洋菓子事業部門の売却に向けた検討を始め、丙株式会社（以下「丙社」という。）との交渉の結果、同部門を代金２億5000万円で丙社に売却することとなった。

その際、甲社の洋菓子事業部門の従業員については、一旦甲社との間の雇用関係を終了させた上で、その全員につき新たに丙社が雇用し、甲社の取引先については、一旦甲社との間の債権債務関係を清算した上で、その全部につき新たに丙社との間で取引を開始することとされた。その当時、甲社が依頼した専門家の評価によれば、甲社の洋菓子事業部門の時価は、３億円であった。

11. 上記の洋菓子事業部門の売却については、その代金額が時価評価額より安価である上、株主であるS社が得意先を失うことになりかねず、S社の反対が予想された。

平成24年7月2日、Aは、洋菓子事業部門の売却をS社に知らせないまま、甲社の取締役会を開催して、取締役の全員一致により、洋菓子工場に係る土地及び建物を丙社に代金1億5000万円で売却することを決議した上で、丙社と不動産売買契約を締結し、丙社は、甲社に対し、直ちに代金を支払った（以下「第1取引」という。）。

また、その10日後の平成24年7月12日、Aは、甲社の取締役会を開催して、取締役の全員一致により、P商標に係る商標権を丙社に代金1億円で売却することを決議した上で、丙社と商標権売買契約を締結し、丙社は、甲社に対し、直ちに代金を支払った（以下「第2取引」という。）。

第1取引及び第2取引に係る売買契約においては、甲社が洋菓子事業を将来再開する可能性を考慮して、甲社の競業が禁止されない旨の特約が明記された。

なお、甲社の平成24年3月31日時点の貸借対照表の概要は、資料①のとおりであり、その後、同年7月においても財務状況に大きな変動はなかった。また、同月2日時点の洋菓子事業部門の資産及び負債の状況は、資料②のとおりであり、資産として、洋菓子工場に係る土地及び建物（帳簿価額は1億5000万円）並びにP商標（帳簿価額は1億円）があるが、負債はなかった。

12. 平成24年7月下旬、第1取引及び第2取引に基づき、洋菓子工場に係る不動産の所有権移転登記及びP商標に係る商標権移転登録がされた。

13. 平成24年8月、甲社が第1取引及び第2取引をしたことを伝え聞いたS社は、Aに対し、甲社において株主総会の決議を経なかったことにつき強く抗議し、翻意を促した。

〔設問2〕　第1取引及び第2取引の効力に関する会社法上の問題点について、論じなさい。

14. 平成25年6月、甲社は、将来の株式上場を目指して、コンビニエンスストア市場に精通した経営コンサルタントであるGとアドバイザリー契約を締結した。その際、甲社は、このアドバイザリー契約に基づく報酬とは別に、甲社株式が上場した場合の成功報酬とする趣旨で、Gに対し、新株予約権を発行することとした。

15. 上記の新株予約権（以下「本件新株予約権」という。）については、①Gに対して払込みをさせないで募集新株予約権1000個を割り当てること、②募集新株予約権1個当たりの目的である株式の数を1株とすること、③各募集新株予約権の行使に際して出資される財産の価額を5000円とすること、④募集新株予約権の行使期間を平成25年7月2日から2年間とすること、⑤募集新株予約権のその他の行使条件は甲社の取締役会に一任すること、⑥募集新株予約権の割当日を同月1日とすること等が定められた。

平成25年6月27日、甲社の株主総会において、Gに特に有利な条件で本件新株予約権を発行することを必要とする理由が説明されたところ、Bは、募集新株予約権のその他の行使条件を取締役会に一任することはできないのではないかと主張し、これに反対したが、A及びS社の賛成により、上記の内容を含む募集事項が決定された。これを受けて、甲社の取締役会が開催され、取締役の全員一致により、「甲社株式が国内の金融商品取引所に上場された後6か月が経過するまでは、本件新株予約権を行使することができない。」とする行使条件（以下「上場条件」という。）が定められた。

平成25年7月1日、甲社は、Gとの間で新株予約権割当契約を締結し、Gに対し、本件新株予約権1000個を発行した。

16. その後、Gは、上記のアドバイザリー契約に基づき、甲社に様々な施策を提言し、Gのアドバイスにより製造した低カロリーのヨーグルトが好評を博するなど、甲社の業績は向上したが、本件新株予約権の行使期間内に上場条件を満たすには至らない見込みとなった。

平成26年12月上旬、Aは、Gから、「上場すると思っていたのに、これでは割に合わない。せめて株式を取得したいので、上場条件を廃止してほしい。」との強い要請を受けた。Aは、取締役会で上場条件を廃止することができるのか疑問を持ったが、Gの態度に押され、同月11日、C及びFを呼んで甲社の取締役会を開催し、取締役の全員一致により上場条件を廃止する旨の決議をした。同日、甲社は、Gとの間で、上場条件を廃止する旨の新株予約権割当契約の変更契約を締結した。

平成26年12月12日、Gは、行使価額である500万円の払込みをして本件新株予約権を行使し、Gに対し、甲社株式1000株が発行された。

〔設問3〕　上記16で発行された甲社株式の効力に関する会社法上の問題点について、論じなさい。

【資料①】

貸借対照表の概要
（平成 24 年 3 月 31 日現在）

（単位：円）

科目	金額	科目	金額
（資産の部）		（負債の部）	
流動資産		（略）	（略）
（略）	（略）	負債合計	200,000,000
		（純資産の部）	
固定資産		株主資本	500,000,000
有形固定資産	（略）	資本金	400,000,000
建物	100,000,000	資本剰余金	100,000,000
土地	400,000,000	資本準備金	100,000,000
（略）	（略）	その他資本剰余金	—
無形固定資産	（略）	利益剰余金	—
商標権	100,000,000	利益準備金	—
（略）	（略）	その他利益剰余金	—
		純資産合計	500,000,000
資産合計	700,000,000	負債・純資産合計	700,000,000

（注）「—」は、金額が 0 円であることを示す。

【資料②】

洋菓子事業部門の資産及び負債の状況
（平成 24 年 7 月 2 日現在）

（単位：円）

資産		負債	
項目	帳簿価額	項目	帳簿価額
建物	50,000,000		
土地	100,000,000		
商標権	100,000,000		
資産合計	250,000,000	負債合計	—

（注）「—」は、金額が 0 円であることを示す。

解答例

1　設問1

(1)　Bは甲社に対して、任務懈怠に基づく損害賠償責任（会社法（以下、法令名略。）423条1項）を負うか。「取締役」であるBが①その任務を怠ったこと、②「損害」の発生、③①と②の因果関係が必要である。

(A)　①について

(a)　Bは甲社の「取締役」に当たるところ、乙社においてBが洋菓子事業の陣頭指揮を執り、Q商標の権利設定を受け、関西地方のデパートにおいてQ商標を付したチョコレートを販売した取引が競業取引（356条1項1号、365条1項）に当たるか。

(ア)　Bは乙社の代表取締役ではないところ、「取締役が…取引をしようとするとき」（356条1項1号）に当たると言えるか。

この点、356条1項1号の趣旨は、取締役が強大な権限を有し、営業の機密に通じているという地位を利用して、会社の利益を犠牲にし、自己又は第三者の利益を図ることを防止することにある。実質的に取引を主導することで利益を図ることができることから、実質的に見て事実上の主宰者として取引に関わっているかどうかで判断すべきである。①

本件、Bは乙社の顧問に就任し、100万円と高額な顧問料を得て乙社の洋菓子事業の陣頭指揮を執っていること、またBの紹介でQ商標を得ることができていること、代表取締役はBの友人が務めていることなどの事情からすれば、Bが乙社において事実上の主宰者として取引に関わっていたと言える。②

したがって、Bは上記取引の主体であり、「取締役が…取引をしようとするとき」に当たる。

(イ)　「自己又は第三者のために」の意義が問題となる。

この点、上記趣旨から、自己又は第三者が実質的な経済的利益の帰属主体になるかにより判断するべきである。③

本件、Bの上記取引の経済的利益の帰属先は、実質的に見て乙社株式の90%を有する大株主たるBである。

したがって、「自己のために」と同視できる。

(ウ)　「株式会社の事業の部類に属する取引」の意義が問題となる。

この点、上記趣旨から、会社の実際に行う事業と市場において取引先が競合し、会社と取締役との間に利益衝突を来す可能性がある取引を言うと解する。

本件、甲社も乙社も洋菓子製造販売業を営んでおり、業種が同種である。④また、ブランドはP社とQ社と会社こそ異なるものの、両者は著名な他社のブランドの商標を付したチョコレートを販売しており、多くの点で類似する商品の販売を行っている。確かに、甲社は洋菓子を首都圏のデパートに、乙社は関西地方のデパートに販売しているから、販売の相手方となる地域が異なる。しかし、甲社は平成22年1月時点で、関西地方への進出を企図し、マーケティング調査会社に市場調査を委託し、関西地方進出のため具体的に行動を始めていたのであり、近い将来関西地方で販売を行う可能性は具体的に存在していた。乙社においてBが平成22年3月から陣頭指揮を執り、その後営業利益が大幅に増加したことと照らし合わせると、乙社が関西地方で販売を開始した場合と甲社が販売する時期は重なる。そうすると、両社は同時期に、共通の関西地方のデパートを販売の相手方とすることになる。

したがって、甲社が実際に行う事業と乙社の事業は市場において取引先が競合し利益衝突を来すから、Bの上記取引は、「株式会社の事業の部類に属する取引」に当たる。

よって、Bの上記取引は、競業取引に当たる。

(b)　競業取引に当たる以上、取締役会において「重要な事実を開示し、その承認」(356条1項柱書）を受ける必要がある。「重要な事実」の意義が問題となる。

この点、「重要な事実の開示」を必要とする趣旨は、取締役会が会社にとって有利か不利かを適切に判断できるようにすることにある。そこで、事前に開示すべき「重要な事実」とは、事業内容や規模、市場の範囲など、会社にとって利益を害するような取引かどうか判断するために必要な事実であると解する。

本件、乙社が甲社と同様に洋菓子の販売をする会社であることや乙社の規模、関西地方を市場としていること、Bが乙社の顧問になること、Q商標を独占的に使用する権利設定を受けることなどは、会社にとって利益を害するような取引かを判断するために必要な事実に当たる。しかし、Bは「今後は乙社の事業にも携わる」ことは述べているが、かかる「重要な事実」について開示していない。

したがって、「重要な事実を開示し」ておらず、取締役会決議を経たとは言えない。

(c) よって、法令違反があり、Bの任務懈怠が認められる。⑤

(d) 平成22年5月にBが洋菓子工場の工場長を務めるEを甲社から引き抜き、乙社に転職させた行為は、取締役としてBが負う忠実義務（355条）及び善管注意義務（330条、民法644条）に違反するか。

この点、両義務は、取締役は会社の利益を図り、自己又は第三者の利益を会社より優先することは許されないという義務である。⑥

本件、甲社の事業の1つである洋菓子事業の工場の工場長Eは、甲社が洋菓子事業を行うにおいて、その工場をまとめる重要なポストにある人物であり、Eがいなければ操業停止に至ってしまうほどに甲社にとって必要不可欠の存在である。にもかかわらず、BはEを乙社に引き抜くことで、甲社を操業停止に追い込んで3日間300万円もの多額の損失を生み出したうえで、第三者たる乙社に甲社のノウハウを活用し、利益を得ている。

したがって、かかるBの引き抜き行為はBが負う忠実義務及び善管注意義務に違反する。⑦

よって、この点にも任務懈怠が存在する。

(B) ②について

競業取引をした時には、「当該取引によって取締役…又は第三者が得た利益の額は、同項の損害の額と推定」される（423条2項）ところ、Bは乙社の発行済株式の90%を保有していることから、乙社の営業利益の増加分800万円のうち90%の720万円を利益として得ている。⑧

さらに、引き抜き行為との関係では、Eの退職により3日間受注できず1日当たり100万円相当の売り上げを失っているから、甲社には、合計300万円（100万円×3日間）の損害が生じたと言える。

したがって、合計1020万円が「損害」となる。

(C) ③について

①のような違反行為が無ければ、②の損害は生じないから、因果関係はある。

(2) 以上より、Bは甲社に対して、423条1項に基づき1020万円の損害賠償責任を負う。

2　設問2

第1取引及び第2取引は有効か。

(1)　第1取引及び第2取引は一体の取引と言えるか。取引の一体性の判断基準が問題となる。

この点、467条1項の趣旨は、事業譲渡は会社の財産関係に多大な影響を及ぼすため、慎重な手続きを要求⑨し、株主保護を図ることにある。そのため、係る規制を回避するために取引を分割し潜脱することは許すべきでない。そこで、当事者が事業譲渡を行う意図で、同事業に必要な複数の財産を時間的に近接して譲渡した場合には、それらを全体として一つの取引であると判断するべきである。

本件⑩、甲社は丙社に対して洋菓子部門を売却することを決定していた。そして、同部門の従業員については一旦雇用関係を終了した上でその全員を丙社が新たに雇用するとしており、甲社取引先についても一旦甲社との関係を終わらせたうえで、全部につき丙社との間で取引を開始するとし、従業員や取引先を実質的に全て丙社に承継させている。これらの事情から、株主であるS社の反対が予想されることから、分割して移転させ、甲社は洋菓子事業部門の売却を行う意図であったと言える。また、第1取引と第2取引の合計額が2億5000万円で、部門の売却予定額と一致していることからも潜脱の意図が推認できる。そして、洋菓子工場に係る土地及び建物、P商標に係る商標権は洋菓子事業に必要な複数の財産であり、これを譲渡している。そして、両取引はわずか10日と近接した時点において行われている。

したがって、両取引は全体として一つの取引であると判断すべきである。

(2)　両取引を一体として見たとき、「事業の重要な一部の譲渡」(467条1項2号)に当たり、株主総会特別決議(309条2項11号)による承認が必要でないか。「事業の重要な一部の譲渡」の意義が問題となる。

この点、「事業の重要な一部の譲渡」とは、上記趣旨から、①一定の事業目的のために組織化され、有機的一体として機能する財産の重要な一部を譲渡し、②これにより譲受会社が事業活動の重要な一部を承継したものをいうと解する。

本件⑪、確かに、両不動産の売却がなされた平成24年7月ごろにおいて負債は存在しないものの、甲社の有する資産のうち7分の5もの大半を両不動産が占めている。また、洋菓子事業を営む甲社において洋菓子工場の土地・建物である両不動産は、その製造の根幹を担う財産である。また、P商標についても、主力製品であるチョコレートに付されているため、甲社の事業においてその販売を支える重要な地位を占めるものである。またこれらは組織化され、有機的一体として機能する財産である。

したがって、①を満たし、丙社は洋菓子事業の従業員と取引先も事実上承継することになっていたから、営業的活動の重要な一部を丙社に承継した（②充足。）と言える。

よって、「事業の重要な一部を譲渡」したと言え、事業譲渡に当たる。

(3) 株主総会特別決議を欠く事業譲渡は有効か。

この点、467条1項の趣旨から、株主保護のため、株主総会特別決議の承認手続を経由しない事業譲渡は無効と解する。[⑫]そして、その無効は株主や債権者等の会社の利害関係人の保護も目的とするため、特段の事情がない限り絶対的無効であると解する。

本件、特段の事情はなく、事業譲渡は無効である。

(4) 以上より、第1取引と第2取引は無効である。

3　設問3

(1) 甲社株主Bは、平成26年12月12日から1年以内に株式発行無効の訴え（828条1項2号、2項2号）を提起することが考えられる。

(A) 本件発行に無効事由が存在するか。法は明文を置いていないため、その意義が問題となる。

この点、株式譲渡人の取引の安全及び法的安定性の観点から、無効事由は重大な法令定款違反に限定するべきである。

以下において、重大な法令定款違反があるかを検討する。

(B) 甲社は非公開会社であるため、発行する新株予約権の内容については、株主総会決議によって定めなければならず（238条1項1号、2項、309条2項6号）、新株予約権の内容の決定を取締役会に委任することはできない（239条1項1号）。

本件では、株主総会において「募集新株予約権のその他の行使条件は取締役会に一任すること」を含む募集事項が決議され、それを受けて取締役会において行使条件を決定している。そこで、行使条件が「募集新株予約権の内容」に含まれるかが問題となる。

この点、確かに株主保護の観点からは、行使条件は「募集新株予約権の内容」に含まれず、取締役会に委任できないとも思える。しかし、新株予約権の発行については取締役会に一定程度委任できるのに行使条件だけは株主総会で決しなければならないとすると、発行の迅速性が著しく損なわれる。そこで、発行の迅速性を重視し、行使条件については「募集新株予約権の内容」に当たらず、取締役会に委任することができると解する。

本件、行使条件の決定を取締役会に委任することができる。

(C)　もっとも、新株予約権の発行後、取締役会で行使条件を廃止の決議をすることはできるか。

この点、行使条件については取締役会に委任されているから、それを廃止する決議を取締役会で行うことも同様に許されるとも思える。しかし、株主総会が株主総会当時の諸事情を踏まえて新株予約権の発行を決したことからすると、委任の趣旨は、株主総会当時の諸事情下において適切な行使条件を定めることにあると言える。そこで、明示の委任がされている場合を除き、新株予約権の発行後に行使条件を取締役会において変更することは、原則として許されないと解する。もっとも、株主総会の委任がある限り、細目的な変更は可能であると解する。⑬

本件、平成25年6月27日の株主総会において、取締役会に行使条件を定めることを一任しているが、新株予約権の発行後に行使条件を変更できる旨の明示的な委任はない。また、上場条件は行使に係る重要な事項であり、細目的変更とも言えない。

したがって、行使条件廃止の取締役会決議はできない。

(D)　では、上場要件に反する新株予約権の行使により発行された株式は無効となるか。

この点、238条において、株主総会決議を必要とした趣旨は、既存株主の利益保護にあるところ、株主総会の委任のない行使条件の成就による新株予約権発行についても、既存株主の利益を著しく害するため、重大な違反として無効と解するべきである。

本件、上場要件に反し、平成26年12月12日にGに発行された1000株については発行手続に重大な法令違反があるから、株式発行無効事由があると言える。

(2)　よって、平成26年12月12日に発行された甲社株式は無効である。

以　上

［コメント］

①　制度趣旨から論じ、実質的主宰者概念を採用すべきことを論じており、一定の説得力がある。

②　この事実を拾うことについては、根拠になる事実かどうかいささか疑問があるが、他の事実と相まって、実質的主宰者性を基礎づけるということなら理解

できなくはない。

③　制度趣旨から論じる姿勢は好ましいが、名義説もありうるところなので、計算説に依拠すべきことをもう少し論じておくとよいであろう。

④　甲の洋菓子製造業と乙の洋菓子製造業とを対比していること（甲の乳製品事業は除いていること）を示すべきであろう。

⑤　ACが特段異議を述べなかったという事実について拾った上で、一言反論しておく必要があったであろう。

⑥　同一なのか異質なのか？　おそらく前者で論じている趣旨と思われるが、両説あるところであり、「両義務」と述べるならば、規範としてごく簡単に指摘しておくべきであろう。

⑦　引き抜き行為それ自体が善管注意義務違反となるのか、悪質な引き抜きのみが違反となるのか、両説ありうるところであり、いずれを取るかを明示した上、あてはめる必要があったように思われる。

⑧　競業取引の場合と、それ以外の場合を分けた上、前者では推定規定を使い、かつ適用される事実が示されており、わかりやすい。

⑨　制度趣旨について述べる記述の中に、事業譲渡の定義を織り込んでおくとよい。あらかじめ「有機的一体」の語が入っていると、以下の記述がより締まると思う。

⑩　必要な事実を拾って、分かりやすく書いており、説得的である。

⑪　一定程度説得的であるが、本来「有機的一体」とは、「ゴーイングコンサーン」ということである。実質的には操業している状態で譲渡しているといえるかがポイントである。

⑫　制度趣旨が論じられているから、記述は簡単でも説得的である。

⑬　詳しく書かれているが、採点の比重との観点で考えると、もう少しコンパクトでもよい。

解説

1　はじめに

本問は、競業取引、従業員の引き抜き、重要な財産の処分、事業譲渡、新株発行無効といった、会社法の重要論点の理解をまんべんなく問う問題である。解答にあたって、重要裁判例の知識は必要になるほか、あてはめの具体的能力も問われている。ただ、各設問間は、分断されており、その点でやや旧司法試験的な色彩がある問題といってもよいかもしれない。

2　設問1①：競業取引

(1)　はじめに

設問1では、競業取引違反（356条1項1号）を根拠とする損害賠償責任（423条）および従業員の引き抜き（退職勧奨）が善管注意義務違反に該当することを根拠とする損害賠償責任が、問題となる。まず、前者について検討しよう。

(2)　競業取引の意義、制度趣旨

取締役が、自己又は第三者のために株式会社の事業の部類に属する取引をしようとするときには、あらかじめ、株主総会において、当該取引につき重要な事実を開示し、その承認を受けなければならない（356条1項1号）。これを取締役の競業取引といい、取締役の義務という観点からは、競業避止義務という。会社のノウハウ、顧客情報等に接する立場にある取締役は、それらを奪い、会社の利益を害する危険が類型的に高く、かかる観点から、予防的・形式的に規制を加えたものである。株主総会の承認は、普通決議（309条1項）で足りるが、かかる承認があっても、競業取引に関し任務懈怠がある取締役の責任が免除されるわけではない。

本設問における甲会社のような、取締役会設置会社（2条7号）においては、承認機関は、株主総会ではなく取締役とされ（365条1項）、かつ、取引をした取締役は、当該取引後、遅滞なく、当該取引についての重要な事実を取締役会に報告しなければならない（同条2項）。

(3)　「事業の部類に属する取引」とは

(A)　実質概念

競業取引に該当するためには、取締役Bの行為が甲につき「株式会社の事業の部類に属する取引」に当たらなければならない。諾否通知義務の前提となる商法509条1項の「営業の部類に属する契約」が、形式概念であり、商人が営業とする基本的商行為に属する契約と解されているのと異なり、競業取引における「事業の部類に属する取引」は、実質概念である。すなわち、会社が実

際に行っている取引と目的物（商品・役務の種類）および市場（地域・流通段階等）が競合する取引をいう。会社の定款所定の事業目的とは必ずしも一致しない。たとえば、定款所定の事業でも、会社が現在全く行っていない「事業の部類に属する取引」は含まれないし、定款に規定されていなくても、会社が進出を企図し、市場調査等を進めていた地域における同一商品の販売は、「事業の部類に属する取引」であるといってよい。

この点に関するリーディング・ケースとされているのが、東京地判昭和56・3・26判時1015号27頁である。事案は、下記のようなものであった。

【東京地判昭和56・3・26の事実関係】

X（原告）は、千葉県下を含む関東一円を市場として、製パン業を営む株式会社であり、Y（被告）は、Xの創業以来、その代表取締役として、ワンマン経営を行う経営者であった。①Yは、千葉県下で製パン業を営むA株式会社の株式のほとんどを、独断でかつXの資金を利用して買い取り、Aの代表取締役はもとより取締役にも就任しなかったが、絶対的存在として君臨し経営を行った。またYは、②Xが関西地区に進出するべく市場調査を行っていたにもかかわらず、自ら資金を調達して、B株式会社を設立しその代表取締役として関西地区において製パン業を営んだ（B株式は、YおよびYの親族（Yら）が保有）。これら①②の行為につきXの株主総会の認許はなかった[(1)]。Xは、Yに対し択一的に、Yの取締役としての義務（競業避止義務・善管注意義務・忠実義務）違反に基づく損害賠償、またはYらが有するAB両会社の株式（正確には、その後、AはXと、BはC株式会社（Xの子会社）とそれぞれ合併したので、Xとの合併により割り当てられたX株式およびCの合併後に割り当てられたD株式会社株式）の引渡し等を求めて提訴した。

かかる事実関係の下、裁判所は、①②をいずれも「営業の部類に属する取引」（現行法における「事業の部類に属する取引」に相当）に該当する旨判示した。とりわけ、「実質判断」として押さえておくべきなのは、②につき、会社が現在事業を営んでいるのと全く異なる地域（関西）で同種の事業を営む場合であっても、会社がその地域への進出を決意し準備活動を行っている場合に

（1）　昭和56年改正前商法264条1項：会社法356条1項1号・365条。現行法における、株主総会の承認に相当。

甲社		乙社
・乳製品及び洋菓子の製造販売業 ・商圏は首都圏（関東地方） ・関西地方への進出を企図（マーケティング調査会社に市場調査を委託し、委託料として500万円を支払った）したが、「Q商標」チョコの成功により断念		・関西地方において洋菓子の製造販売業を営む ・新たにBが関与 これにより、乙社は、関西地方のデパートへの販路拡大に成功
乳製品事業部門	洋菓子事業部門	
Aが業務の執行を担当	Bが業務の執行を担当	
甲社の工場で製造した乳製品を首都圏のコンビニエンスストアに販売	「洋菓子工場」で製造した洋菓子を首都圏のデパートに販売	
	「P商標」チョコが主力商品	チョコにつき「Q商標」の日本における独占的使用権の設定を受ける

は、「営（事）業の部類に属する」旨判示していることである。

⑷　本設問の検討

本設問における甲社と乙社の状況を対比してみよう。上記の表のとおりである。

ここで注意すべきは、甲と乙を比較するのではなく、甲の「洋菓子事業部門」と乙を比較することである。網掛けした部分を見れば一目瞭然であるが、甲の「洋菓子事業部門」と乙とは、商圏が関東（甲の「洋菓子事業部門」）と関西（乙）というだけで、海外ブランドで付加価値をつけたチョコをデパートで販売するというビジネスモデルは、両者で全く共通していることが分かる。違いは、関東と関西という商圏の違いだけである。

しかも、（洋菓子製造部門を含む）甲は、関西地方への進出を企図しており（マーケティング調査会社に市場調査を委託し、委託料として500万円を支払ったというのは、「企図」のエビデンスである）、甲が関西に進出すれば、少なくとも洋菓子部門については、乙と完全にビジネスが競合することになる。このことから、優に「事業の部類に属する取引」に該当すると考えることができよう。

⑸ 「自己又は第三者のため」

(A) 名義説と計算説

次に、競業取引は、「自己又は第三者のために」なされる必要がある。競業取引における「ために」の意義については、「自己又は第三者の名義で」と解する見解（名義説）と「自己又は第三者の計算において」と解する見解（計算説）とがあり、多数説は、後者の立場をとっている[(2)]。競業取引の本質は、自己または第三者の計算において、すなわち会社の計算において「行われない」行為に対し、広く規制の網をかぶせることに、競業取引を規定する意味があるのだから、計算説が正当である。平成17年改正前商法の下においては、「自己のため」になされた競業取引を「会社のため」になされたものと「みなす」規定が置かれており（平成17年改正前商法264条3項4項、介入権）、かかる介入権を、一種の擬制信託であるとして、物権的効果を生じると解する見解も主張されていた。介入権が規定されており、かつ、その効果につき、かかる物権的効果説をとるのであれば、「ために」の意義につき、名義説をとる実益もあったのかもしれない。

しかし、当時においても、物権的効果説は少数説であった。多数説は、介入権には債権的効果しかないと考えており（債権的効果説）、会社法は、かかる前提の下、介入権には、あまり実効性がないとして、競業取引違反の効果を損害賠償に一本化したのである[(3)]。

(B) 本設問の検討

(a) 「事実上の主宰者」概念の採用

本設問におけるBは、乙会社の監査役を長年勤めた後、同社の発行済株式の90％を取得したうえ、同社の「顧問」に就任した。そして、顧問として、月100万円の支払いを受け、同社の洋菓子事業の陣頭指揮をとっている。かか

（2） 利益相反取引の場合、「ために」は、名義であると解されている。なぜならば、間接取引が明文で規定されているので（356条1項3号）、「ために」の意義につき、あえて計算説をとらなくても、間接取引でカバーできるためである。

（3） 会社法は、競業取引違反につき、取締役が得た利益損害額と推定する特則を置いている（423条2項）。

るBの行為は、これを実質的にみれば、前掲東京地判昭和56・3・26におけるYとほぼ同様な地位にあり、乙社の「事実上の（代表）取締役」と評価することができる。

そして、前掲東京地判昭和56・3・26は、前記事実関係の下、①につき、「Yが……Aの事実上の主宰者として、これを経営してきたことは、……第三者であるAのために、Xの営業の部類に属する取引をしてきたことに外ならず、……Xに対する競業避止義務に違反することは明らかである」と判示している。このように、前掲東京地判昭和56・3・26は、競業会社の取締役・代表取締役のいずれでもないが、実質的に当該会社運営に携わっている者を「事実上の主宰者」として、競業取引規制の範疇に取り込んだ。かかる役員概念の実質的把握は、事実上の取締役理論等とも親近性を有し、会社法の下でも解釈論的道具概念として意義を有するものと解される。

これに倣えば、本設問におけるBは、乙の「事実上の主宰者」として、乙の経営を行っている者として、第三者である乙のために「事業の部類に属する取引」を行っていると解することができよう。このように解する場合には、乙の「ために」が、名義であっても計算であっても大差はない。

他方、Bは、乙の90%の株式を取得して、経営の陣頭指揮をとっているのであるから、B≒乙であるとみて、Bが「自己の計算において」取引をしたと解することも可能である。この場合は、法人格否認の法理と接近してこよう（名古屋高判平成20・4・17金判1325号47頁参照）。

つまり、本設問の場合は（前掲東京地判昭和56・3・26の場合もそうであるが）、第三者（乙）の名義、自己（B）の計算で行為した場合なのである。

(b)　推定規定に関するあてはめ

競業取引の場合、損害に関し推定規定が置かれており、取引によって取締役又は第三者が得た利益の額が、甲社の損害の額と推定される（423条2項）。設問1において、第三者たる乙に関しては、平成22事業年度における営業利益の増額分が800万円であるので、これを乙の利益とみることができよう。他方、取締役Bは、乙から顧問料（100万円／月）を得ているので、一つの考え方としては、これを利益とみることができる。またはBは乙の持株の90%を有しているので、前記の800万の9割たる720万円を利益とみることもできる

（両者の合算も可能かもしれない）。

いずれをとるかは、①で自己のためとしたか第三者のためとしたかで変わってくるものと思われる。整合性に気をつける必要があろう。

加えて、推定規定はあくまでも推定規定にすぎないので、推定される損害以外に、別に甲に損害が生じている場合には、それについても別途検討される必要がある。具体的には、マーケティング調査会社に支払った500万円についてである。

3　設問1②：従業員の引き抜き

(1)　問題の所在と学説

設問1では、競業取引違反の他に、従業員の引き抜き（退職勧奨）が取締役としての善管注意義務違反に該当することを根拠とする損害賠償責任も問題となりうる。

学説上、かかる退職勧奨についても競業規制の範疇に含めようとする見解も主張されている(4)。しかし、一般には、会社法356条は、会社と在任中の取締役との関係で問題とされる規定であり、取締役が退任後に営む競業の準備については適用されないと解されており、取締役による在任中の退職勧奨については、もっぱら忠実義務違反が問題とされる。そのうえで、考え方としては、取締役が従業員を引き抜いただけで、会社に対する忠実義務違反になると説く見解（厳格説(5)）と、取締役と引き抜きの対象となる従業員との関係等諸般の事情を考慮し、不当な態様のもののみ忠実義務違反の問題とすべきとする見解（不当勧誘説(6)）とがある。

(2)　本設問の検討

本設問に戻って検討してみよう。前述の、甲社と乙社の概況に関する表を一

（4）　たとえば、松山佐和子・金判983号（1996）53頁は、大量の従業員の引抜きや会社の業務の遂行が不可能になるなどの特段の事情がある場合には、取締役の在任中の行為と退任後の行為を総合的に判断し、競業取引（356条1項1号）の規制を及ぼすべきとする

（5）　吉原和志・ジュリ920号（1988）37頁、北村雅史『取締役の競業避止義務』（有斐閣、2000）163頁、中村信男・判タ948号（1997）112頁等。

（6）　江頭憲治郎『株式会社法（第7版）』（有斐閣、2017）442頁、田中亘「忠実義務に関する一考察」落合誠一先生還暦記念『商事法への提言』（商事法務、2004）264頁等。

覧すればわかるとおり、甲社は、Aが業務の執行を担当する「乳製品事業部門」とBが業務の執行を担当する「洋菓子事業部門」とから成り、両者は、製品（乳製品と洋菓子）も販売先（コンビニとデパート）も異なる。要は、AグループとBグループとの共同企業的色彩を濃厚に有している。そして、今回のBの乙への関与は、実質的にみるとBがAとの共同事業を解消し、乙に合流するということであり（前述のとおり、Bの「洋菓子事業部門」と乙の事業は、まさに「同じ」といってよい）、BによるEの引き抜きは、甲というコップの中における「A・B」間との「人材分捕り合戦」と理解することができる。

不当勧誘説の立場からすると、かかる理解の下、諸般の事情を考慮し、「不当な態様」の引き抜きといえるかを、考えていくことになろう。問題文に掲げられているとおり、BによるEの引き抜きにより、「甲社の洋菓子工場は操業停止を余儀なくされ、3日間受注ができず、甲社は、その間、1日当たり100万円相当の売上げを失った」という、かなり大きなダメージが甲に生じている。そして、「洋菓子事業部門」におけるこれまでのBの関与からすれば、そのようなダメージの発生は、予見しうべきであったとも解される。これらの事情からすると、不当勧誘説の立場からしても、結論的には、「不当な態様」であり、善管注意義務に違反し、損害賠償責任が生じるといわざるを得ないと解される。

なお、この場合、競業取引と異なり、損害の推定規定が存在していないため、責任の有無、損害額等についても、推定規定に頼ることができず、丁寧な論述が必要となろう。

4　設問2：重要な財産の処分と事業の重要な一部の譲渡

⑴　はじめに

設問2では、「第1取引及び第2取引の効力に関する会社法上の問題点」が問われる。具体的には、①重要な財産の処分として取締役会決議が必要であるか、②事業の重要な一部の譲渡として株主総会決議が必要であるかが検討されなければならない。

その際、②の手続をかいくぐるために、①の手続が履践されていることを意識して、論述がなされることが重要である。以下、順次検討する。

(2) 重要な財産の処分と取締役会決議

(A) 取締役会の決議の要否とその基準

会社法362条4項は、重要な財産の処分（1号）、多額の借財（2号）につき、それぞれ取締役会決議を必要とする。これらに該当する場合には、取締役会の専決事項とされ、各取締役に委ねることができなくなる。その趣旨は、取締役会が代表取締役に対し、その不適切な業務執行を監督できるようにし、あわせてその権限の明確化を図るところにある。

ここで「重要」が「多額」かは、後に続く被修飾語からくる語感の問題なので、重要性、多額性の基準は同一であると考えてよい。問題は、いかなる場合に、重要、多額とされ、取締役会決議が必要とされるのかである。この点については、第4章Ⅱの解説を参照されたい。

(B) 本設問の検討

ここで設問に戻ろう。本設問の第1取引は、洋菓子工場に係る土地および建物を丙社に1億5000万円で売却する取引であり、第2取引は、P商標に係る商標権を丙社に1億円で売却する取引である。まず、第1取引であるが、当該土地および建物は、甲社の貸借対照表における資産合計7億円の約21％程度に当たる（資料①）。加えて、洋菓子事業部門の資産および負債の状況（資料②）をみると、同事業部門の資産合計2億5000万円の60％を占め、かつ当該土地および建物を除くと、同事業部門には、商標しか残らないこととなる。洋菓子の販売に当たり、自社工場を所有することが必要不可欠とは限らないもの（所謂ファブレス企業）、額の大きさからいって、「重要な財産の処分」に当たることは否めない。

次いで、第2取引であるが、甲社の総資産7億円の14％程度に相当する財産であるのみならず、当該商標（P）は、甲が販売するチョコレートの付加価値の最大部分を占めるわけであるゆえに、やはり「重要な財産の処分」に当たるといってよい。

したがって、いずれも取締役会決議を要することになる。

(3) 事業の重要な一部の譲渡

(A) 事業譲渡、事業の重要な一部の譲渡の意義

しかし、第1取引および第2取引は、「洋菓子事業部門の売却」につき、S

社（特別決議の成立を阻止し得る程度の大株主である）の反対を回避するため、意図的に二つに分割したものであるところから、両取引を「一体のもの」として捉え、事業の重要な一部の譲渡として株主総会決議が必要であるかが別途検討されなければならない。

事業譲渡自体は、単なる取引行為であるが、その重大性に鑑み、会社法は一定の手続的規制を設けており、その重要な一部の譲渡は、譲渡人につき株主総会の特別決議が要求される（468条1項2号、467条1項、309条2項11号：事業の全部の譲受の場合には、譲受人についても、株主総会の特別決議が要求される。467条1項3号)。

「事業の重要な一部の譲渡」とは、「当該譲渡により譲り渡す資産の帳簿価額が当該株式会社の総資産額として法務省令で定める方法により算定される額の5分の1（これを下回る割合を定款で定めた場合にあっては、その割合）を超えないものを除く。」とのみ規定するにとどめており（467条1項2号)、事業譲渡の意義が解明される必要がある。

事業譲渡の意義について、旧商法下の判例であるが、最大判昭和40・9・22民集19巻6号1600頁［百選85］は、①商法16条の営業の譲渡（会社法21条の事業の譲渡）と同一意義であり、②「営業そのものの全部または重要な一部を譲渡すること、詳言すれば、一定の営業目的のため組織化され、有機的一体として機能する財産（得意先関係等の経済的価値のある事実関係を含む。）の全部または重要な一部を譲渡し（②－1)、これによって、譲渡会社がその財産によって営んでいた営業的活動の全部または重要な一部を譲受人に受け継がせ（②－2)、譲渡会社がその譲渡の限度に応じ法律上当然に……競業避止業務を負う結果を伴うもの（②－3）をいう」旨判示する。以下ポイントを指摘する。

第1に、②－1の「有機的一体として機能する財産」とは、いわゆる「ゴーイング・コンサーン」としての譲渡を意味し、個々の事業用財産や権利義務の集合の譲渡では足りない。それらが一体として、「事業として生きている状態」で譲渡されてはじめて事業譲渡と評価されるのである。

第2に、②－1に、②－2に加え、②－3の要件まで必要か否かについては議論がある。前記最大判は、前記のとおりこれを必要とするが、松田二郎裁判官少数意見は、②－1のみで足り、②－2、②－3の要件は、不要であるとする（なお、①と②－3は、実質的には、ほぼ同一のことをいっているとみてよい）。

第3に、第2における議論は、株主総会決議を欠く事業譲渡の効力をどうみるかにかかわってくる。判例（最判昭和61・9・11判時1215号125頁）は、絶対的に無効であるとするが[7]、前掲最大判昭和40・9・22が述べる事業譲渡の判定が容易でないことから、取引の安全保護のため、悪意・重過失がなかった譲受人に対し、行為の無効を主張できないと解すべきと主張する見解も存する。

さてここで、事業の一部の譲渡の意義に戻るに、事業の「重要な一部」かどうかは、株主の重大な利害にかかわるか否かの観点から、質量双方から判断される（このうち、帳簿価格については、会社法が規定しており、会社法所定の量に満たないものは、質を問うまでもなく、除外される）。量としては、売上高、利益、従業員数等を勘案しおおむね事業全体の10％程度といわれる。ただ、譲渡対象の質もあわせて考慮する必要があり、当該事業の重要性に鑑み、量的に小さくとも「一部の譲渡」とされることもあり得る。

⒝　本設問の検討

そこで設問につき検討するに、「洋菓子事業部門の売却」は、甲の事業の半分を占めるのみならず、その売却は、洋菓子事業の主力であるチョコレートの製造に必要な工場やその付加価値の大部分を占める商標をも含み、しかも甲は、売却に際し、競業避止義務を負担する。かかる事情に照らせば、「第1取引及び第2取引」は一体として、「事業の重要な一部の譲渡」に該当し、甲には株主総会の特別決議が要求される。そして、それを欠く譲渡は、絶対無効になる。

5　設問3：新株発行の無効

⑴　問題の所在

設問3では、上場条件を廃止する旨の新株予約権割当契約の変更契約を締結したうえで、新株予約権を行使してなされた新株の発行が、無効とされるかが

（7）　ただし、その無効事由を契約後20年を経て譲受人が主張することは、信義則違反であるとする。

問題となる。会社法は、会社訴訟の一つとして、新株発行無効の訴えを規定し、その原告適格、被告適格、出訴期間を法定するとともに、その判決の対世効、不遡及効を定めるものの、無効事由については法定せず、解釈に委ねている。

⑵　裁判例と学説

考え方としては、新株発行を、対内的行為である「増資」と位置づけ、無効事由を広く捉えるアプローチと、あくまでも資金調達であり、業務執行に準ずるものと理解し、取引安全のため、狭く捉えるアプローチとがありうる。前者の側面を重視すると、組織行為の瑕疵であるから、原則として無効と評価されることになる。反対に、後者の側面を重視すると、取引の安全への配慮が働き、できる限り無効事由を絞ろうということになる。

そこで判例・学説をみるに、争いなく無効事由として認められるのは、定款に定めた会社が発行しうる株式総数を超過して発行した場合、定款の認めない種類の株式を発行した場合である。これらに対し、①有効な取締役会の決議を欠く場合、②募集株主の割り当てを受ける権利を第三者に付与することにつき株主総会の特別決議を欠く場合、③新株発行差止の仮処分（210条）に違反した場合、④公示に関する規制（201条3項4項）に違反した場合、⑤著しく不公正な方法で発行した場合などが無効事由となるかについては、議論がある。

これまで、判例は、手続的規制である③、④については、無効説（③につき最判平成5・12・16民集47巻10号5423頁）、折衷説（④につき最判平成9・1・28民集51巻1号71頁、最判平成10・7・17判時1653号143頁）をとってきたが、実体的瑕疵については、すべて有効と判示してきた（①につき最判昭和36・3・31民集15巻3号645頁、②につき最判昭和40・10・8民集19巻7号1745頁、⑤につき最判平成6・7・14判時1512号178頁）。

しかし、近時、最高裁の態度にはやや変化が見られ、非公開会社が株主割当て以外の方法により発行した新株予約権の行使条件に反した当該新株予約権の行使による株式発行に無効原因がある場合、特別決議を欠く瑕疵は上記株式発行の無効原因になる旨判示するに至っている（最判平成24・4・24民集66巻6号2908頁）。

前掲最判平成24・4・24は、「株主総会は、当該会社の経営状態や社会経済状況等の株主総会当時の諸事情を踏まえて新株予約権の発行を決議するのであるから、行使条件の定めについての委任も、別途明示の委任がない限り、株主総会当時の諸事情の下における適切な行使条件を定めることを委任する趣旨のものであり、一旦定められた行使条件を新株予約権の発行後に適宜実質的に変更することまで委任する趣旨のものであるとは解されない」として変更決議を無効と解したうえで、当初定められた行使条件に反した新株予約権の行使による株式発行の効力につき、下記のとおり無効である旨判示した。

「非公開会社が株主割当て以外の方法により発行した新株予約権に株主総会によって行使条件が付された場合に、この行使条件が当該新株予約権を発行した趣旨に照らして当該新株予約権の重要な内容を構成しているときは、上記行使条件に反した新株予約権の行使による株式の発行は、これにより既存株主の持株比率がその意思に反して影響を受けることになる点において、株主総会の特別決議を経ないまま株主割当て以外の方法による募集株式の発行がされた場合と異なるところはないから、上記の新株予約権の行使による株式の発行には、無効原因があると解するのが相当である。」

⑶　本設問の検討

⒜　取締役会で定めた新株予約権の行使条件を廃止するという取締役会決議の有効性

前掲最判平成24・４・24を下地としたと思われる設問３においても、前掲最判平成24・４・24と同様、（紆余曲折があったものの）株主総会から委任され、取締役会で定めた新株予約権の行使条件を廃止するという取締役会決議（当該決議）がなされ、それに基づき、新株予約権の行使がなされた結果、新株が発行されている。そこで、前掲最判平成24・４・24に倣い、①当該決議が無効であるか否か、②（無効であるとして）新株発行の無効事由に該当するかが検討される必要がある。

ただ、設問３の場合には、Ｂが問題としているとおり、③そもそも株主総会の決議により新株予約権の行使条件（上場条件）の決定を取締役会に委任できるのか否かについても検討されなければならない。

⒝　取締役会への委任の可否

まず、前提問題である③について検討しよう。会社法上、新株予約権の募集事項は、株主総会において定めることを要求されているところ（238条２項、

309条2項6号)、株主総会決議によって、募集事項の決定を取締役会に委任することは許容されている（239条1項)。しかし、かかる委任があった場合に取締役会が決議すべきとして法定されている事項（同項）がいずれも細目的事項であること、決議につき期限が定められていること（同条3項）等からすると、包括的な委任は許されず、株主総会において、委任の範囲が特定されたものでなければならない。

(C)　当該決議の有効性

かような観点から考えるとき、変更決議によってなしうる事項は、当初の取締役会決議の決定事項の細目的な変更に限られるものと解される。

そこで本件についてみるに、上場に関するアドバイザリー契約に関連し、上場した場合の成功報酬とする趣旨で付与された新株予約権の行使条件たる上場条件を、上場ができなかったとして、廃止する変更決議は、委任元たる株主総会決議を実質的に否定するに等しく、到底委任の範囲内に収まるものではない。当該決議は、委任の範囲を外れるものとして無効といわなければならない。

(D)　新株発行の無効事由

そうすると、株主総会の特別決議（309条2項6号）で定めた当初の上場要件を無視してなされた新株発行ということとなり、甲社が、非公開会社であるところから、まさに前掲最判平成24・4・24と同様な事案であり、同判決に倣い、新株発行は無効の瑕疵を帯びるということになる。

Ⅲ　利益相反取引①

問題（予備試験平成24年度）

次の文章を読んで、後記の〔設問1〕及び〔設問2〕に答えなさい。

1．X株式会社（以下「X社」という。）は、国内にのみ本店及び支店を有し、化学繊維の製造及び販売を目的とする取締役会を置く会社である。

　X社の取締役は、A、B及びCの3人であり、その代表取締役は、Aのみである。

2．Y株式会社（以下「Y社」という。）は、国内にのみ本店及び支店を有し、洋服の製造及び販売を目的とする取締役会を置く会社であり、直近数年の平均的な年間売上高が1億円であった。Y社では、Aの旧知の友人であるBが唯一の代表取締役に就任している。

3．X社は、大手アパレルメーカーからの依頼を受け、洋服用の生地（以下「本件生地」という。）を製造したところ、この大手アパレルメーカーが倒産したため、本件生地を大量に在庫として抱えることとなった。

4．そこで、Aは、Bに対し、Y社において本件生地を代金1億円で購入してもらえないかと打診した。Bは、本件生地が高品質のものであり、これを用いて洋服を製造し販売すれば売上げの大幅な増加が見込めるので、本件生地を購入したいと考えたが、Y社において代金1億円を現金で直ちに支払うことは困難であった。そのため、Bは、Aに対し、6か月後の日を満期とする約束手形により支払うことでよければ購入したいと伝えた。Aは、Bのこの提案を了承した。そこで、X社は、Y社に対し、平成23年9月1日、本件生地を代金1億円で売却した（以下「本件売買契約」という。）。これに対し、Y社は、Y社代表取締役Bの名義で、同日、本件売買契約の代金の支払のため、次の内容の約束手形（以下「本件手形」という。）を振り出した。

　金　　額　1億円
　満　　期　平成24年3月1日
　支 払 地　甲県乙市
　支払場所　丙銀行丁支店

受 取 人　X社

振 出 日　平成23年9月1日

振 出 地　甲県乙市

5．本件売買契約の締結については、X社及びY社の取締役会において、いずれもその承認や決定がされることはなかった。

6．Y社は、本件生地を受領した際に、その一部につき抜き出して詳細な検査をし、その余は外観上の検査をした結果、本件生地に特に異常は見付けられなかった。

7．他方、X社は、Zに対し、平成23年9月8日、Y社から交付を受けた本件手形につき拒絶証書の作成を免除して、本件手形を割引のため裏書譲渡した。Zは、本件手形の裏書譲渡を受ける際に、本件手形が本件売買契約の代金の支払のために振り出されたものであることを知っていた。

8．Y社は、本件生地を用いて洋服を製造し販売した。ところが、Y社は、平成24年2月になって、その洋服の購入者から苦情を受け、本件生地のほとんどに染色の不具合があり、数回洗濯すると極端に色落ちすることが分かった。そこで、Y社は、直ちにX社に対してその旨の通知を発した上で、同月20日、本件売買契約を解除する旨の意思表示をした。

9．Zは、平成24年3月2日、本件手形につき丙銀行丁支店において支払のための呈示をした。

〔設問1〕

本件売買契約の効力及び解除に関し、Y社からみて、会社法上及び商法上どのような点が問題となるか。

〔設問2〕

Y社は、Zによる本件手形の手形金支払請求を拒むことができるか。

解答例

〔設問1〕①

第1　本件売買契約の効力について②

1　利益相反取引の該当性③

(1)　本件売買契約は、Y社とX社の取引であるところ、Y社の代表取締役Bは、X社の取締役でもある。

そこで、かかる取引は利益相反取引に該当するか。利益相反取引に該当する場合には、Y社において必要な取締役会の承認決議（法365条１項柱書）を経ていないことから問題となる。

ア　直接取引（法356条１項２号）

「自己又は第三者のために」とは、自己又は第三者の名をもってすることをいうところ、本件売買契約の相手方はX社であり、BはX社の代表取締役でもないため、Bが自己又は第三者の名をもってした取引とはいえない。

したがって、直接取引には該当しない。

イ　間接取引（法356条１項３号）

間接取引とは、会社と第三者の取引であって外形的・客観的に会社の犠牲において取締役に利益が生じる取引をいうところ、本件売買契約によって外形的・客観的に利益が生じうるのはX社であり、X社の取締役Bには何の利益も生じない。

したがって、間接取引にも該当しない。

(2)　以上のとおり、本件売買契約はY社にとって利益相反取引には該当しない。

2　重要な財産の譲受けの該当性

(1)　本件売買契約の代金は１億円と高額であるところ、かかる取引はY社にとって重要な財産の譲受けに該当するか。重要な財産の譲受けに該当する場合には、Y社において必要な取締役会の承認決議（法362条４項１号）を経ていないことから問題となる。

この点、「重要な財産」に該当するか否かは、当該財産の価額、会社の総資産に占める割合等を総合的に考慮して判断すべきである。

本件において、本件生地の代金は１億円であるところ、Y社の総資産は不明であるが、その直近数年の平均的な年間売上高が１億円にすぎず、現金で直ちに支払うことが困難であることも踏まえると、Y社にとって非常に高額な取引といえる。

また、本件生地は、大手アパレルメーカーから依頼を受けてX社が製造したものであり、Y社の発注により製造されたものではないため、Y社にとって通常の取引に属するものではない。

したがって、本件売買契約は「重要な財産」の譲受けといえる。

(2)　このように、本件売買契約はY社において取締役会決議が必要であるにもかかわらず、かかる承認決議を経ていない。

そこで、取締役会の承認決議を経ないでした取引の効力が問題となる。

⑫この点、代表取締役は会社の業務に関し一切の裁判上又は裁判外の行為をする権限を有することから、代表取締役が取締役会決議を経てすることを要する対外的取引を決議なしでした場合、内部的意思決定を欠くにとどまり、原則として有効であるが、相手方が決議を経ていないことを知り、又は知り得た場合に限り無効であると考えられる。

本件では、取引の相手方であるX社（代表者A）は、Y社の代表取締役Bとは旧知の仲ではあるものの、A自身はY社の取締役ではなく、またBからY社の経営に関する情報提供を受けていた等の事情もないことから、X社（A）が取締役会決議を経ていないことを知り得たとまでは認められない。

したがって、本件売買契約は、必要な取締役会決議を経ていないとしても、有効であるといえる。

3　以上のとおり、本件売買契約は有効である。

第2　⑬本件売買契約の解除について

⑭1　Y社は、本件生地の染色に不具合があったことを理由に本件売買契約を解除しており、⑮瑕疵担保責任に基づく解除をしたと考えられる。

⑯この点、X社及びY社はいずれも「商人」（法5条、商法4条1項）であり、⑰本件売買契約は「商人間の売買」（商法526条1項）である。

そして、商人間の売買においては、買主が目的物の検査及び通知義務を負っており、かかる義務を履行しない場合には解除が制限されることになる（商法526条）。

そこで、本件売買契約の解除が制限されるか問題となる。

⑱2　⑲まず、買主であるY社は、「遅滞なく」「検査」をしなければならないところ、本件では、本件生地を受領した際に、一部について抜き出して詳細な検査をし、その余は外観上の検査をしている。後述のとおり、本件生地の瑕疵は外観上発見することのできないものであり、Y社としては、⑳通常合理的と認められる方法での「検査」を「遅滞なく」行ったといえる。

また、「直ちに発見することのできない瑕疵」であるかについて、本件生地の瑕疵は、㉑染色の不具合であり、数回洗濯すると極端に色落ちするという、外観上発見することができないものであることから、「直ちに発見することのできない瑕疵」といえる。

そして、Y社は、かかる瑕疵を発見して直ちに「その旨の通知」をしている。

したがって、Y社は、買主による目的物の検査及び通知義務を履行しており、商法上の解除の制限を受けない。

3　以上のとおり、Ｙ社の解除が制限は有効である。

〔設問２〕

第１　Ｙ社はＺ社からの手形金支払請求を拒むことができるか。

1　本件手形は、本件売買契約を原因関係として振り出されたものであるところ、㉒本件売買契約は既に解除されている。

そこで、Ｙ社は、かかる人的抗弁㉓を手形の所持者であるＺ社に対抗することができるか。

手形金支払請求については、原則として人的抗弁を手形所持人に対抗することができないところ（手形法 17 条本文）、本件において、Ｚ社は本件手形の原因関係が本件売買契約の代金の支払いのために振り出されたものであることを知っていた。

そこで、Ｚが㉔「債務者を害することを知りて手形を取得した」に該当し、人的抗弁を対抗することができるか問題となる。

2　この点、「債務者を害することを知りて手形を取得したるとき」とは、手形の所持人が手形を取得するにあたり、手形の満期において、手形債務者が㉕振り出しの原因たる契約に解除原因があることを主張し、支払いを拒むことが確実であるという認識を有していた場合をいうと考えられる。

本件において、Ｚが手形の裏書きを受けた平成 23 年９月８日時点では、洋服の購入者から苦情を受けたとの事情はなく、Ｙ社が本件売買契約の解除を検討していた様子すらない。

そうだとすれば、少なくともＺ社において、Ｙ社が支払を拒むことが確実であるという認識を有していたとはいえない。

したがって、Ｚ社は、「債務者を害することを知りて手形を取得した」には該当しない。

3　以上のとおり、Ｙ社は、解除を原因として手形金請求を拒むことはできない。

以　上

［コメント］

①　設問１は論点が多岐にわたるため、すべての論点を洗い出したうえで、時間内に書ききれる範囲に論点を絞らなければならない。問題文には「本件売買契約の」「効力及び解除に関し」「Ｙ社からみて」「会社法上及び商法上」といった具合に、論点に限定が加えられているため、ここで限定された論点を過不足

なく論じればよい。これらの論点を検討するだけでも時間に余裕はないであろう。

② 設問1の問題文では、「本件売買契約の効力及び解除」についての検討が求められているので、ナンバリングも設問に合わせ、「第1　本件売買契約の効力」と「第2　本件売買契約の解除」という形で行うと、読み手にとって答案の流れがわかりやすい。

③ ナンバリングをする際には、可能であればタイトルをつけた方が読み手に親切（読み手に予測可能性を与える）。

④ 設問1の問題文では、本問で指摘すべき問題点について「Y社からみて」という限定がなされている。したがって、X社からみた利益相反取引該当性については検討すべきでない（X社からみた本件売買契約の利益相反取引該当性をY社の立場から検討することもできなくはないが、本問では他に論じるべき点が多いため、それを検討する余裕はないはずである）。

⑤ 適宜条文を挿入する（なお、特に断りがない限り会社法を指すことを冒頭で明示しておく）。

⑥ 条文の解釈を示す（条文の解釈なしで、いきなりあてはめを行うのは3段論法ができていないという印象を与えかねない）。

⑦ 本件では、直接取引に該当しないことが明らかなので、条文を引用しつつ、コンパクトにあてはめる。

⑧ 条文の解釈を示す（時間があれば、解釈の根拠まで触れたいところ）。

⑨ タイトルをつける。

⑩ 判例（最判平成6・1・20民集48巻1号1頁）によれば、「重要な財産の処分」に該当するかどうかにつき、①当該財産の価格、②当該会社の総資産に占める割合、③当該財産の保有目的、④処分行為の態様、⑤当該会社の従来の取り扱い等の事情を総合的に考慮して判断するとしている。

しかし、問題文中に挙がっている事情だけでは、①～⑤のすべてにあてはめることはできない。答案作成上は、規範の段階であてはめ可能なもののみを記載して、あてはめるのがよい（そもそも、規範に挙げたのにあてはめをしないのは印象が悪い）。

⑪ 問題文から抜き出した事実に対する評価（意味づけ）。自ら摘示した事実に対しては、必ず何らかの評価を行う（評価がなければあてはめとはいえない）。

⑫ 平成29年改正前民法93条但書類推適用説（最判昭和40・9・22民集19巻6号1656頁）。なお、現行法では平成29年民法改正により民法107条が新設されていることに注意。

⑬　タイトルをつける。

⑭　問題文には「会社法上及び商法上どのような点が問題となるか」とあり、民法上の問題についての検討は求められていないことに注意する（民法上の解除の要件の検討は求められてない)。解除の問題を論じる前提で、解除の根拠（民法）を簡単に触れる程度でよいと考えられる。

⑮　本件事案は法改正前の事案であるが、「瑕疵担保責任」は、平成29年民法改正により「契約不適合責任」すなわち債務不履行責任として整理されており、商法526条もこれを受けて文言が変更されている。

⑯　この問題点を知らないとしても、問題文で「商法上の問題」が問われているので、その場で商法の条文を見ていくと、この条文を見つけることができると考えられる。

⑰「会社の商人性」は重要論点の一つであり、商人間の売買契約であることが商事売買規定の適用要件の一つとなっているため必ず触れる。

⑱　条文の解釈を行うときには、可能であればその趣旨から論じる。もっとも、時間がなければ、そこまで丁寧に解釈論を論じなくても問題はないと考えられる。

⑲　条文の解釈を示す（商法526条の「検査」が精密な検査を意味するのではなく、当該目的物に通常合理的と認められる程度の検査で足りること、また、通常合理的と認められる程度の検査に関する下位規範をあらかじめ示しておいた方があてはめがしやすい)。

⑳　この記述は「遅滞なく」「検査」したか否かの判断とは直接かかわりがない。

㉑　あてはめでは、できるだけ問題文の事実を抜き出す。

㉒　設問１とのつながりを意識する。

㉓　原因関係の解除が人的抗弁事由になることの説明まではする必要がないと考えられる（そこまで論じている余裕はない)。

㉔　条文（手形法77条１項１号、17条但書）を明示しておきたい。

㉕　河本フォーミュラ。

解説

1　設問1

(1)　前段：本件売買契約の効力

(A)　利益相反取引

取締役は、会社との間の法律関係については委任に関する規定に従うこととされており（330条）、それゆえ善管注意義務を負っている（民法644条）。さらに、取締役は、会社に対して忠実義務を負っている（355条）が、判例・通説は、忠実義務について、善管注意義務を敷衍し、かつ一層明確にしたものにとどまり、善管注意義務よりも高度な義務を課したものではないと説明している（最大判昭和45・6・24民集24巻6号625頁）。

これらの義務により、取締役は、会社の利益と取締役個人の利益とが対立する場合に、その職務上の地位を利用して、取締役個人の利益を会社の利益に優先してはならない。かかる義務をアメリカ法上、忠実義務（duty of loyalty）という[(1)]。

わが国では、このような意味での忠実義務が問題になる典型例である、競業取引（356条1項1号）と利益相反取引（356条1項2号3号）につき特別の規制（356条）がなされている（報酬等の決定についても同様に特別の規定がおかれている（361条1項））。

利益相反取引とは、会社の利益と取締役の利益とが相反する取引であり、このような場面では、取締役が会社の利益より自己の利益を優先させる危険がある。そのため、これらの取引をする場合、取締役は、株主総会の承認（356条1項柱書）、取締役会設置会社にあっては、取締役会の承認を受けなければならない（365条1項、356条1項柱書）。

本問において、X社代表取締役Aと、Y社代表取締役Bとは旧知の仲であり、本件売買契約の締結につき、X社およびY社の取締役会において、いずれも承認がなされていない。そのため、まずは本件売買契約が利益相反取引に

（1）　カーティス・J・ミルハウプト編『米国会社法』（有斐閣、2009）77頁。

該当するかが問われることになる。

(a)　利益相反取引（直接取引）該当性

会社法356条1項2号は、直接取引について規定する。直接取引とは、取締役が自己または第三者のために会社とする取引のことである。本条にいう「ために」とは、通説によると権利義務の帰属主体になることをいう[(2)]。たとえば、会社がある財産を買い受ける際の相手方が、その会社の取締役自身である場合（「自己のために」）、または、その会社の取締役が代表取締役を務める別会社である場合（「第三者のために」）などである。

ところで、本問は、「Y社からみて」という限定が加えられている。Y社からみた場合、本件売買契約を締結しているのはX社である（契約締結の意思表示自体は代表取締役であるBとAとの間、その効果はY社とX社に帰属している（法人擬制説））。X社の代表取締役はAのみであり、Y社の取締役Bが、X社のために、X社を代表してY社と取引をしたわけではない。それゆえ、本件売買契約は直接取引には当たらない。

なお、X社側からみた場合、X社の取締役Bが、Y社のためにY社を代表して取引を行っているため、直接取引に該当しX社取締役会の承認が必要であるが、その承認を得ていない。それゆえ、承認のない直接取引の効力について少々敷衍しておく。

通説は、承認のない直接取引は無効であると解しているようであるが[(3)]、無権代理的無効であると解する見解も非常に有力である[(4)、(5)]。会社法356条2項の反対解釈から、承認のない直接取引には民法108条の適用が予定されおり、同条違反は無権代理になると解されているからである[(6)]。両者は、遡及的追認の可否（民法116条と同法119条の対比）、表見代理規定の適用の可否（民法109条、

(2)　伊藤靖史ほか『会社法（第4版）』（有斐閣、2018）220頁。自己または第三者の「名で」に等しい（同旨、商法4条1項「名をもって」）。

(3)　江頭憲治郎『株式会社法（第7版）』（有斐閣、2017）448頁、伊藤ほか・前掲注（2）222頁。

(4)　宮島司『新会社法エッセンス（第4版）』（弘文堂、2014）231頁。

(5)　そのほか、直接取引についても相対的無効説（後記(b)参照）を採るべきとの見解もある（近藤光男ほか『ポイントレクチャー会社法（第2版）』（有斐閣、2015）247頁以下）。

(6)　佐久間毅ほか『民法Ⅰ　総則』（有斐閣、2010）208頁。なお、平成29年民法改正により、108条違反の行為が無権代理となることが明記された。

110条。通説では同法112条も含まれる)、無権代理人への責任追及(民法117条)などの点で差異がみられる。

(b) 利益相反取引(間接取引)該当性

会社法356条1項3号は、間接取引について規定する。間接取引とは、会社が、取締役以外の者との間で、会社と取締役の利益が相反する取引のことである。同号には、間接取引として、会社が取締役の債務を保証するケースが例示されている。間接取引の範囲について学説は一様ではなく、大別すれば、外形的・客観的なその行為の性質によって定まるとする見解と、実質的・主観的なその行為の内容によって定まるとする見解とが存在する。通説は、「会社・第三者間の取引であって外形的・客観的に会社の犠牲において取締役に利益が生ずる形の行為」であるとする[(7)]。それ以上の範囲を間接取引に含めると、取引の安全への弊害が顕著になり、また、実質的・主観的な行為の内容は、利益相反取引を取締役会が承認するか否かを判断するための基準となるべきものであるためである。

本問では、Y社は、Aの代表するX社と取引を行っており、AもX社もY社の取締役ではないため、「取締役以外の者」との取引に該当する。問題となるのは、本件売買契約が、会社(Y社)と取締役(B)との利益相反取引であったか否かである。

この点、本件売買契約は、外形的・客観的に利益が相反する取引であるとはいえず、仮に実質的・主観的な行為の内容を考慮するとしても、Bは「本件生地が高品質」であると判断し、これを用いればY社の「売上げの大幅な増加が見込める」として、本件売買契約に臨んでおり、X社がY社に対して、本件生地を引き渡し、Y社がX社に対して、その代金を支払っている。そのため、B個人には何らの利益も生じてはない。それゆえ、本件売買契約は、Y社の犠牲でBに利益が生じる間接取引であるとはいえない。

なお、本問には関係ないが、承認のない間接取引の効力についても説明しておく。間接取引は、そもそも昭和56年の商法改正まで明文の規定がおかれていなかった。間接取引に関する規定がおかれる契機となったのは、昭和43年

(7) 江頭・前掲注(3)446頁。

の最高裁大法廷判決である（最大判昭和43・12・25民集22巻13号3511頁）。同判決によると、承認なき直接取引の場合は「一種の無権代理人の行為として無効となる」としながら（前記(a)の無権代理的無効か）、間接取引の場合は「取引の安全の見地より、善意の第三者を保護する必要があるから、会社は、その取引について取締役会の承認を受けなかつたことのほか、相手方である第三者が悪意（その旨を知つていること）であることを主張し、立証して始めて、その無効をその相手方である第三者に主張し得る」としており、通説も賛同している（相対的無効説）。なお、平成29年民法改正により、間接取引にも民法108条が適用されることが明定されている（356条2項）。

(B)　重要な財産の譲受け

Y社は洋服の製造・販売を本業とする会社であるところ、X社から洋服用の本件生地を購入している。本件売買契約が、会社法362条4項1号にいう「重要な財産の譲受け」に該当するならば、取締役会の決議を経る必要があり、取締役の独断では行うことができない。なお、本問は「本件売買契約の効力」について問われたものであるから、これとは別個独立の手形行為の効力は問題とはならない。これは設問2において問題となる。

(a)「重要な財産」の意義

会社法362条4項1号にいう「重要な財産の処分」であるか否かについて、判例は、「当該財産の価額、その会社の総資産に占める割合、当該財産の保有目的、処分行為の態様及び会社における従来の取扱い等の事情を総合的に考慮して判断すべき」と判示している（最判平成6・1・20民集48巻1号1頁）。学説上も本判決の判断枠組みを踏襲しながら、当該財産の価額等の数量的指標を第一の基準として、その他の指標を副次的基準と解している。本問は、重要な財産の「譲受け」に関する問題であるが、その場合であっても「処分」に関する上記枠組みによって判断されているようである。

Y社は直近数年の平均的な年間売上高が1億円であるが、本件生地の代金も1億円であり、非常に高額な財産の譲受けであるといえる。また、本件生地は、本来、大手アパレルメーカーからの依頼を受けてX社が製造したものであり、常態としてこのような取引が行われていたわけでもない。それゆえ、本件売買契約は、取締役会による決定を要する「重要な財産の譲受け」に該当するといえる。

(b)　取締役会決議を経ない場合の効力

取締役会決議を経ない取引の効力につき、最高裁判決（最判昭和40・9・22民集19巻6号1656頁）は、「代表取締役は、株式会社の業務に関し一切の裁判上または裁判外の行為をする権限を有する点にかんがみれば、代表取締役が、取締役会の決議を経てすることを要する対外的な個々的取引行為を、右決議を経ないでした場合でも、右取引行為は、内部的意思決定を欠くに止まるから、原則として有効であつて、ただ、相手方が右決議を経ていないことを知りまたは知り得べかりしときに限つて、無効である」と判示している（重要な財産の処分に関する事例）。学説上、本判決は、平成29年改正前民法93条但書を類推適用していると理解されている（権限濫用に関する最判昭和38・9・5民集17巻8号909頁の処理と同様。ただし、（代理）権限濫用については平成29年民法改正により107条が新設されている点に注意が必要）。会社の内部的手続きとしての取締役会決議を受けていないにもかかわらず、代表取締役が行った対外的行為を、内心的な意思決定と代表行為の外形との不一致と解することにより、平成29年改正前民法93条但書類推の基礎を見出しているのである。しかし、この理論構成には、同条但書を類推する基礎に欠けているとして批判も多い。

学説では①平成29年改正前民法93条但書類推適用説以外にもさまざまな理論構成が展開されている。たとえば、②代表取締役が行った対外的行為には一切の制限がなく、取締役会決議を経なくとも取引は有効であり、会社は後に取締役の責任を追及しうるのみであるとする説。③取引は原則として有効であるが、行為の相手方が悪意であった場合には保護に値しないため、相手方からの請求に対して、会社は一般悪意の抗弁をもって対抗しうるとする説。④会社法362条4項各号の取締役決議を、会社法349条5項の代表権に加えた制限と解し、善意の第三者に対抗することができないと解する説などがある。

本問では、Y社からみた行為の相手方はX社（A）であるが、Y社代表取締役BはX社の取締役でもあり、AとBとは旧知の仲であるため、Y社の取締役会決議を経ていないことにつきX社側の過失を認定することも可能である。その際、上記理論構成如何によっては行為の相手方の保護要件が異なるため、結論に差異が生ずることになる。

⑵　後段：本件売買契約の解除

(A)　総説

もし本件売買契約が無効であるならば、そもそも解除の問題にはならない。

ただ、本件生地が瑕疵もない高品質なものであったならば、Y社としても何ら問題は生じなかったと考えられるところ、本件生地には染色不具合の瑕疵があり、Y社は本件売買契約を解除する旨の意思表示をしている。本問でY社側が積極的に問題としているのはこの部分なのである。そこで、本件生地の瑕疵によって本件売買契約が解除しうるかが問題となる。解除の根拠としては、さしあたり債務不履行に基づく解除（平成29年改正前民法541条または同法543条）、または瑕疵担保責任にもとづく解除（平成29年改正前民法570条、566条1項）が考えられる。ここで問題となるのが瑕疵担保責任の法的性質である。

①法定責任説は、瑕疵担保責任を、瑕疵物の給付でも売主の債務の履行は完了するが、買主の代金給付との均衡のために法が認めた責任であると理解する。この立場は、いわゆる「特定物ドグマ」[8]を前提にしているため、瑕疵担保責任の適用範囲が特定物売買に限定される。これに対して、②債務不履行責任説は、瑕疵担保責任を不完全履行であると理解する。この立場は、瑕疵担保責任を債務不履行責任の特則であると解するため、特定物売買のみならず種類売買にも瑕疵担保責任を肯定する。

本件売買契約が種類売買であると解するならば、瑕疵担保責任の法的性質をどのように解するかによって適用条文が異なることになる。これに対し、本件生地は、X社が大手アパレルメーカーからの依頼を受けて製造したものであり、Bも本件生地が高品質であることに着目して取引に及んでいる。それゆえ、本件売買契約を特定物売買と解するならば、いずれにせよ瑕疵担保責任に基づく解除ということになる。

ただし、本問におけるY社もX社も商法上の商人である[9]。それゆえ商事売買に関する商法526条の適用がある。本問では「会社法上及び商法上」の問題

（8）「特定物ドグマ」とは、「特定物売買においては瑕疵ある物の引渡しも売主の履行となる」という考え方であり、この考え方を批判するのが債務不履行責任説である。

を論じる必要があるため、本件売買契約の解除が商法526条2項によって制限を受けるかが特に問題となる。

(B)　瑕疵物の引渡しと買主の検査・通知義務

平成29年改正前商法526条は商人間の売買における買主の検査（1項）・通知（2項）義務について規定する。民法上、売買目的物に隠れた瑕疵があるか数量の不足がある場合に、買主による契約の解除、または代金減額、もしくは損害賠償の請求をなすには、買主が善意であるかぎり、その事実を知った時から1年以内になせばよい（平成29年改正前民法570条、566条3項、565条、564条)。しかし、簡易迅速性が求められる企業取引において、1年もの長期間、売主・買主の法律関係を不安定な状態に置くのは不都合である。

そこで、商法上、商人間の売買について、買主は目的物を受領した時は、遅滞なく、その物を検査し（平成29年改正前商法526条1項)、検査により目的物の瑕疵や数量不足を発見した時は、ただちに売主に通知をしなければならない。そして、これらの義務を怠った場合、買主は売主に対して担保責任を追及することができなくなるのである（同条2項前段)。また、目的物に直ちに発見することのできない瑕疵がある場合に、買主が6か月以内に当該瑕疵を発見した場合にも、やはり通知の義務が発生する（同条2項後段)。

なお、本条は特定物・不特定物にかかわらず適用されると解されている（最判昭和35・12・2民集14巻13号2893頁)。民法学説上、瑕疵担保責任の法的性質につき債務不履行説が通説化してきたこともあるが、商事売買は典型的には不特定物に関する商品売買であるからである。

本問でY社は、本件生地の一部を抜き出し詳細な検査の結果、特に異常は見つけられなかった。しかし、本件生地の瑕疵が、外観から明らかになるものではなく、数回洗濯をしなければ発見できないことに鑑みると、Y社は通常の検査義務を履行し、本件生地には直ちに発見することのできない瑕疵があったということができる。そして、その後6か月以内に本件生地の瑕疵が発見され、Y社はX社に直ちにその旨の通知を行っているというのであるから、商法

(9)　会社の商人性について、最判平成20・2・22民集62巻2号576頁、相原隆「会社の商人性と会社の行為の商行為性」江頭憲治郎＝山下友信編『商法（総則・商行為）判例百選（第5版)』（有斐閣、2008）74頁。

526条の義務違反には当たらず、Y社はX社に本件売買契約の解除を求めることができるのである。

なお本問は平成29年民法改正前の事案である。同改正後、瑕疵担保責任は「契約の不適合」を要件とする責任に整理され、売買目的物が種類・品質または数量について契約に適合しない場合、買主は契約を解除し、損害賠償を請求できる（民法564条、541条以下、415条）。商人間の売買の場合、買主は引渡しから6か月以内に、売買目的物の種類・品質について、ただちに発見できない契約不適合を発見したときは、ただちに売主にその旨の通知を発しなければ、契約不適合責任（民法562条以下）を追求することができなくなる（商法526条2項後段）。本問のような事情では、本件生地の品質について、ただちに発見できない契約不適合が存在するが、Y社はX社に6か月以内に通知を行っており、本件売買契約の解除を求めることができるということになる。[10]

2　設問2：ZのYに対する手形金支払請求の可否

手形割引によってX社から本件手形を取得したZの手形金請求に対して、Y社は請求を拒むことができるか。設問1では本件売買契約が論述の対象とされていたのに対し、設問2では本件売買契約を原因関係とする手形関係の帰趨が問われている。[11]

(1)　原因関係の無効・解除と手形関係への影響

(A)　手形の性質

本件手形は、本件売買契約を原因関係として振出されたものである。しかし、設問1で見てきたように、本件売買契約は無効または解除によって消滅している。この場合に、本件手形の振出行為はいかなる影響を受けるだろうか。

この点、手形関係は、原因関係とは別個独立に形成される（手形の設権証券性）。すなわち、振出人が負担する、本件手形に表章されている手形債務は、原因関係上の代金支払債務ではなく、証券の作成・交付によって新たに発生し

---

(10)　詳しくは、北居功＝高田晴仁編著『民法とつながる商法総則・商行為法（第2版）』（商事法務、2018）276頁。

(11)　なお、以下では、手形理論に関する学説の通説である「交付契約説」に則って説明を行う。有力説である「二段階創造説」については取り扱わない。

た債務なのである。また、手形の設権証券性によって新たに発生した手形上の法律関係は、原因関係の有無や有効・無効によって影響を受けず、手形行為自体の効力には影響しない（手形の無因証券性）。

これらの手形の性質によって、原因関係の消長は手形関係の有効性を損なわない。つまり、本件手形に係る振出行為も原因関係のいかんを問わず有効に成立しているのである。ただし、原因関係の問題は、人的関係に基づく抗弁（手形法 17 条）を基礎づけるため、その対抗関係が次の問題となる。

(B)　悪意の抗弁の対抗

(a)　人的抗弁とその切断

前記(A)のとおり、手形関係と原因関係とは別個独立であり、手形関係の有効性は原因関係の消長によって影響を受けない。すなわち、手形振出の原因関係に瑕疵があっても、受取人は手形上の権利を取得し、振出人に有効に手形上の権利を主張しうることになる。ただし、衡平法上の抗弁権（Einrede）[(12)]として、振出人は受取人に対して人的関係に基づく抗弁を対抗することができる。本件で、もし X 社が Y 社に対して手形金請求をした場合、Y 社はその請求を拒むことができるのである。しかし、本問で X 社は Z に本件手形を裏書譲渡している（手形法 14 条 1 項、77 条 1 項 1 号）。

通説は、裏書の性質を証券上の裏書という特殊な方式によって譲渡する手形債権譲渡であると解している。これによれば、原因関係上の瑕疵は手形上の債権そのものの瑕疵にはならないが、債務者が債権者に対して主張しうる抗弁事由となるため、一般の債権譲渡の原則と同様、これら一切の事由が譲受人に引き継がれていかなければならないはずである[(13)]。この原則からすれば、Y 社は X 社に対するのと同様の抗弁をもって、Z の請求をも拒むことができるはずである。

ところが、手形法 17 条本文（手形法 77 条 1 項 1 号）は、債務者が所持人の前者に対して主張しえた人的関係に基づく抗弁（人的抗弁）を、所持人に対抗

(12)　通説は、この抗弁権の性質について、不当利得関係（民法 703 条、704 条）が生じることに起因する「不当利得の抗弁権」であると理解している。

(13)　何人も自己の有する以上の権利を他者に譲り渡すことはできない（Nemo plus juris ad alium transferre potest quam ipse habet）。

しえないことを定めている。これが「人的抗弁の切断」または「人的抗弁の制限」である[(14)]。そして、その例外となるのが、手形法17条但書の、いわゆる「悪意の抗弁（権）」(exceptio doli）である。

(b)　河本フォーミュラ

手形法17条但書は、人的抗弁の切断に対する例外を定めている。すなわち、所持人が債務者（本件では振出人Y社）を「害スルコトヲ知リテ」手形を取得したときには、人的抗弁の切断が認められないことになる。いわゆる「悪意の抗弁」である。ただ、取得者の主観的態様について、通常の「悪意」ではなく（たとえば手形法16条2項、40条3項)、「害スルコトヲ知リテ」、すなわち「害意」が要件とされている点には留意しなければならない。

この文言の差異からすると、手形法17条但書の害意とは、「前者に対する人的抗弁の存在を知り、かつ、自己が裏書を受けることにより債務者に不利益が生ずるだろうことを知りながら手形を取得すること」と説明されることになるが、この「かつ」以下の部分は、取得者が抗弁切断の効果を知っていることを意味する。この点、手形を扱う者はすべて手形法を知っているものと措定され、法の知・不知は問題とならないことから、取得者が前者に対する人的抗弁の存在を知りながら手形を取得すると、債務者が不利益を被るだろうことをも知っているものと扱われざるをえない。そうだとすると、「害意」とは、結局「前者に対する人的抗弁の存在を知っていること」、すなわち「悪意」と同義ということになるのである。

河本一郎教授は、この「害意」にまつわる問題に時間的な懸隔が潜んでいること指摘する。すなわち、害意の判断は裏書により手形を取得した時点でなされるのに対し、人的抗弁が対抗されるのは満期以後の権利行使時点においてである。それゆえ、手形取得時点ではいまだ人的抗弁が発生していない場合、手形取得者が「人的抗弁の存在」を知ることはできず、それは単に将来における抗弁事由発生への予見でしかない。

この時間的な懸隔を埋めるため、「害意」の内容は「取得者が手形を取得す

(14)　この点、裏書の法的性質を、原因関係から効力的牽連性を切断された無因債権の譲渡であるとして、人的抗弁の切断がむしろ本則であると解する見解もある（倉沢康一郎『手形法の判例と論理』(成文堂、1981）187頁以下)。

るにあたり、満期において、手形債務者が、取得者の直接の前者に対し、抗弁を主張することは確実だという認識を有していた場合」であるという、いわゆる「河本フォーミュラ」が提唱され[15]、学説の賛同を受けるに至っているのである。

なお、本問のZは手形取得にあたり、上記の認識を有していたという事情はないため、Y社は、悪意の抗弁をもって、Zの手形金請求を拒むことはできない。

⑵　手形行為自体の効力

本件振出行為自体が会社法362条4項2号の「多額の借財」に当たるかも問題となる。「多額の借財」の判断基準につき、判例は「当該借財の額、その会社の総資産及び経常利益等に占める割合、当該借財の目的及び会社における従来の取扱い等の事情を総合的に考慮して判断されるべきである」という（東京地判平成9・3・17判時1605号141頁）。この点、Y社はX社に1億円の手形金支払債務を負うことになり、また、Y社は直近数年の平均的な年間売上高も1億円であることから、本件手形振出は上記判断基準に該当するとも考えられる。

では、手形振出も借財に含まれるのだろうか。「借財」とは、金銭の借入れのほか、保証、手形割引等も含まれると解されており、一方的な債務負担である手形振出は借財に該当すると解することもできる。しかし、本件手形振出は本件売買契約の履行手段として振出されているにすぎないことから、本件手形振出行為自体は借財には該当せず、会社法362条4項2号の規制を適用する基礎を欠くという主張も十分に根拠があるものと考えられる。

仮に本件手形振出行為が「多額の借財」に該当し、取締役会決議を経なければならない場合、これを経ていない行為の効力はいかに解するべきか。この点は設問1との整合性も問題となる。もし判例・通説と同様に、平成29年改正前民法93条但書の類推適用であると解する場合は、相手方であるXの善意・無（重）過失が問題となるが、さらに第三者Zとの関係が考慮されなければならない[16]。

⒂　河本一郎「手形法における悪意の抗弁」民商36巻4号（1958）504頁以下。

たとえば、手形振出行為自体が利益相反取引に該当するか否かが争われた、最大判昭和46・10・13民集25巻7号900頁の事件では、1審、控訴審、上告審のすべてにおいて、第三者の手形金請求が認容されており、最高裁では、第三者との関係では「取引の安全の見地より、善意の第三者を保護する必要がある」ことを理由として、いわゆる相対的無効説が採られている。かかる見解の根拠となる規定は存在しないが、少なくとも手形関係においては、形式不備を除いて、何らかの方法で善意の第三者の保護を考慮するのが判例理論である。

本件では、上記判決と同様に相対的無効説を採る構成や、平成29年改正前民法93条但書類推適用を前提として同法94条2項類推適用をすることなど、さまざまな構成が考えられる（平成29年民法改正により107条が新設されている点に注意）。そのほか、手形の交付欠缺や手形行為の意思表示に瑕疵があった場合等、債務者が自己の手形債務の有効性を争う種類の抗弁について、新抗弁理論として「有効性の抗弁」という新たな類型を設け、権利外観理論により第三者保護を図っていく見解もある。(17)

(16)　なお、手形関係に民法の意思表示規定が適用できるかについても、全面適用説、（個別的・一般的）修正説、適用排除説等の議論がある。

(17)　田邊光政『最新手形法小切手法（5訂版）』（中央経済社、2007）159頁。

Ⅳ　利益相反取引②

問題（予備試験平成 26 年度）

次の文章を読んで、後記の〔設問 1〕及び〔設問 2〕に答えなさい。

1．X 株式会社（以下「X 社」という。）は、携帯電話機の製造及び販売を行う取締役会設置会社であり、普通株式のみを発行している。X 社の発行可能株式総数は 100 万株であり、発行済株式の総数は 30 万株である。また、X 社は、会社法上の公開会社であるが、金融商品取引所にその発行する株式を上場していない。X 社の取締役は、A、B、C ほか 2 名の計 5 名であり、その代表取締役は、A のみである。
2．Y 株式会社（以下「Y 社」という。）は、携帯電話機用のバッテリーの製造及び販売を行う取締役会設置会社であり、その製造するバッテリーを X 社に納入している。Y 社は、古くから X 社と取引関係があり、また、X 社株式 5 万 1 千株（発行済株式の総数の 17%）を有している。
　B は、Y 社の創業者で、その発行済株式の総数の 90% を有しているが、平成 20 年以降、代表権のない取締役となっている。また、B は、X 社株式 5 万 1 千株（発行済株式の総数の 17%）を有している。
3．Z 株式会社（以下「Z 社」という。）は、携帯電話機用のバッテリーの製造及び販売を行う取締役会設置会社であり、C がその代表取締役である。
　Z 社は、Y 社と同様に、その製造するバッテリーを X 社に納入しているが、Y 社と比較すると X 社と取引を始めた時期は遅く、最近になってその取引量を伸ばしてきている。なお、Z 社は、X 社株式を有していない。
4．X 社は、平成 25 年末頃から、経営状態が悪化し、急きょ 10 億円の資金が必要となった。そこで、A は、その資金を調達する方法について B に相談した。B は、市場実勢よりもやや高い金利によることとなるが、5 億円であれば Y 社が X 社に貸し付けることができると述べた。
5．そこで、平成 26 年 1 月下旬、X 社の取締役会が開催され、取締役 5 名が出席した。Y 社からの借入れの決定については、X 社と Y 社との関係が強化されることを警戒して、C のみが反対したが、他の 4 名の取締役の賛成により決議が成立した。この取締役会の決定に基づき、X社は、Y社から5億円を借り入れた。

6．Y社のX社に対する貸付金の原資は、Bが自己の資産を担保に金融機関から借り入れた5億円であり、Bは、この5億円をそのままY社に貸し付けていた。Y社がX社に貸し付ける際の金利は、Bが金融機関から借り入れた際の金利に若干の上乗せがされたものであった。なお、Bは、これらの事情をAに伝えたことはなく、X社の取締役会においても説明していなかった。

7．他方、Cは、Aに対し、X社の募集株式を引き受ける方法であれば、不足する5億円の資金をZ社が提供することができると述べた。

8．そこで、同年2月上旬、X社の取締役会が開催され、1株当たりの払込金額を5000円として、10万株の新株を発行し、その全株式をZ社に割り当てることを決定した。この決定については、Bのみが反対したが、他の4名の取締役の賛成により決議が成立した。

X社は、この募集株式の発行に当たり、株主総会の決議は経なかったが、募集事項の決定時及び新株発行時のX社の1株当たりの価値は、1万円を下ることはなかった。また、X社はこの募集株式の発行について、適法に公告を行っている。

9．Cは、同月下旬、上記6の事情を知るに至った。

〔設問1〕

Cは、平成26年3月に開催されたX社の取締役会において、X社のY社からの借入れが無効であると主張している。この主張の当否について論じなさい。

〔設問2〕

Bは、X社のZ社に対する募集株式の発行の効力が生じた後、訴えを提起してその発行が無効であると主張している。この主張の当否について論じなさい。

解答例

1　設問1

X社のY社からの借入れ（以下、「本件借入れ」という。）は無効とのCの主張は認められるか。

(1)　本件借入れは利益相反取引（会社法（以下、法令名略。）356条1項2号・3号、365条1項）に当たり、取締役会決議が必要であるが、欠いていると言えるか。①

(A)　Y社においてBは代表権を有していない取締役であるから、「取締役が…取引をしようとするとき」（356条1項2号）には当たらない。②しかし、「利益が相反する取引」（356条1項3号）に当たるか。③

この点、その該当性は、実質的に見て会社の利益の犠牲の下、取締役が利益を得る形での行為と言えるか否かによって判断すべきである。④

本件、BはX社の取締役である。一方で、貸主たるY社の株を90％という大部分を所有していることから、Y社の利益はBの株式の価額に反映され、Bの利益と同視できるものと言える。⑤そして本件借入れは、市場実勢よりもやや高い金利により行われており、X社の金利支払いの犠牲の下、Y社及びBが利益を得る形での行為である。したがって、本件借入れは、「利益が相反する取引」である。⑥

(B)　Bは「重要な事実を開示」したと言えるか。

この点、「重要な事実」とは、取締役が適正な判断をするために必要な事実である。

本件、Bは平成26年1月下旬の承認決議（以下、「本件決議」とする。）において、BがY社の90％株主であることや貸付金の原資が自己の借入れにあることなど利益相反取引を基礎づける重要な事実をAに伝えず、本件決議の際にも伝えていない。

したがって、Bは「重要な事実を開示」したとは言えない。

(C)　上記瑕疵により、承認決議を経ない利益相反取引は無効となるか。⑦

この点、会社の利益保護の観点から、会社は、直接取引の相手方に対しては、常に取引の無効を主張できるが、転得者や間接取引の相手方に対しては、取引の安全の見地から、承認の欠缺につき悪意または重過失である場合に限り、無効を主張できると解する。

本件、貸主であるY社の取締役はBであり、Bは取締役会に参加し承認に欠缺があることについて悪意であり、少なくとも重過失があるから、⑧X社は利益相反取引の無効を主張できる。

したがって、Cは本件借入れの無効を主張できる。

(2)　また、Bは本件決議に関し、「特別の利害関係を有する取締役」（369条2項）に当たり、出席したため、⑨取締役会決議を欠くと言えるか。

(A)　「特別の利害関係を有する取締役」とは、取締役の忠実義務違反をもたらすおそれがある、会社の利益と衝突する個人的利害関係を有する者をいう。

本件において、本件借入れの相手方たるY社の株式は、Bが90%という大半を有しており、事実上Y社はBの支配下にある。そのため、BはX社との関係で忠実義務違反をもたらすおそれがあり、「特別の利害関係を有する取締役」に当たる。

(B)「特別の利害関係を有する取締役」が議決権を行使した取締役会決議は一般原則に従い、無効となるが、当該瑕疵がなかったとしてもなお決議の結果に影響がなかったと言える特段の事情が存在する場合には、例外的に無効とはならない。本件では、「特別の利害関係を有する取締役」であるBが決議に参加していなかった場合でも、取締役5人のうち反対したのはCのみであるから、決議は成立し、特段の事情は存在すると言える。したがって、取締役会決議は有効であり、取締役会決議を欠くとは言えない。

(3) 本件借入れは「多額の借財」(362条4項2号)に当たり、取締役会決議が必要となるが、欠くとして、無効と言えないか。⑩

(A)「多額の借財」に当たるかは、実質的に、会社の規模や経営状況、借入金額等諸般の事情を総合考慮して決するべきである。

本件、5億円と高額であるから、「多額の借財」に当たる。

(B) 取締役会に基づかない本件借入れの効力が問題となる。

この点、原則として有効であるが、相手方が取締役会決議を経ていないことを知り又は知りえたときは無効(民法93条1項但書)と解する。

本件、Y社の事実上の支配者であるBはかかる瑕疵につき知りえたから、本件借入れは無効である。

(4) よって、X社のY社からの借入れは無効とのCの主張は認められる。

2　設問2

(1) Bは、株式発行の無効の訴え(828条1項2号、2項2号)を主張している。⑪

(A) 募集株式発行は「特に有利な金額である」(199条3項)と言え、株主総会特別決議が必要(199条3項、201条1項前段、199条2項、309条2項5号)とならないか。「特に有利な金額」の意義が問題となる。⑫

この点、同項は既存株主の経済的損失を回避するための規定であるから、「特に有利な金額」とは、時価を基準とした公正価額より低い発行価額を言う。公正価額とは、資金調達目的が達せられる限度で既存株主により最も有利な価額を言う。⑬⑭⑮

本件、募集事項の決定時及び新株発行時のX社の1株当たりの価値は1万円を下ることは無かったから、公正価額は1万円である。しかし、本件募集株式発行は1株当たりの払込金額を5000円としており、公正価額の半分と著しく低い価額で発行している。したがって、「特に有利な金額」に当たり、株主総会決議が必要となる。

(B)　株主総会決議を欠く有利発行は無効か。

この点、転得者の保護の必要性は高い一方で、既存株主の保護は、取締役に対する損害賠償請求（423条1項）や株式発行の差止請求（210条1号）で図ることが可能である。⑯ したがって、重大な法令定款違反ではなく、無効とはならない。

本件、株主総会決議を欠くものの、株式発行は無効とはならない。

(2)　よって、Bの株式発行無効の訴えは認められない。

以　上

［コメント］

① ここではまず、利益相反取引に該当するか、という問題提起をしておき、該当することを示した後に、取締役会決議がない利益相反取引の効力について論じる、という構成のほうが読みやすい。

② 直接取引（356条1項2号）に該当しないということをいいたいのであろうが、これではわかりにくい。直接取引該当性については本問における重要な論点であるので、Y社の代表権のない取締役BがX社と取引をしようとしているという事実を提示し、同号の「ために」は「名で」という意味に解することを示したうえで、BがY社を代表して（＝の名で）X社と取引をしようとしているのではないから、「取締役が……第三者のために株式会社と取引をしようとするとき」に該当しない、というような丁寧な論述を心がけてほしい。

③ 間接取引（356条1項3号）に該当するかということを問題提起したのであろうが、これもわかりにくい。無理に条文を引用すると長くなるので、単に「間接取引（356条1項3号）に該当するか。」程度の問題提起でよいだろう。利益相反取引を論じる際には「誰と誰の取引で、結果として誰と誰の利益が相反するか」を簡潔かつ的確に示すことが重要。

④ 間接取引該当性については判例の基準等があるわけではないので、この程度示せればよいだろう。

⑤ 解説で示した通り、間接取引に該当するためには取締役が会社の株式を100%保有していなければならないか、あるいは過半数でよいかという点は争いがあ

るが、ここではその点について論じるのではなく、この答案のようになぜ間接取引に該当する（しない）のかということを事案に即して示すのがよいだろう。

なお、株式の「所有」ではなく「保有」。

⑥ 「間接取引に該当する」くらいでよい。

⑦ 本問は、承認決議を経ている事例である。上記瑕疵があるのに（＝重要な事実の開示なしに）承認された利益相反取引は無効となるか、という問題提起をすべきであろう。

⑧ ⑦の問題提起に従い、重要な事実の開示がなかったことにつき悪意であることを示すべきである。

⑨ 「出席」ではなく、「議決に加わっている」していることに言及すべき。

⑩ 取締役会決議が必要な「重要な財産の処分」（362条4項1号）に該当するか否かについては最判平成6・1・20民集48巻1号1頁［百選63］が様々な判断要素を挙げているが、本問のように「多額の借財」（2号）についてもこれらの判断要素を考慮すればよいだろう。ただし、本答案のように、単に高額であることから「多額の借財」に該当するとするのは無理があるように思われる。

⑪ 募集株式の発行手続きは公開会社と非公開会社で大きく異なるので、X社が公開会社であることを答案でもはっきり示しておくべきであろう。

⑫ 誰にとって「特に有利な金額」かを示せていない。

⑬ 「同項」だけではどの条文を指しているのかわからない。また、ここでは特定の条文に言及するのではなく、有利発行規制について、既存株主が経済的不利益を被ることに対応するためのルールだということを説明したほうがよいだろう。

⑭ 単に「低い」ではなく、「著しく低い」とすべき。ここでも、「公正価額」ではなく、「公正な金額」という言葉を使おう。

⑮ 「公正な金額」につき、直前で「時価を基準とする」といっているので、この部分は不要。

⑯ 解説に示した判例の考え方を理解していることがわかるような表現にしてほしいところ。

解説

1　設問1：利益相反取引

X社のY社からの借入れが無効であるとCが主張する理由として、(1)この借入れが利益相反取引に該当するのにもかかわらず必要な手続を履践していないこと、⑵この借入れを決定する取締役会で決議に特別利害関係を有するBが議決権を行使していることの２点が考えられる。以下、順に検討する。

⑴　X社のY社からの借入れは利益相反取引に該当するか[(1)]

X社取締役会の決定に基づき、X社はY社から５億円を借り入れている（以下、「本件借入れ」とする）。Y社の取締役であり、かつ90％の株式を有するBは、X社の取締役も務めている。そのため、本件借入れは利益相反取引に該当することが考えられる。取締役会設置会社においては、取締役が利益相反取引を行うためには、取締役会で当該取引につき重要な事実を開示したうえで、承認を得なければならない（356条１項２号３号、365条１項）。本問では、取締役会の決定の前にBは取締役会で重要な事実を開示していないのではないか、重要な事実を開示せずに行われた利益相反取引は無効となるのか、という点につき検討することが必要だと思われる。

⒜　直接取引、間接取引のどちらに該当するのか

取締役の利益相反取引には、直接取引（356条１項２号）と間接取引（同３号）の２種類がある。本件借入れがどちらに該当するのか、以下検討する。[(2)]

(a)　直接取引に該当するか

直接取引とは、取締役が自己または第三者のために会社とする取引のことである（356条１項２号）。通説は、「ために」とは「名で」の意味である（名義説）と解している。[(3)]よって、取締役が自己または第三者の名で会社と取引を行った場合は、直接取引となる。そこで本問をみると、X社はY社と取引して

（1）　利益相反取引について学習する際にぜひ参照してほしい学習用文献として、髙橋美加ほか『会社法（第３版）』（弘文堂、2020）203-211頁（本問に関係する部分として、とくに206-209頁 COLUMN ⑭）、久保田安彦『会社法の学び方』（日本評論社、2018）65頁、得津晶「利益相反取引の条文の読み方・教え方」東北ローレビュー６号（2019）１頁を挙げておく。

（2）　髙橋美加「『自己のためにする』直接取引——利益相反取引の変遷と解釈のゆれ」落合誠一先生古稀記念『商事法の新しい礎石』（有斐閣、2014）227頁は、設問１のような事例が直接取引・間接取引のいずれに当たるのかを検討する際に参考になる。

（3）　356条１項２号の「ために」の意味をめぐっては、「ために」を「名で」の意味に解し、自ら当事者となってまたは第三者を代理もしくは代表してという意味に解する見解（名義説（通説））と、「ために」を「計算で」の意味に解し、行為の経済的効果が自己または第三者に帰属するという意味に解する見解（計算説（田中亘『会社法（第２版）』（東京大学出版会、2018）245頁など））が対立している。学説の詳細は、髙橋ほか・前掲注（2）238頁。

いるのであり、X社の取締役Bと取引しているのではない。また、BはY社の代表権のない取締役であり、Y社を代表して取引をしているわけでもない（もしBがY社の代表取締役であるならば、本件借入れはBがY社の「ために」（＝「名で」）した取引となり、直接取引となる）。

したがって、本件借入れは直接取引には該当しない。

(b)　間接取引に該当するか

間接取引とは、会社と取締役以外の第三者との間の取引で、会社と取締役の利益が相反する取引のことである（356条1項3号）。典型例としては、取締役の債務を会社が保証すること（同号参照）や、取締役の債務を会社が引き受けること（最大判昭和43・12・25民集22巻13号3511頁［百選58］）があげられる。本件借入れは、会社と取締役以外の第三者との間の取引であるが、これが間接取引に該当するか否かについては、本件借入れが結果的にX社と取締役Bの利益相反、すなわちX社の犠牲のもとにBに利益をもたらすことになるか否かを検討する必要がある。

第一に、Y社の発行済株式総数の90％をBが保有しているという点に着目して検討する。一般的に、甲会社の取締役Pが乙会社の発行済株式の100％を保有しているときに甲会社と乙会社がした取引は、間接取引に該当すると考えられている[(4)]。なぜなら、乙会社は全株式を保有するPの分身にほかならず[(5)]、結果的に甲会社とPの利益が相反するからである。他方、Pが乙会社の発行済株式の過半数を保有するにすぎない場合に甲会社と乙会社が取引を行った場合に間接取引に該当するか否かは見解が分かれているようである[(6)]。本問のようにX社取締役BがY社の発行済株式総数の90％を保有するという場合にあっては、Y社とBとの経済的一体性があると考えられるし、またBがY社の事実上の主宰者であるとも考えられるため、本件借入れは間接取引に該当すると判

（4）　落合誠一編『会社法コンメンタール8　機関(2)』（商事法務、2009）82頁〔北村雅史〕、田中・前掲注（3）247頁。なお、前田雅弘「取締役の自己取引」森本滋ほか編『企業の健全性確保と取締役の責任』（有斐閣、1997）308頁は、これを直接取引に当たるとする。この見解に従い、X社Y社間の取引を直接取引と評価して答案で書いてもよいだろう。

（5）　龍田節＝前田雅弘『会社法大要（第2版）』（有斐閣、2017）84頁、龍田節「一人会社と利益相反行為」上柳克郎先生還暦記念『商事法の解釈と展望』（有斐閣、1984）267頁。

（6）　落合編・前掲注（4）82頁〔北村〕。

断してよいだろう。

第二に、Y社がX社に貸し付けた5億円の原資はY社がBから借り入れた5億円そのままであったが、その原資はBが金融機関から借り入れた5億円であり、Y社がX社に貸し付ける際の金利はBが金融機関から借り入れた金利よりも若干上乗せされていたという点に着目して検討する。これにより、金利の上乗せ分の利益をY社が獲得し、同額の損失をX社が被ることになる。上述のようにY社とBに経済的一体性があると評価するのであれば、本件借入れにより外形的・客観的にもX社の犠牲においてX社の取締役でもあるBに利益が生ずることになるため、これを理由としても本件借入れは間接取引に該当するということができるだろう。

(B)　重要な事実の開示の有無

取締役が利益相反取引を行おうとする場合には、当該取引につき重要な事実を開示したうえで、取締役会の承認を受ける必要がある（356条1項柱書、365条1項）。本問では、取締役会において本件借入れを行うことについての決定はされているものの、金利が上乗せされていることについての説明はされていない。このことが「重要な事実」に該当するのであれば、本件借入れは利益相反取引を行うための法律上の手続が履践されていないといえそうである。

重要な事実の開示は、取締役会が当該利益相反取引を承認すべきか否かを判断するための資料を提供するために行われる。開示すべき事項は、取引の種類、目的物、数量、価格、履行期、取引の期間などであり、間接取引の場合には、相手方、主債務者の返済能力（保証契約の場合）などもあげられる[(7)]。

本問では、Y社が一般的な金利に上乗せして貸し付けていることをX社が知っていたならば、X社はY社から借り入れなかったと考えられる。したがって、上記の事実は「重要な事実」に該当するといえよう。

なお、間接取引を行うために重要な事実を開示して承認を受けるべき取締役は当該会社の代表取締役か、それとも会社と利益相反関係に立つ取締役かという点につき争いがあるが[(8)]、承認を受けるべき義務者が誰であるかを問題とする必要はないという見解も有力に主張されており[(9)]、実際に答案を書く際にはこの

（7）　落合編・前掲注（4）84頁〔北村〕。
（8）　詳細につき、落合編・前掲注（4）84頁〔北村〕。

論点にこだわる必要はないだろう。

(C)　取締役会の承認決議に瑕疵がある場合の利益相反取引の効力

以上のように、本件借入れは、重要な事実の開示なしに取締役会が承認して行われた間接取引ということができる。このように法定の手続を履践せずに行われた取締役会の決議は無効であり、それに基づいて行われた取引ももちろん無効である[(10)]。しかし、間接取引においては取引の相手方が取締役以外の者であることを考えると、法定の手続が履践されていないことを知らずに相手方が取引をした場合にはこれを保護して取引の安全を図る必要がある。このような理由から、判例は、取締役会の承認なしに行われた間接取引については、「取引の安全の見地より、善意の第三者を保護する必要があるから、会社は、その取引について取締役会の承認を受けなかつたことのほか、相手方である第三者が悪意（その旨を知つていること）であることを主張し、立証して始めて、その無効をその相手方である第三者に主張し得るものと解するのが相当である」としている（相対的無効説）（最大判昭和43・12・25民集22巻13号3511頁[百選58]）。この判例の事案と本問とでは手続違反の態様が異なるが、いずれの場合も取引の安全を保護すべきケースであることに変わりはないという点に注目すると、本問のようなケースにもこの判例の射程が及ぶと考えてよいだろう。

それでは、無効の主張権者についてはどうか。前述の判例は会社が無効を主張した事案であるが、本問で無効を主張したのは会社でも取引の相手方でもなく、会社と利益相反関係に立たない取締役でありかつY社と競合するZ社の代表取締役でもあるCである。最判昭和48・12・11民集27巻11号1529頁は、利益相反取引を行った取締役はその無効を主張することはできない旨を判示するが、その理由として、利益相反取引に関する規制が会社の利益を犠牲に

(9)　大隅健一郎＝今井宏『会社法論　中巻（第3版）』（有斐閣、1992）243頁、神崎克郎「取締役の利益相反取引」商事919号（1981）50頁。

(10)　重要な事実が開示されずに形式的な承認決議がなされた場合にも、取締役会の承認決議がなされたものとして取り扱われるが、この場合において、取引の相手方がそのことを知っているようなときは、その者に対しては、有効な取締役会の承認がなかったものとすべきとする見解もある（神崎・前掲注（9）51頁、藤川研策「利益相反取引」蓮井良憲先生還暦記念『改正会社法の研究』（法律文化社、1984）16頁）。このように構成して答案を書いてもよいだろう。

して取締役が私利を図ることを防止し、会社の利益を保護することを目的とするものであることを挙げている。この判例の趣旨に照らすと、無効の主張権者については、会社の利益保護のために無効を主張する者であればよいと考えられる。本問の事実関係からＣがＸ社の利益保護のために無効を主張していると評価し、したがってＣは無効を主張できると結論づけることもできるかもしれない。しかし、ＣはＸ社とＹ社の関係が強化されることを警戒しており、Ｘ社の利益というよりもむしろ自らが代表取締役を務めるＺ社の利益のために無効を主張していると考えるのがより自然であろう。したがって、Ｃは無効を主張できない[(11)]。

⑵　派遣された取締役が議決に加わった取締役会決議の効力

次に、Ｂが取締役会決議に特別利害関係を有するため、Ｂが加わった決議は無効であると主張することが考えられる。

(A)　特別の利害関係の有無

取締役会の決議について特別の利害関係を有する取締役は、議決に加わることができない（369条2項）。これは、決議の公正を期すための制度であり、取締役が会社のために忠実に職務を執行する義務を負っていること（355条）の表れとされている[(12)]。利益相反取引を行おうとしている取締役は、その承認を求める決議に特別利害関係を有する取締役の典型例であり[(13)]、本問のＢは決議に特別利害関係を有するといえる。

(B)　特別の利害関係を有する取締役が議決に加わった取締役会決議の効力

株主総会決議と異なり、取締役会決議の内容や手続に瑕疵がある場合については会社法に特別の規定はないため、一般原則により、そのような決議は無効である。特別利害関係取締役が決議に参加することを認めたことは、決議に手続上の瑕疵があるといえるため、当該決議は無効であるとの結論もありうる。

---

(11)　「当該取引の目的物について利害関係を有する第三者も、無効を主張することはできないのであろう」という指摘もあり（森本滋『取締役の義務と責任』（商事法務、2017）200頁注63）、これに従ってもＣは無効を主張できないことになろう。

(12)　江頭憲治郎『株式会社法（第7版）』（有斐閣、2017）421頁注15。

(13)　他の典型例として、譲渡制限株式の譲渡承認、会社に対する責任の一部免除などがあげられる。なお、代表取締役の解職決議における当該取締役については争いがあるが、判例は決議に特別利害関係を有するとする（最判昭和44・3・28民集23巻3号645頁［百選66］）。

しかし、特別利害関係取締役が議決権を行使した場合、それを除外しても決議が成立したという場合には、原則として決議無効事由とならないと解されている[14]。本問では、取締役5名中反対したのはC1名のみであり、特別利害関係取締役であるBを除外しても決議は成立する。そのため、本件決議は無効とはならない。

なお、ここで取締役会決議が無効であると解答した場合には、無効な決議に基づいて行われた本件借入れの効力（取締役会の承認を欠く間接取引の効力）が問題となるが、これについては(1)(C)で述べた。

2　設問2：募集株式の有利発行

設問2で、Bは、X社の募集株式発行を有利発行であるとして、当該募集株式発行が株主総会の特別決議を欠くことを理由に、新株発行無効の訴えを提起していることが考えられる。ここで検討すべきことは、(1)X社の募集株式発行が有利発行にあたるか、(2)有利発行が株主総会の特別決議を経ずに行われたことが新株発行無効の訴えの無効原因になるかである。以下、順に検討しよう。

(1)　有利発行の意義

まず、本件募集株式発行が有利発行に該当するかを検討する。募集株式の「払込金額が募集株式を引き受ける者に特に有利な金額である場合」（199条3項）とは、公正な金額を基準として、著しく低い金額で発行された場合のことである。ここでいう公正な金額とは、時価、すなわち市場価格のある株式の場合は募集株式の効力発生日に最も近接した日の当該株式の市場価格を基準として算定することになるが、市場価格のない株式の場合は株式の評価を行う必要がある[15]。本問のX社は公開会社ではあるが非上場会社であるためその発行する株式に市場価格は存在しない[16]。そのため本来は株式の評価を行う必要があるが、本問の解答に当たっては、問題文中の「募集事項決定時および新株発行時のX社の1株当たりの価値は、1万円を下ることはなかった」という事情か

(14)　落合編・前掲注（4）300頁〔森本滋〕。

(15)　以上につき、伊藤靖史ほか『会社法（第4版）』（有斐閣、2018）316頁、髙橋ほか・前掲注（1）302頁。

(16)　非上場会社における募集株式の有利発行については最判平成27・2・19民集69巻1号51頁［百選23］があるが、本問の事実からはこの判例を参照して解答することはできない。

ら、１株＝１万円に比べて著しく低い金額か否かを判断すればよいだろう。本問ではＣに対し１株＝5000円で発行されており、これは１万円の半額であるため、Ｃに「特に有利な金額」であると容易に認めてよいと思われる[17]。

⑵　株主総会の特別決議を欠く募集株式の有利発行の効力

株主割当て以外の方法により有利発行が行われると既存株主に経済的不利益が発生する[18]。そのため、有利発行を行う場合には、株主総会で有利発行を必要とする理由を説明したうえで（199条３項）、株主総会の特別決議により決定することが要求されている（199条２項・３項、201条２項、309条２項５号）。しかし、本問では株主総会の特別決議を経ることなく有利発行が行われている。このような場合には当該募集株式の発行を差し止めたり（210条１号）、Ｃに差額塡補責任を追及する（212条１項１号）ことも考えられるが、本問のＢは訴えを提起してその効力を争おうとしている。

募集株式の発行に法的な瑕疵がある場合、無効の一般原則によりいつでも誰でも無効を主張できるとするのでは法的安定性に欠ける結果となる。なぜなら、瑕疵があるとはいっても募集株式が有効に発行されたことを前提として会社の利害関係者に法律関係が構築されていくからである。そこで、会社法は新株発行無効の訴えの制度を設け、主張の方法（828条１項２号、２項２号）・相手方（834条２号）・時期（828条１項２号）等を制限したうえで、判決が確定した場合には第三者に対しても効力を有し（838条）、かつ効力は遡及しないとしている（839条参照）。しかし、どのような場合に新株発行が無効となるかについて、会社法は何も規定していない。そのため、この点については解釈に委ねられているが、一般には、重大な法令・定款違反の場合に限って無効事由になると解されている[19]。それでは、本問のように株主総会特別決議を欠く募集株式の有利発行の場合はどうか。判例は、このような発行であっても有効であ

---

(17)　なお、日本証券業協会の自主ルールによれば、上場会社では時価の90%を下回る価格で株式が発行された場合には有利発行にあたるとされている（日本証券業協会「第三者割当増資の取扱いに関する指針」（平成22年４月１日））。

(18)　これに関しての詳細な説明は紙幅の都合上ここではできない。各自で基本書（田中・前掲注（３）467頁、伊藤ほか・前掲注（15）314頁、神田秀樹『会社法（第22版）』（弘文堂、2020）145頁など）を読んで、しっかり理解しておいてほしい。

(19)　伊藤ほか・前掲注（15）328頁。無効原因になるものとして、たとえば定款の授権資本を超過する新株発行や、定款に定めのない種類の新株発行があげられる。

るとしている（最判昭和46・7・16判時641号97頁［百選24］）。その理由は、そもそも募集株式の発行は取締役会の決議でできるものであり、有利発行等に株主総会の特別決議が要求されているのはこのような取締役会の権限行使についての内部的要件にすぎず、取締役会決議に基づいて発行された募集株式の効力については、会社内部の手続の欠陥という法令違反を理由にその効力を否定するより、その募集株式の取得者および会社債権者の保護等の外部取引の安全に重点を置いて決するのが妥当であるという点にある（上記判例が引用する最判昭和40・10・8民集19巻7号1745頁も参照）。なお、昭和46年最判の射程は公開会社に限られ、非公開会社には及ばないと解されている。[20]

本問で訴えにより無効を主張しようとしているBはX社の取締役であるため、X社を被告とする新株発行無効の訴えの原告となれる（828条2項2号）し、その他の訴訟要件を欠くような事情は見受けられない。したがって、BはX社に対し新株発行無効の訴えを提起できるが、株主総会特別決議を欠く有利発行であることを無効原因として主張しても、認められないという結論になる。

---

(20)　伊藤ほか・前掲注（15）332頁。家田崇「第三者に対する新株の有利発行と株式総会決議の欠缺」岩原紳作ほか編『会社法判例百選（第3版）』（有斐閣、2016）52頁も参照。「非公開会社において、株主総会の特別決議を経ないまま株主割当て以外の方法による募集株式の発行がされた場合、その発行手続には重大な法令違反があり、この瑕疵は上記株式発行の無効原因になる」と判示した最判平成24・4・24民集66巻6号2908頁［百選29］により、このことが明確になったと解されている。

V　報酬

問題（司法試験平成 25 年度民事系第 2 問）

〔設問 1〕から〔設問 3〕までの配点の割合は、2：5：3
次の文章を読んで、後記の〔設問 1〕から〔設問 3〕までに答えなさい。

1．甲株式会社（以下「甲社」という。）の定款は、別紙のとおりである。
甲社の発行済株式の総数は 1000 株であり、その資本金の額は 4 億円である。甲社は、会社法上の大会社ではない。

2．甲社は、亡Pが創業し、その妻Q、長男A、二男B、三男Cらと共に発展させてきた会社であり、株主構成としては、Qが 120 株、Aが 400 株、Bが 250 株、Cが 150 株を有し、そのほか、Aの長男Dが 30 株、亡Pの弟Eが 50 株を有していた。
甲社における取締役はA、B、C及びQの 4 人であり、代表取締役社長はAであった。これらの取締役は、いずれも平成 23 年 3 月に開催された定時株主総会（以下「平成 23 年総会」という。）で再任され、その任期は、平成 24 年 12 月 31 日に終了する事業年度に関する定時株主総会の終結の時までであった。

3．平成 23 年総会においては、取締役全員の報酬の総額を年 6000 万円以内とする旨の決議がされ、その直後の取締役会において、全員一致により、次の定時株主総会までの間の各取締役の報酬の額をAにつき 2000 万円、Bにつき 1500 万円、Cにつき 1200 万円、Qにつき 1000 万円とする旨の決議がされた。
その後、平成 24 年 3 月に開催された定時株主総会の直後の取締役会においても、全員一致により、次の定時株主総会までの間の各取締役の報酬につき、上記と同額とする旨の決議がされた。

4．平成 24 年 10 月、Qが死亡した。Qの相続人は、A、B及びCの 3 人であり、Qは、遺言をしていなかった。
遺産分割協議では、A、B及びCが互いに譲らない状況が続いていた。A、B及びCは、Qが有していた甲社株式についての権利行使者に関しても協議したが、合意に至らなかったため、平成 25 年 1 月 20 日、B及びCは、上記の権利行使者をBとすることに合意し、甲社に対し、連名でその旨を通知した。

5．平成25年1月下旬、Aは、Eから、Eの経営する会社が資金繰りに窮したために緊急にその有する甲社株式を換金したい旨の相談を受けた。

Aは、自己の意向に沿う株主を増やすことを企図し、Eに対し、友人である資産家のFを紹介した。Fは、Aから、甲社株式を保有してAを支持すれば、株式の価値も上がり良い投資になる旨説得され、株式の取得を承諾した。

同年2月13日、Eは、Fとの間で、その有する甲社株式50株を代金1億円で売り渡す旨の売買契約を締結し、甲社に対し、会社法所定の記載がされた株式譲渡承認請求書を提出した。

Aは、取締役会においてFが甲社株式を取得することについて承認しない旨の決定がされることを懸念し、他の取締役に対し、Eから株式譲渡承認請求書が提出されたことを伝えなかった。

6．その後、甲社において取締役会は開催されず、甲社からEに対して何の連絡もないまま、2週間が経過した。

平成25年3月1日、Aは、Fに対し、「Fが甲社株式を取得することについて取締役会の承認の効力が生じたので、今後は、株券の交付さえ受ければ、特段の手続を要することなく、Fは、正式に甲社の株主として扱われることになる。」などと伝えた。Fは、Aの発言を信じ、Eに対し甲社株式の代金1億円を支払い、Eから株券の交付を受けた。Fは、甲社に対し、名義書換の請求手続を採らず、甲社において、名義書換の手続はされなかった。

Eは、受領した代金をその経営する会社のために使用した。

7．一方、Aは、甲社における自己の支配権を確立する目的で、あらかじめ自らの払込金を用意した上で、B及びCが短期間に調達することが困難な多額の出資を伴う株主割当てによる募集株式の発行を実施しようと考えていた。そして、Aは、銀行から一定額の融資を受ける見込みとなったが、なお払込金に不足する部分につき、取締役の報酬の増額により捻出しようと考えた。

8．甲社では、平成25年3月7日に開催された取締役会において、同月16日を開催日として、平成24年12月31日に終了した事業年度に関する定時株主総会（以下「平成25年総会」という。）を招集することとされ、平成25年総会に、①計算書類の承認議案を提案すること、並びに②任期満了を迎えるA、B及びCのほか、D及び甲社の総務部長Gを取締役候補者とする旨の取締役選任議案を提案することが、全員一致で承認された。

平成25年3月8日、甲社は、A、B、C、D及びFに対し、平成25年総会の招集通知を発送した。その招集通知には、第1号議案として上記①の議案が、第2号議案として上記②の議案が記載されていた。なお、平成25年総会における議決権の行使につき、基準日は定められなかった。

9．平成25年総会においては、A、B、C及びDが出席し、Fは、Dを代理人として、一切の議決権の行使を委任していた。

第1号議案及び第2号議案が満場一致で承認可決された後、Aは、株主総会の席上で、取締役全員の報酬の総額を年3億円以内に引き上げる旨の議案を提案した。Bは、甲社の経営状態を理由に反対する旨述べたが、株主総会の議長であるAは、採決をすることとした。

Aは、Qが有していた甲社株式についてのBによる議決権行使に関しては、その株式についての権利行使者の指定につきAの同意がないから、無効として取り扱うこととし、その結果、賛成した議決権の数が480個（内訳は、A400個、D30個、F50個）、反対した議決権の数が400個（内訳は、B250個、C150個）となり、可決を宣言した（以下「本件報酬決議」という。）。

Aは、閉会の宣言をし、平成25年総会は、終了した。

10．平成25年総会の直後に開催された甲社の取締役会においては、取締役への就任を承諾したA、B、C、D及びGが出席した。

この取締役会において、Aから、(a)代表取締役としてAを選定すること、(b)次の定時株主総会までの間の各取締役の報酬の額をAにつき2億円、Bにつき1500万円、Cにつき1200万円、D及びGにつき各2000万円とすること、並びに(c)株主割当ての方法により募集株式を発行することが提案された。上記(c)については、株主に対しその有する株式5株につき2株の割当てを受ける権利を与えること、引受けの申込みの期日及び払込みの期日を平成25年4月1日とすること、募集株式1株の払込金額を200万円とすることなど、会社法所定の事項についての提案がされた。

上記(a)から(c)までの議案について、B及びCは反対したが、A並びにAから事前に話を聞いていたD及びGが賛成したため、これらの議案は、賛成多数により可決された。

11．平成25年3月17日、甲社は、株主に対し、上記10の株主割当てに係る募集事項その他の会社法所定の事項を通知し、その通知は、同日、株主全員に到達した。

12．平成25年4月1日、甲社は、各取締役に対し、上記10で定められた報酬の全額を支払った。

同日、A、D及びFは、募集株式の割当てを受ける権利を行使し、その払込金額の全額の払込みをした。B及びCは、甲社の経営の主導権を握りたかったが、その払込金額の一部しか資金を用意することができず、募集株式の割当てを受ける権利を行使しなかった。

〔設問１〕　上記５のＥのＦに対する甲社株式の譲渡が甲社に対する関係で効力を生ずるかどうかについて検討した上で、甲社が平成25年総会においてＦを株主として取り扱うことの当否について、論じなさい。

〔設問２〕

⑴　Ｂが本件報酬決議の効力を否定するために会社法に基づき採ることができる手段について、論じなさい。

⑵　甲社は、Ａ、Ｄ及びＧに対し、上記12において支払済みの報酬の全部又は一部の返還を請求することができるかどうかについて、論じなさい。ただし、取締役の会社に対する任務懈怠責任（会社法第423条）については、論じなくてよい。

〔設問３〕　Ｂが、①上記11の時点において、募集株式の発行を阻止するために会社法に基づき採ることができる手段、及び②上記12より後の時点において、募集株式の発行の効力を否定するために会社法に基づき採ることができる手段について、論じなさい。

別紙

甲株式会社定款

（商号）

第１条　当会社は、甲株式会社と称する。

（目的）

第２条　当会社は、次の事業を営むことを目的とする。

一　自動車部品の製造

二　不動産の賃貸

三　前二号に附帯関連する一切の事業

（本店の所在地）

第３条　当会社は、本店を乙県丙市に置く。

（発行可能株式総数）

第４条　当会社の発行可能株式総数は、2000株とする。

（株式の譲渡制限）
第５条　当会社の株式を譲渡により取得するには、取締役会の承認を受けなければならない。
（株主割当ての方法による募集株式の発行）
第６条　当会社は、会社法第199条第１項の募集において、株主に株式の割当てを受ける権利を与える場合には、取締役会の決議により、同項各号に掲げる事項及び同法第202条第１項各号に掲げる事項を定めることができる。
（株券の発行）
第７条　当会社は、発行する株式に係る株券を発行する。
（機関）
第８条　当会社は、株主総会及び取締役のほか、取締役会及び監査役を置く。
２　当会社の監査役の監査の範囲は、会計に関するものに限定する。
（株主総会の招集権者及び議長）
第９条　株主総会は、代表取締役社長が、これを招集し、その議長となる。
（代表取締役社長）
第10条　取締役会は、その決議により、代表取締役社長を選定する。
（事業年度）
第11条　当会社の事業年度は、毎年１月１日から12月31日までの１年とする。

以上は、甲社の定款の全部である。

解答例

【設問１】
第１　ＥのＦに対する甲社株式譲渡の効力について
１　甲社は、株券発行会社（定款７条）であり、ＥがＦに甲社の株券を譲渡した時点において、ＥとＦとの間では効力が生じる（法128条１項）。
２　甲社は、非公開会社であり（定款５条）、ＥのＦに対する株式の譲渡が甲社に対する関係で効力を生じるには、取締役会決議による譲渡承認が必要である（法139条１項、定款８条）。
本件では、甲社において譲渡を承認する旨の取締役会決議はないが、株主

Ｅから甲社に対し適法な株式譲渡承認の請求がされ（法136条）、二週間以内に甲社は通知をしていないため、みなし承認（法145条）の要件を形式的にみたす。①

もっとも、本件では、代表取締役Ａがかかる譲渡の不承認を懸念し、これを回避したことにより上記要件がみたされている。本件のように、取締役会による承認の機会がなかった場合であっても、みなし承認の効果が生じるのか問題となる。

3　この点、みなし承認の制度を設けた趣旨は、承認請求者の地位を早期に確定させることで、投下資本の回収手段を確保する点にあるところ、会社側の事情によってかかる地位が変動しうるとすれば、承認請求者は不安定な地位におかれ、投下資本の回収の手段を奪われるおそれがある。②

そうだとすれば、適法な譲渡承認請求がなされた以上、みなし承認の効力は生じると考えるべきである。

したがって、本件でもみなし承認の効果は生じており、甲社に対する関係においても株式譲渡の効力は生じている。

4　以上のとおり、ＥのＦに対する甲社株式の譲渡は効力を生じている。

第２　Ｆを株主として取扱うことの是非について

1　甲社は、株券発行会社であり、基準日を設けていないため、株主総会当日における株主名簿上の者を株主として取り扱うことで足りるところ、Ｆは株主名簿の名義書換請求をしておらず、株主名簿上の株主ではない。

そこで、甲社において、かかる名義書換をしていない者を株主として扱うことは許されるか問題となる。

2　この点、株主名簿制度の趣旨は、集団的法律関係の画一的な事務処理をすることで会社の便宜を図るところにある。

そうだとすれば、会社があえて自らの危険において株主として権利行使を認めることは許されると考えるべきである。③

したがって、会社側が名義書換をしていない者を株主として扱うことは許される。

3　加えて、本件では、Ｆは甲社の代表取締役Ａの言動によって名義書換請求をしなかったにすぎず、名義書換を請求していないことの不利益をＦに負わせるべきではない。

4　以上のとおり、甲社がＦを株主として取り扱うことは許される。

【設問２】

第１　小問(1)

1　Bは、甲社の「株主」であるため、本件報酬決議から「3ヶ月以内」であれば、株主総会決議取消しの訴えを提起することが考えられる（法831条1項）。

以下、本件報酬決議の取消事由について検討する。

2　取消事由について

(1)　目的外事項の決議

甲社は、取締役会設置会社であるため、株主総会において、その招集の際に定められた株主総会の目的事項（法298条1項2号）以外の事項について決議することはできない（法309条5項）。

本件報酬決議は、招集通知に記載された目的事項以外の事項であり、決議方法の法令違反という取消事由（法831条1項1号）が認められる。

なお、④本件報酬決議の議案は総会当日に提案されたものであるところ、株主FはDに一切の議決権の行使を委任して代理出席したにすぎず、議決権行使のための準備の機会が与えられていないため、違反する事実は重大である。よって、裁量棄却（法831条2項）の余地はない。

(2)　権利行使者の指定

Qの有していた株式はA、B、Cの3名に相続されたが、遺産分割協議が成立しておらず、Qの株式は準共有（民法264条参照）であった。

そして、株式が共有に属する場合には、権利行使者を指定して会社に通知する必要があるところ（法106条本文）、本件では、B及びCの合意により権利行使者をBと指定する旨通知している。

もっとも、かかる指定には共有者の一人であるAの同意がないことから、権利行使者の指定として有効であるか問題となる。

この点、共有者全員の一致が要求されるとすれば、共有者の一人が反対することにより、事実上、株主としての権利行使は不可能となり、会社の運営に著しい支障をきたすおそれがある。

また、権利行使者の指定は、共有物の管理行為（民法252条本文）にあたる。

したがって、⑤権利行使者は持分の過半数により決することができると考えられる。

本件において、A、B及びCの持分割合は3分の1ずつであるところ、B及びCの2名が同意しており、持分の過半数による指定であるため、有効である。

よって、甲社がQ株についてBによる議決権行使を無効とした取扱いは、決議方法の法令違反に該当し、取消事由となる。

なお、Q株の議決権は120個であるところ、Bによる議決権行使を認めた場合には、反対が520個となり、否決されることになるため、決議に影響を及ぼすといえる。よって、裁量棄却の余地はない。

(3) 特別利害関係人による議決権の行使

本件報酬決議において、取締役でもあるAが株主として議決権を行使しているが、これは特別利害関係人による議決権の行使として取消事由（法831条1項3号）となるか問題となる。

まず、Aは、当該決議により取締役としての報酬の増額を受けうる立場であり、他の株主と共通しない利益を獲得する者であるから「特別の利害関係を有する者」に該当する。

また、本件報酬決議は、取締役全員の報酬の総額を年6000万円から3億円以内へと大幅な増額を内容とするが、増額の利益を受けうる立場のBが甲社の経営状態を理由に反対を述べていることを踏まえると、かかる決議に合理的な理由はないものといえ、「著しく不当な決議」に該当する。

そして、Aの400個の賛成がなければ、本件報酬決議は反対多数で否決されたはずであり、Aの議決権行使「によって」も認められる。

したがって、特別利害関係人の議決権行使という取消事由が認められる。

なお、上記のとおり、Aの議決権行使がなければ本件報酬決議は可決されなかったはずであり、決議に影響を及ぼすといえる。よって、裁量棄却の余地はない。

3　以上のとおり、Bは本件報酬決議の効力を否定するために、上記各取消事由を理由として、株主総会の決議取消しの訴えを提起することができる。

第2　小問(2)

1　上記のとおり、本件報酬決議には取消事由が認められ、決議取消しの訴えについて請求認容判決が確定した場合、本件報酬決議は遡及的に無効となる（法839条参照）。

その場合、取締役の報酬については、平成23年総会において定められた取締役全員の報酬の総額を6000万円以内とする決議が効力を有することになる。

この点、A、D及びGの報酬額は取締役会決議により決定されているが、かかる決議における報酬の総額は計2億6700万円であるところ、これは株主総会が議決した6000万円を超えている。

そこで、株主総会の決議した役員報酬総額を超える額を定めた取締役会決議の効力が問題となる。

2　この点、取締役の報酬は株主総会の決議により定めなければならない（法361条1項）ことを重視し、株主総会で定めた報酬総額を超える額を定めた場合、取締役会決議は全て無効とすべきとも考えられる。

もっとも、報酬規制の趣旨はお手盛りを防止し会社・株主の利益を保護するところにあるところ、報酬の総額が定められていればお手盛りを防止することはでき、必ずしも株主総会において個々の取締役ごとの報酬額を決定する必要はない。

そうだとすれば、取締役会において、株主総会で定めた報酬総額を超える額が定められたとしても、株主総会で定めた報酬総額の範囲においては、株主・会社の利益が害されるおそれはなく、これを超える部分に限り無効になると考えられる。⑥

そうだとすれば、本件では、取締役会決議で定められた2億6700万円のうち、平成23年総会で定められた6000万円を超える部分について無効となる。

この場合、各取締役の報酬額は、取締役会で決定した報酬額の総額（2億6700万円）の、株主総会で決定した上限額（6000万円）に対する比率に応じて減額すべきであり、具体的には、Aの報酬額は4494万円（2億×(6000万／2億6700万))、D及びGの報酬額は各449万4000円（2000万×（6000万／2億6700万))である。

したがって、各取締役が受領した超過分（A：1億5506万円、D及びG：各1550万6000円）については、法律上の原因がないため、不当利得として返還請求することができる。

3　以上のとおり、甲社は、Aに対して1億5506万円、D及びGに対して各1550万6000円の返還を求めることができる。

【設問3】

第1　小問①

1　新株発行差止請求

事実11の時点においては、未だ募集株式の発行がされていないため、新株発行の差止請求（法210条）をすることが考えられる。

この点、本件株式発行は、法令又は定款に違反するものではないが、Aが自己の支配権を確立する目的で取締役会に提案したものである。⑦

そこで、本件株式発行が著しく不公正な方法といえるか問題となる。

2　「著しく不公正な方法」とは、不当な目的を達成するために募集株式の発行等が利用される場合をいう。

そして、会社支配権を維持・利用する目的が他の目的に優越し、主要な目的といえる場合には、不公正な発行に該当すると考えられる。

本件株式発行は、株主割当ての方法によるものであり、これは既存株主の持株割合に応じて平等に割当てを受ける権利を付与するものであるため、特定の株主の支配権を維持する目的とはいえないとも思われる。

しかし、甲社には資金調達の必要はなく、そもそも、Aは、自己の支配権を確立する目的で本件株式発行を提案している。実際に、1株の払込金額が200万円と高額に設定されていることから、既存株主がかかる割当てを受ける権利を行使するには、短期間で多額の払込みを要するところ、Aは本件株式発行の前に自己の取締役報酬を大幅に増額させており、払込用の資金を調達している。一方、BやCにはかかる資金調達の手段がなく、BやCが短期間に多額の払込金（B：2億円、C：1200万円）⑧を用意することは困難である。

そうだとすれば、本件株式発行により、Aのみが権利行使をし、保有株式を増加させることができ、Aの持株比率が上昇する結果となる。

したがって、本件株式発行の主要な目的は、Aが自らの支配権を維持することにあるといえ、「著しく不公正な方法」に該当する。

3　そして、かかる発行がされると、他の「株主」であるB及びCは、持株比率が低下するという「不利益」を受けるおそれがある。

4　以上のとおり、Bは、新株発行の差止請求をすることができる。

5　なお、事実11の時点においては、効力発生日が2週間後に迫っているため、Bとしては、会社を債務者として、差止請求権を被保全権利とする募集株式の発行等の差止仮処分（民事保全法23条2項）を行うことが必要である。

第2　小問②

1　新株発行無効の訴え

事実12より後の時点では、既に募集株式の発行の効力が生じているため、新株発行無効の訴え（828条1項2号）を提起することが考えられる。

もっとも、無効事由について明文がなく問題となる。

2　この点、新株が発行された場合には、それに基づく一定の法律関係が形成されることから、新株発行にかかる法的安定性を確保するため、無効事由は限定的に解釈すべきである。

上記のとおり、本件発行は法令又は定款に違反しておらず、著しく不公正な方法にすぎないところ、株主には事前に差止請求権を行使する機会が与えられていることから、無効事由には該当しないとも考えられる。

しかし、甲社は、非公開会社であり、既存株主の持株比率が重視されるところ、本件発行は特定の株主の支配権維持を主要な目的とし、既存株主の持株比率を変動させるものであることから、無効事由に該当すると考えるべきである。⑨

3　以上のとおり、Bは、新株発行無効の訴えを提起することができる。

以　上

［コメント］

① 正確には、145条1号である。

② この点の指摘が重要である。

③ 判例・通説の立場である（後述の解説1⑵参照）。

④ 株主FはAの友人であるとはいえ、報酬の大幅な増額であり、これが招集通知に記載されていれば出席したかもしれないのであるから、違反する事実は重大といえそうである。

⑤ 最判平成9・1・28判時1599号139頁および多数決説に立った説明である。

⑥ 全部無効とするか一部無効とするかについては、後述の解説2⑵(二)参照。

⑦ 法令・定款に違反しないことについては、後述の解説3⑴参照。

⑧ 持株5株につき2株の割当てであるから、Bは持株250株につき100株割当て、これに1株200万円の払込みで2億円となるが、Cの持株は150株であり、20株の割当てであるから、4000万円になる。

⑨ 最判平成24・4・24民集66巻6号2908頁の立場である（後述の解説3⑵参照）。

解説

非公開会社である甲社の代表取締役が、自己の支配権を確立するためにとった方策をめぐる事例問題である。設問1では、譲渡制限株式の譲渡の効力と名義書換未了の場合の取扱いが、設問2では、株主総会における取締役の報酬の増額決議の効力、並びに、この決議に基づいて支払われた報酬の返還請求の可否と範囲が、設問3では、株主割当てによる新株発行の差止めの可否と新株発行の効力が、それぞれ問われている。

設問１・設問２・設問３の配点は２対５対３であるが、これは設問２が⑴・⑵に分かれ、論述すべき事項が多いためである。

１　設問１について

設問１は、その前段において株式譲渡の当事者間における効力が、その後段において会社に対する効力と会社に対する対抗要件について問われている。これらの制度趣旨、要件、相互の論理的関係等を理解し、筋の通った解答をすることが求められている。

⑴　前段（ＥのＦに対する甲社株式譲渡の効力について）

設問１の前段で問われているのは、ＥのＦに対する株式譲渡の甲社に対する効力である。甲社は、全株式について会社の承認を要する非公開会社であり（甲社定款５条）、株券発行会社である（同７条）。譲渡制限株式について株主名簿の名義書換えを請求するには、譲渡について会社の承認を受ける必要がある（134条）。

定款に株式譲渡制限の定めがある場合、投下資本回収のため、①譲渡制限株式の譲渡人（株主）の側（136条）からと②株式の譲受人の側（137条）から、会社に対して譲渡承認請求を求めることができる。本問は①の場合である。会社が譲渡承認をするか否かの決定をするには、株主総会・取締役会の決議によるが、本問では定款５条に定めるとおり取締役会の承認を受けることになる（139条）。甲社株式の譲渡が会社に対する関係で効力を生ずるには、株券の交付にもとづき（128条１項）、取締役会の決議により株式譲渡の承認がされなければならない。会社は、承認の可否をしたときは、譲渡等承認請求をした株主に対し、決定の内容を通知しなければならない（139条２項）が、譲渡承認請求がなされてから２週間（定款でこれ以下の期間を定めた場合にはその期間）以内にこの通知をしなかった場合には、株主と会社との間に別段の定めがない限り、譲渡承認をする旨の決定をしたものとみなされる（みなし承認：145条１号）。

本問では、譲渡人Ｅから甲社への請求に対し、甲社の譲渡等承認請求の通知がないまま、２週間が経過している（問題文６）。したがって、みなし承認の要件は形式的には充足している。しかし、Eも甲社も名義書換えの手続をとっていない。これは、代表取締役Aが、取締役会においてFに対する株式譲渡が承認されないことを懸念し、取締役会に譲渡承認を審議にかけなかったためである（問題文5）。解答に際してはこのような事情を指摘するとともに、みなし承認の効力を説得的に論ずることが求められる。

(2)　後段（Fを株主として取扱うことの是非について）

Fは、株券の交付を受ければ甲社の株主として扱われることになるなどするAの発言を信じ、Eに対し甲社株式の代金1億円を支払い、Eから株券の交付を受けた。これによって譲渡当事者間では株式が移転する。しかし、株券発行会社における株式の譲渡を株式会社に対抗するためには、株主名簿の名義書換えをしなければならない（130条2項）点をどう考えるかが問題となる。

もっとも、名義書換えは譲渡の対抗要件にすぎないから、会社の方から名義未了の譲受人を株主として扱い、名義株主をもはや株主として扱わないものとすることは可能であると解されている[(1)]。株主名簿の名義書換えは、単に会社の事務処理の便宜を図るものにすぎないからである[(2)]。確かに、Fは名義書換えという法定の手続を履践していない点に不備があるが、しかし、代表取締役Aの発言を信じてFがEから株式を取得しているのであるから、甲社の株主総会においてFを株主として取り扱うべきであろう。

なお、甲社の定款には、基準日（124条）に関する規定がおかれていないため、基準日株主か否かは考慮する必要はない。

2　設問2について

(1)　小問(1)

小問(1)は、報酬決議の効力、つまり平成25年総会による取締役の報酬の増額決議の効力を否定するために会社法に基づき採ることができる手段を問うものである。

株主総会決議により新たな法律関係が形成されているにもかかわらず、手続

（1）　最判昭和30・10・20民集9巻11号1657頁、江頭憲治郎『株式会社法（第7版）』（有斐閣、2017）212頁。

（2）　田中亘『会社法（第2版）』（東京大学出版会、2018）115頁。

上または内容上の軽微な瑕疵により決議の効力を否定することは、法的安定性の見地から妥当でない。そこで、株主総会の決議に会社法831条１項各号に定める一定の取消事由に該当する場合に、同項所定の提訴権者が決議後３ヵ月以内に、当該決議の取消しを請求することが認められている（株主総会決議取消しの訴え）。

決議取消事由に当たるのは、㈠株主総会の招集手続・決議方法の法令定款違反または著しい不公正、㈡決議内容の定款違反、㈢特別利害関係人の議決権行使による著しく不当な決議である。ここでは、㈠と㈢が問題となる。[3]

取消判決が確定すると、当該決議の時点に遡って無効になる（839条はかっこ書で同法834条17号を除外している）。

⑷　株主総会の招集手続・決議方法の法令違反の有無

㈠　株主総会の招集手続

「招集手続の法令違反」があるかをみてみたい。これに当たるものには、代表取締役が有効な取締役会決議（298条４項参照）に基づかずに株主総会を招集した場合、招集通知があったものの法定の招集通知期間（299条１項）に不足している場合等がある。本問では、招集権限のある取締役会により、平成25年３月８日に、３月16日開催の定時株主総会の招集通知が株主に発送されている（問題文８）。非公開会社については招集通知期間として総会の日の１週間前までに発送することが求められているが、それを満たしているから、招集手続の法令違反には該当しない。

㈡　決議方法の法令定款違反

「決議方法の法令違反」があるか否かである。これに当たるものとして、決議において取締役等の説明義務（314条）の違反があった場合、定足数（同法309条１項、341条）が不足している場合、株主の議決権行使を会社が不当に妨害した場合、等を挙げることができる。

（３）　前述１（設問１）において、譲受人Ｆを株主として取り扱うことができないという結論を採った場合には、後述⑷・⑻の検討に加えて、Ｅに株主総会の招集通知を発していないこと、および、Ｆの議決権行使を許容したことについても、決議取消事由に該当するか否かを論ずることが求められよう。

㈠　取締役会設置会社における招集通知所定の議題以外の決議

まず、本問では、これに該当する問題点として、招集通知に定められた議題以外の決議した場合が問題である。甲社は取締役会設置会社である（甲社定款8条）ため、株主総会は、あらかじめ招集通知に定められた議題についてしか決議することができない（309条5項）にもかかわらず、Aが招集通知に定められていない取締役の報酬増額議案を提案し、可決されたものである点が問題となる（問題文7）。この点に決議方法の法令違反が認められる。

Bは甲社株式250株を保有する株主であるから（問題文2）、平成25年3月16日の総会決議の日から3ヵ月以内に決議取消しの訴えを提起することができる。

招集手続または決議方法の法令・定款違反があるときでも、その違反する事実が重大でなく、かつ決議に影響を及ぼさないと認められる場合には、裁判所は、決議取消しの請求を棄却することができる（裁量棄却：831条2項）。これは、決議をやり直しても同じ結果が予想され、決議のやり直しによる無駄な労力・費用を避けるために認められているものである。事実関係に照らし、これらが認められるかを判断することになる。

㈡　準共有株式の議決権行使

次に、準共有株式の議決権行使が問題となる。

株式は数人で共有（株式は所有権ではなく株主地位または株主権であるから民法264条の準共有）することができ、これは相続によっても生ずる（民法898条。最判昭和45・7・15民集24巻7号804頁）。会社法は、株式が2以上の者の共有に属するときは、共有者は、当該株式についての権利を行使すべき者1人を定め、会社に対し、その者の氏名または名称を通知しなければ、当該株式についての権利を行使することができない（106条本文）と定める。すなわち、議決権等の株主の権利は、この権利行使者において行使させる必要がある（最判昭和45・1・22民集24巻1号1頁[4]）。

権利行使者の指定については明文の規定がないため、解釈に委ねられており、全員一致説と多数決説の対立がある。前説は、準共有者全員の合意をもって行う必要があるとする[5]のに対して、後説は、共有物の管理行為であるから持分価格にしたがって過半数で決すべきである（民法252条）とする[6]。後説は、共有者の１人でも反対すればその他の共有者は権利行使ができないと主張するのに対し、前説からは、相続人間に会社支配権の争奪をめぐって争いがあるような場合に、過半数の決議でよいとすると、少数持分権者の利益が完全に無視されると批判する。前説は、準共有株式は遺産分割が確定するまでの暫定的状態にすぎず、権利行使を凍結してでも相続人間における遺産分割協議という本来的処理を促そうとするものと考えられる。

最判平成９・１・28 判時 1599 号 139 頁は、共同相続における準共有者間の権利行使者の指定についても、相続分に応じて持分の過半数で決することができるとする[(7)]。

本問では、Ｑの相続人はＡ・Ｂ・Ｃの３人であるから、３分の１ずつの相続分（民法 900 条４号）をもって準共有しているところ、権利行使者に関して協議したものの、合意に至らなかったということである。そこで、平成 25 年１月 20 日、ＢとＣが権利行使者をＢとすることに合意し、甲社に対し、連名でその旨を通知している（事実４）。前掲最判平成９・１・28 および多数決説によれば、持分価格にしたがって過半数の承認を得たＢによる議決権行使について、Ａが、Ａの同意がないことを理由に無効として取り扱ったこと（問題文９）は違法であるということになる。ＢがＱ株式（120 株）の権利行使者として行使した議決権数を算入すると、賛成 480 個、反対 520 株となるから、本件報酬決議は否決されることになる。したがって、決議方法の法令違反があると考えることになろう。

また、これについても裁量棄却が認められるか検討する必要がある。

（４）　もっとも、共同相続人による権利行使者が未定で会社に対する通知がない場合でも、「特段の事情」がある場合には、株主としての権利行使が認められることもある（最判平成２・12・４民集 44 巻９号 1165 頁〔株主総会決議不存在確認の訴えの原告適格〕、最判平成３・２・19 判時 1389 号 140 頁〔合併無効の訴えの原告適格〕）。なお、会社法 106 条ただし書は、会社が権利行使者の通知を欠く共有株式の権利行使に同意できるとするが、その前提として、株式の準共有者間において議決権の行使に関する協議が行われ、意思統一が図られていることが必要であり、それがされていない場合には株主総会決議取消が認められると解されている（最判平成 27・２・19 民集 69 巻１号 25 頁）。

（５）　江頭・前掲注（１）123 頁。

（６）　伊藤靖史ほか『会社法（第４版）』（有斐閣、2018）120 頁。

（７）　なおわずかの差で過半数を占めた被事業承継者側による権利行使者の決定について、権利濫用とした裁判例もある（大阪高判平成 20・11・28 判時 2037 号 137 頁（評釈に大久保拓也「判批」金判 1345 号（2010）２頁）。

他方、全員一致説の立場に立つ場合、Qが有していた甲社株式について、Aは権利行使者に関する協議に反対していたのであるから、B・C間の合意による権利行使者の指定は有効ではないということになる。したがって、Aが、Aの同意がないことを理由に無効として取り扱ったこと（問題文9）は有効であるから、この点に関する決議方法の法令違反はないと考えることになろう。

⒝　特別利害関係人の議決権行使による著しく不当な決議の有無

株主総会決議における特別利害関係人とは、決議事項につき特別利害関係を有する株主をいい、このような株主でも、株主総会で議決権を行使することはできるが、決議の成立によってその株主のみが利益を得、他の株主が損害を被るような決議が成立する場合には当該決議は取り消されるべきであるため、取消事由とされている。これに当たるものには、責任を追及されている取締役が議決権を行使し、責任の一部免除決議（425条1項）を成立させた場合、株主であり役員でもあった者に対して退職金を支給する場合等がある。

本問では、A側のみが増額した報酬を受け取ることができるのであるから、特別利害関人に該当し、著しく不当な決議がなされたか否かを、本問の事実関係に照らして検討することになる。

⑵　小問⑵

⒜　取締役の報酬規制の概要

指名委員会設置会社以外の取締役の報酬、賞与その他の職務執行の対価として株式会社から受ける財産上の利益（報酬等）については、定款の定めまたは株主総会の決議により定めることが求められている（361条1項、404条3項)[(8)]。

この規制の趣旨であるが、取締役と会社との関係は委任に関する規定に従う（330条）から、取締役は特約がない限り会社に対して報酬を請求できず、原則として無償である（民法648条1項）ものの、通常は会社・取締役間の任用契約において明示的または黙示的に報酬を有償とする特約があると解するのが、判例・通説の理解である[(9)]。

この規制の趣旨につき、判例は、取締役が会社から受ける報酬の決定自体は業務執行に属するので、取締役会および代表取締役が決定することができてしかるべきであるが、これらの者に自己または同僚の報酬を定めさせると、いわゆる「お手盛り」が生じ公正な報酬額の決定が期待できないから、お手盛りを防止し会社・株主の利益を保護するために規定されたと解する[10]。すなわち、結局は株主が報酬の公正さを判断することで、報酬の高額化によって会社・株主の利益を害する危険を避けようとする規制となっている。

この観点からすれば、定款の定めや株主総会の決議によって個々の取締役ごとに報酬等を定めることまでは必要とされず、取締役全員に支給する総額等のみを定めて、各取締役に対する具体的配分は取締役の協議等に委ねることもできる（取締役会設置会社では取締役会の決定になろう）。

(B)　報酬の返還請求の可否

前述(1)のＢによる株主総会決議取消しの訴えが認容された場合には、平成25年総会にかかる本件報酬決議は、無効となる。その場合、甲社が、Ａ・Ｄ・Ｇに対し、支払済みの報酬の返還を請求できるかが問われることになる。

前述(A)のとおり定款の定めや株主総会の決議によって個々の取締役ごとに報酬等を定めることまでは必要とされず、取締役全員に支給する総額等のみを定めることは認められている。平成25年総会の報酬増額に関する決議が取り消されたのであるから、その前になされた平成23年総会の決議（問題文３）がなお有効であることを前提に、同総会で定められた報酬総額（取締役全員の報酬の総額を年6000万円以内）を超えて支給された報酬について検討することになる。

平成25年総会後に開催された甲社の取締役会において決議された取締役の

（８）　監査等委員会設置会社についても定款の定めまたは株主総会の決議により定めるが、取締役の職務の執行を監査する監査等委員である取締役については、独立性を確保する必要性があるため、監査等委員である取締役とそれ以外の取締役とを区別して報酬等を定めなければならず（361条２項）、株主総会において、監査等委員である取締役は、その報酬等について意見を述べることができる（同条５項）。報酬規制の概要については、松嶋隆弘＝大久保拓也編『商事法講義１　会社法』（中央経済社、2020）168頁以下〔大久保拓也〕。なお、令和元年改正会社法は、指名委員会等設置会社における報酬規制と同様の規制を、①公開会社・大会社・有価証券報告書提出会社である監査役会設置会社と、②監査等委員会設置会社に対して及ぼすこととし、定款または株主総会の決議という決定の仕方には変わりはないが、株主総会の決議に当たっては、(1)取締役（監査等委員である取締役を除く）の個人別の報酬等の内容を定めるか、または、(2)取締役会が取締役の個人別の報酬等の内容についての決定に関する方針（報酬等の決定方針）を決定することを求めている（361条７項）。改正の詳細については、松嶋隆弘編著『実務が変わる！令和改正会社法のまるごと解説』（ぎょうせい、2020）69頁以下〔大久保拓也〕。もっとも、本問の甲社は非公開会社であり、この改正の対象会社には当たらない。

（９）　無償委任説＝大阪高判昭和43・３・14金判102号12頁、江頭・前掲注（１）450頁。

（10）　最判昭和60・３・26判時1159号150頁。

報酬総額は、2億6700万円である。これは、6000万円以内とする平成23年総会決議の範囲を超えているから、取締役会決議は無効である。報酬の具体的配分については、平成24年3月の取締役会の決議がある（問題文3）が、これは次の定時株主総会までの間の各取締役の報酬につき決議したにすぎない。そうであれば、平成25年総会後の取締役会決議が無効なのであるから、甲社は、各取締役に対して不当利得（民法703条）として支払済みの報酬の返還を請求することができると考えられる[(11)]。これについて、①取締役会決議がないからA・D・Gに対し支払済みの報酬の全部の返還を求める考え方と、②D・Gについては全部について返還請求できるが、Aについては報酬増額特約分のみの返還請求とする考え方、③解答例のように平成23年総会決議の報酬総額の範囲内で比例配分するという考え方、等があろう。

3　設問3について

(1)　小問①

小問①に掲げる問題文11の時点とは、甲社が株主に対して株主割当てに係る募集事項等を通知した時点であるから、Bが、募集株式の発行前にこれを阻止するために採りうる手段として考えられるのは、募集株式の発行の差止請求権である。これは、会社が①法令・②定款に違反し、または③著しく不公正な方法によって株式の発行または自己株式の処分をなし、これにより株主が不利益を受けるおそれがある場合、株主は会社に対して請求できる（210条）。差止請求権は、株主に直接の不利益が生ずるおそれがあることを要件としているため、法令・定款違反の募集株式の発行でも、株主に不利益が生じないものであれば、会社法210条の差止めの対象にならないと解されている[(12)]。

差止事由①法令違反の場合は、公開会社における取締役会決議がない等、法が定める機関の決定を経ない場合（199条2項、201条1項）、特に有利な払込金額で行う募集株式の発行に際し株主総会の特別決議がないこと（199条3

---

(11)　最判平成15・2・21金判1180号29頁は、定款の定めも株主総会の決議もない場合には、具体的な報酬請求権は発生せず、取締役が会社に対して報酬を請求することはできないと解して、取締役に対する損害賠償請求権を認めるものもある（大久保拓也「判批」税務事例39巻2号（2007）66頁）。

(12)　大阪地決平成16・9・27金判1204号6頁。

項）等である。差止事由②定款違反の場合は、定款に定めた発行可能株式総数を超える発行（37条、113条）、定款に定めのない種類の株式の発行（108条1項、2項）等である。差止事由③著しく不公正な方法とは、不当な目的を達する手段として募集株式の発行等が利用される場合をいい、会社支配の帰属をめぐる争いがあり、取締役が議決権の過半数を維持・争奪する目的がある場合等である。

本問において、甲は、会社法199条1項の募集において、株主に株式の割当てを受ける権利を与える場合には、取締役会の決議によって募集事項を定めることとしている（甲社定款6条）。そこで、取締役会において、株主割当ての方法により募集株式を発行することを定め（202条3項2号）、株主への募集事項の通知は、募集株式の引受の申込期日である4月1日の2週間より前である3月17日である（同条4項。問題文10・11）。また、甲社の発行可能株式総数は2000株であり（甲社定款4条）、甲社の発行済株式の総数は1000株であるところ（問題文1）、株主の保有株式5株につき2株を割り当てる（発行株式数は合計400株）のであるから、発行可能株式総数の枠内である。法令・定款の規定に違反していないから、差止事由①・②に抵触しない。

これに対し、AらとB・Cの支配権争いがある中において、募集株式1株の払込金額を200万円と高く設定してB・Cの払込みが困難であることを見越しながら、Aらは自らの報酬を大幅に増額して払込金を確保しようとしている。募集株式の目的はAによる甲社支配権を確固たるものにするところにあるといえそうである。この点で、差止事由③に該当すると考えられる。また、株主Bの持株比率が低下するのであるから、不利益を受けるおそれという差止めの要件にも合致する。

募集株式の発行の効力が生じる、引受人が株主となる時点（209条参照）まで差止請求権を行使できるが、その後株式は輾転流通してしまうため、効力発生前に株主は、募集株式の発行差止めの仮処分を求めるのが通常である（民事保全法23条2項）。仮処分は本案訴訟の判決が下るまでの暫定的なものであるが、実務上は差止仮処分が認められれば会社は募集株式の発行を中止し、紛争は決着することが多い。また、仮処分命令を無視して株式を発行した場合は、差止請求権の実効性の担保から、募集株式発行の無効の訴えの原因になる。[13]

⑵　小問②

小問②に掲げる事実12より後では、A・D・Fが募集株式の割当てを受ける権利を行使し、その払込金額の全額の払込みをしているから、募集株式発行の効力が生じている（209条1項）。募集株式の発行が違法になされた場合には、その効力発生後には無効の訴えによることになる。

新株発行の無効の訴えとは、新株株式の発行に法的な瑕疵がある場合に、無効の一般原則では対世効もないこと等から法的安定性に欠けるために会社法上設けられた制度である。株式会社の成立後における株式の発行（新株発行）の無効は、当該新株発行の発行の効力が生じた日から、公開会社については6か月以内、非公開会社については1年以内に、訴えをもってのみ主張することができる（828条1項2号）。提訴権者は当該株式会社の株主等（株主、取締役、監査役、執行役、清算人）のみである（同条2項2号）。Bは株主であるから、募集株式発行の効力が生じた日から、1年以内に甲社に対して提訴することになる。無効の訴えの効力は将来効とされ（834条2号、839条）、無効とされた株式は将来に向かって消滅することになる。

新株発行がどのような場合に無効となるかについては、明文の規定がなく、解釈に委ねられている。もっとも、新株発行が無効となると事後的に払込金額の返還が必要になる等法律関係が混乱するため、無効事由は、新株発行手続に法令・定款に違反する重大な違反がある場合に限定されている。定款に定めのない種類の株式発行（108条）や、定款所定の発行可能株式総数を超過する新株発行[14]である。

無効事由は公開会社と非公開会社とで異なる。公開会社でも、新株発行差止仮処分に違反した新株発行[15]や募集事項の公示を欠く新株発行[16]については、仮処分の実効性を確保するために無効原因があるとする。その一方で、会社の代表者が定款の授権の範囲内で新株発行をしている限り、必要な会社の機関の承認を欠くだけであることから無効原因にはならないと解されている。判例は、取

---

(13)　最判平成5・12・16民集47巻10号5423頁。
(14)　東京地判昭和31・6・13下民集7巻6号1550頁。
(15)　最判平成5・12・16民集47巻10号5423頁。
(16)　最判平成9・1・28民集51巻1号71頁。

締役会の決議なく会社を代表する権限のある取締役が新株を発行した場合[(17)]について、取引の安全を重視して、無効原因にはならないとする。このことは、「新株が著しく不公正な方法により発行された場合であっても、異なるところがない……、発行された新株がその会社の取締役の地位にある者によって引き受けられ、その者が現に保有していること、あるいは新株を発行した会社が小規模で閉鎖的な会社であることなど……の事情は、右の結論に影響を及ぼすものではない。けだし、新株の発行が会社と取引関係に立つ第三者を含めて広い範囲の法律関係に影響を及ぼす可能性があることにかんがみれば、その効力を画一的に判断する必要があり、右のような事情の有無によってこれを個々の事案ごとに判断することは相当でないからである」と解されている[(18)]。

公開会社については、資金調達のために行う新株発行は業務執行の一つであり、機動的に行う必要があるため、授権資本制のもと定款で定めた発行可能株式総数の範囲内で、取締役会において募集事項を決定して発行される（37条、201条１項、199条）のであり、内部的な意思決定を欠いたとしてもその存否は会社外部の者には簡単に知り得ないためだとされる。

他方、非公開会社では株主総会決議（199条２項、202条３項、309条２項５号）を経ないまま新株発行を行ったことは重大な法令違反として、無効原因になる[(19)]。非公開会社では、株主割当ての方法で既存株主に平等に割り当てるのが原則であり（202条１項）、株主割当て以外の方法により募集株式を発行するためには既存株主の保護のために、取締役（取締役会設置会社にあっては、取締役会）に委任した場合を除いて株主総会の特別決議によって募集事項を決定しなければならない（200条１項、199条）。したがって、非公開会社の性質上、会社の支配権に関わる持株比率の維持に係る既存株主の利益の保護を重視し、その意思に反する株式の発行は株式発行無効の訴えにより救済するというのが会社法の趣旨と解されるためである[(20)]。

本問では、甲社は非公開会社であるから、株主の持株比率の利益が重視され

（17）　最判昭和36・３・31民集15巻３号645頁。
（18）　最判平成６・７・14判時1512号178頁。
（19）　最判平成24・４・24民集66巻６号2908頁。
（20）　最判平成24・４・24・前掲注（19）。

るべきであるという点を意識しながら、論ずる必要がある。

Ⅵ　差止め

問題（司法試験平成21年度民事系第2問）

【事実】1から9までは略
〔設問1〕～〔設問3〕略

【事実】
10. X社は、監査役会設置会社であり、発行済株式総数（普通株式のみ）10万株、株主数5000人の上場企業である（単元株制度は採用していない。）。X社は、財務状況が悪化したため、同じ機械メーカーであり、X社の発行済株式の5％を長年保有して友好関係にあるZ株式会社（以下「Z社」という。）に対し、事業の柱の一つである精密機械製造事業を譲渡するとともに、同社との間に研究、開発、販売等の面における協同関係を築くことにより、この苦境を乗り切ろうと考えた。そして、X社は、平成20年6月2日、Z社との間で、事業の譲渡及び協同関係の構築に向けた交渉を始めるための基本合意を締結した（以下この合意を「本件基本合意」という。）。
11. ところが、本件基本合意の締結後、X社は、財務状況の悪化が急速に進み、キャッシュフローの確保も難しくなったため、本件基本合意に基づくZ社への事業の譲渡によって得ることができる対価による収入や、同社との協同関係の構築だけでは、企業としての存続が危うくなってきた。
12. そのような折、Z社のライバル企業である機械メーカーのD株式会社（以下「D社」という。）がX社に対して合併を申し入れてきた。合併の条件は、X社の普通株式4株にD社の普通株式1株を交付するという合併比率によって、D社を吸収合併存続株式会社とし、X社を吸収合併消滅株式会社とする吸収合併を行うというものであり、D社は、X社の精密機械製造事業に魅力を感じ、同事業を含めてX社の事業全部を吸収合併により取得することを申し入れてきたものであった。
13. X社の取締役会は、Z社よりも企業体力に優るD社に吸収合併されれば、X社は独立した企業ではなくなるものの、同社の財務状況の悪化やキャッシュフロー不足の問題が解決され、事業全体の存続や従業員の雇用の確保につながると考え、平成 20 年 10 月 8 日、Z 社との本件基本合意を白紙撤回した上、D 社から申入れのあったとおりの合併条件により、X 社が D 社に吸収合併されることを受け入れることを決めた。

14. これに対し、Z 社は、X 社の精密機械製造事業を何としても手に入れたいと考え、X 社に対し、本件基本合意に基づく事業の譲渡及び協同関係の構築の実現を迫り、D 社との合併に反対した。Z 社は、本件基本合意に基づき、X 社を債務者として、D 社との合併の交渉の差止めの仮処分命令の申立てを行ったが、当該申立てが却下されたため、X 社に対する本件基本合意違反を理由とする損害賠償請求の訴えの提起を準備している。また、Z 社は、X 社と D 社の合併は、両社の企業規模や 1 株当たり純資産の比較、X 社の培ってきた取引関係や評判等からすれば、その合併比率が X 社の株主にとって不当に不利益なものとなっており、また、私的独占の禁止及び公正取引の確保に関する法律（以下「独禁法」という。）第 15 条第 1 項第 1 号に規定する「当該合併によって一定の取引分野における競争を実質的に制限することとなる場合」に当たり、同法に違反するものであると主張し（独禁法違反の点は、実際に認定され得るものであった。）、合併に反対している。

〔設問 4〕 Z 社は、X 社の株主としての権利を行使し、合併契約の締結や当該合併契約の承認を目的とする株主総会の招集を阻止したいと考えている。Z 社は、X 社の株主として、どのような会社法上の手段を採ることができるか。理由を付して説明しなさい。

【事実】 【事実】10 から 14 までの X 社については、その後、以下の 15 から 20 までの経過があった。

15. X 社は、Z 社の反対にもかかわらず、D 社との間で合併契約を平成 20 年 10 月 15 日に締結し、X 社取締役会は、当該合併契約の承認を目的とする臨時株主総会を同年 12 月 1 日に開催することを決定したことから、同社取締役は、その招集通知を発するとともに、株主総会参考書類及び次の議決権行使書面を株主に交付した。

議決権行使書　　株主番号　　議決権行使個数　　個

X株式会社　御中
私は、平成20年12月1日開催の貴社臨時株主総会（継続会又は延会を含む。）における議案につき、右記のとおり（賛否を○で表示）議決権を行使します。
平成20年　月　日

議案	第1号議案
賛否表示欄	賛
	否

（略）

議案につき賛否の表示をされない場合は、賛成の表示があったものとして取り扱います。
X株式会社

株主　住所
氏名
届出印

16. これに対し、Z社は、合併条件がX社の株主にとって不利益であるとして、X社の株主に対し、合併契約の承認に反対する内容の委任状勧誘を行った。このZ社による委任状勧誘は、次の委任状用紙に基づいて行われており、金融商品取引法に従って行われたものであった。

委　任　状

私は、　　　　　　を代理人と定め、下記の権限を委任します。
1　平成20年12月1日開催予定のX株式会社臨時株主総会並びにその延会及び継続総会に出席し、下記議案につき、私の指示（○印で表示）に従って議決権を行使すること。ただし、賛否を明示しない場合、代理人名を記載しない場合及び原案に対し修正案が提出された場合は、いずれも白紙委任します。
2　復代理人の選任の件

記

X株式会社とD株式会社が平成20年10月15日に締結した合併契約の承認についての議案	原案に対し	賛	否

平成20年　月　日
議決権行使個数＿＿＿＿＿＿個
株主　住所
氏名
届出印

17. X 社に議決権行使書面を提出して行使された議決権の数は、合計 3 万 6000 個であった。そのうち、合併契約の承認議案に賛成と記載されていた数は 5000 個で、同議案に反対と記載されていた数は 2000 個、さらに、同議案に対する賛否の記載がされていない数は 2 万 9000 個であった。これに対し、Z 社に委任状を交付した株主の議決権の数は、合計 1 万 2050 個であった。そのうち、会社提案の合併契約の承認議案に反対と記載されている委任状の議決権の数は 2000 個で、同議案に賛成と記載されている委任状の議決権の数は 50 個、さらに、同議案に対する賛否の記載がされていない委任状の議決権の数は 1 万個であった。
18. 平成 20 年 12 月 1 日、X 社の臨時株主総会が開催された。この臨時株主総会において議決権を行使することができる者を定める基準日現在において、X 社は自己株式を保有しておらず、また、相互保有株式も存在しなかった。
19. Z 社は、X 社の臨時株主総会の議場に 1 万 2050 株分のすべての委任状を持参し、自ら保有する 5000 株分と合わせて、特に留保なしに、合併契約の承認議案につき、議決権を行使して反対の意思表示を行った。当該臨時株主総会における Z 社以外の X 社株主による議決権行使（議決権行使書面によるものを除く。）は、合併契約の承認議案への賛成が 6000 個で、反対が 1000 個であった。議場においては、X 社と Z 社が議案の当否及び投票内容の賛否への算入方法をめぐって激しく対立し、混乱したが、定款の定めにより議長とされている X 社の代表取締役社長 E は、Z 社の提出した議長不信任動議や、投票数の算入方法に対する抗議を無視し、合併契約の承認決議の成立を宣言した。
20. その後、X 社は、平成 21 年 4 月 1 日を合併の効力発生日とする合併の登記を行うこととしている。

〔設問 5〕 X 社の臨時株主総会において、合併契約の承認議案に対し、賛否それぞれどれだけの数の議決権の行使があったと考えるべきか。次の①及び②の場合に分け、それぞれ理由を付して説明しなさい。

① X 社株主には、X 社に議決権行使書面を提出しつつ、Z 社に委任状を交付した者はいなかった場合

② X 社株主には、X 社に議決権行使書面を提出するとともに、Z 社に委任状も交付し、いずれにおいても合併契約の承認議案に対する賛否の欄に賛否を記載しなかった F がおり、同人の有する議決権が 100 個含まれていた場合

〔設問 6〕 X 社の臨時株主総会の終了後、Z 社が合併の実現を阻止するためには、会社法に基づき、どのような手段を採ることができるか（〔設問 4〕で解答し

た手段を除く。）。合併の効力が発生する前と後とで分け、それぞれ理由を付して説明しなさい。

解答例

1　設問4

(1)　Z社は、X社の株主として、会社法（以下、法令名略。）784条の2に基づき吸収合併差止請求をすることが考えられる。要件は、①消滅株式会社等の株主であること、②①の株主が不利益を受けるおそれがあること、③各号に掲げる事由が存在することである。以下、検討する。

(A)　①について

Z社は、X社の発行済株式の5％を保有する。また、X社がD社と締結しようとしている合併契約（以下、「本件合併」という。）は、X社を吸収合併消滅会社（以下、「消滅会社」という。）とし、D社を吸収合併存続会社（以下、「存続会社」という。）とするものである。したがって、Z社は消滅会社の株主であると言える。

(B)　②について

株主たるZ社が「不利益を受けるおそれがある」（784条の2柱書）と言えるか。

この点、同条の趣旨は、吸収合併により株式の価値が下がるなどして不当に不利益を受ける消滅会社の株主を保護することにある。一方で、会社の利益のために一定程度譲歩した条件で合併をする必要性も存在する。したがって、「株主が不利益を受けるおそれがある」とは、合併比率を消滅会社及び存続会社の規模や1株当たりの純資産の比較、消滅会社の培ってきた取引関係や評判等から総合的に評価し、合併が消滅会社株主にとって不当に不利益を与えるものと言えるかによって判断するものと解する。

本件、本件合併はX社の普通株式4株にD社普通株式1株を交付するという合併比率を条件とする。X社及びD社の企業規模や1株当たりの純資産の比較、X社の培ってきた取引関係や評判等からすれば、その合併比率がX社に著しく不利なものとなっており、本件合併により株主に不当に不利益を与えるから、本件合併はZ社が「不利益を受けるおそれがある」場合に当たる。

(C)　③について

合併比率が不公正であることは、差止事由に当たるか。

この点、合併契約に際して株主総会決議が必要とされた趣旨は、株主に合併の賛否を問うと共に、合併対価の妥当性についても判断できるように手続保障を確保することにある。そのため、株主総会決議において合併対価の妥当性については判断でき、原則として差止事由にならない。しかし、株主総会に特別利害関係人が参加し決議するなどの場合、手続保障が十分になされたとは言えない。そこで、831条1項3号に当たるような事情がある場合には、決議の取消事由を差止事由として主張できると解する。

本件では、合併比率の不公正を理由に差止事由とはできない。加えて、未だ株主総会決議は行われていないから、株主総会取消事由の存在を理由に差止事由とすることもできない。

もっとも、独占禁止法違反は認められ、「法令…に違反する場合」(784条の2第1号) に当たり、差止事由は存在する。

(2)　よって、①～③の要件を充足し、Z社のX社に対する784条の2に基づく吸収合併差止請求は認められる。

2　設問5

X社の株主総会において、合併契約の承認議案に対し、賛否それぞれどれだけの数の議決権の行使があったと考えるべきか。

(1)　①の場合

X社株主には、X社に議決権行使書面を提出しつつ、Z社に委任状を交付した者はいなかった場合、議決権行使書面を提出して行使された議決権の数は、Z社に委任状を交付した株主の議決権数とは別に計上することになる。そこで、ⅰ議決権行使書面の賛否が記載されていない2万9000個、ⅱZ社に委任状を交付した株主のうち賛否が記載されていない議決権1万個、ⅲ委任状に賛成と記載したが、Z社により反対として行使された50個の取り扱いが問題となる。

(A)　ⅰについて

書面による議決権行使は311条により許容されており、その趣旨は議場に行けない株主の議決権行使の機会の確保にある。そこで、書面に当該株主の賛否の意思が表れている場合には、かかる表示に基づき取り扱うべきである。

本件、X社が株主に交付した議決権行使書には、「議案につき賛否の表示をされない場合は、賛成の表示があったものとして取り扱います」と明示されているから、賛成の意思が表れていると言える。

したがって、2万9000個は賛成と取り扱うことができる。

(B)　ⅱについて

議決権の代理行使は、310条1項により許容されている。賛否の記載がされていないものを反対と取り扱ってよいかが問題となる。

この点、310条の趣旨は、議場に行けない株主にも代理人による議決権行使を許し、議決権行使の機会を広く認めることにある。そこで、当該株主の意思が表れている場合には、かかる表示に基づき取り扱うべきである。しかし、議決権行使書面とは異なり、直接的に議決権行使をしないため、不当に受任者の意図が介在する可能性があることから、委任した経緯及び委任状自体の記載から株主の賛否の意思が明確に表れていると言えない場合には、当該議決権行使は無効と解するべきである。

本件、委任状には「賛否を明示しない場合、代理人名を記載しない場合及び原案に対し修正案が提出された場合には、いずれも白紙委任とします」と記載されており、また、Z社は、合併条件がX社の株主にとって不利益であるとして、X社の株主に対し、合併契約の承認に反対する内容の委任状勧誘を行っており、白紙委任の趣旨が反対の意思表示であることを明示している。同勧誘行為は委任状に基づいて行われている。かかる経緯からすれば、委任状によりZ社に委任することとした株主は反対する意思を明確に表していると言える。⑦

したがって、1万個は反対と取り扱う。

(C)　ⅲについて

委任者の意思に反する代理行使は、有効か。⑧

この点、310条の上記趣旨からすると、議決権者である当該株主の意思を反映することが前提となる。そこで、議決権者の意思に反する代理行使は、無権代理（民法113条）として、無効と解する。

本件、委任状に賛成と記載した50個については、賛成と取り扱うべきであるが、Z社は反対票として行使しているから、無効と取り扱う。

したがって、50個は無効である。

(D)　よって、議決権行使書面の議決権は賛成3万4000個（賛成との記載5000個＋賛否の記載がない2万9000個）、反対2000個となる。委任状行使による議決権の賛成は無効であるため計上せず、反対1万2000個（反対との記載2000個＋賛否の記載がない1万個）となる。Z社の有する議決権は反対5000個となる。株主総会で行使された議決権は賛成6000個、反対1000個である。合計すると、賛成4万個、反対2万個の議決権行使があったと言える。

(2)　②の場合

(A)　X社に議決権行使書面を提出するとともに、Z社に委任状も交付し、いずれにおいても合併契約の承認議案に対する賛否の欄に賛否を記載しなかったFの100個は賛成及び反対のいずれとして取り扱うべきか。

この点、議決権は株式数に応じて均等に有するから、公平に取り扱うため、賛成反対の両方の効力を認めることはできない。

議決権は決議事項に対する株主の意思を反映すべきものであるから、株主の意思がどちらかにあったかにより判断するべきである。議決権行使書面は、会社から議決権を株主総会に出席しなくても行使できる手段として交付されるもので、この書面の白紙による提出によっては議決権を何らかの意思に基づき提出したという意思しか推認できない。しかし、委任状の⑨白紙での提出は、受任者の考えに賛成するということを積極的に認めることを意味する。そのため、委任状の提出をしたことから、受任者と同様の意思を有していたことを強く推認できる。そのため、両方の書面が提出された場合には、委任状の効力を優先して認めるべきである。

本件、Fの100個は委任状の反対の意思に基づき、反対と取り扱い、議決権行使書面による議決権行使は無効と取り扱う。

(B)　よって、議決権行使書面の議決権は賛否の記載がない議決権のうちF100個は無効であるため計上せず賛成3万3900個（賛成との記載5000個＋賛否の記載がない2万8900個）、反対2000個となる。委任状による議決権行使の賛成を除いた反対1万2000個（反対との記載2000個＋賛否の記載がないF以外の議決権1万個）となる。Z社の有する議決権は反対5000個となる。株主総会で行使された議決権は賛成6000個、反対1000個である。合計すると、賛成3万9900個、反対2万個の議決権行使があったと言える。

3　設問6

(1)　合併効力発生前

Z社はX社に対して、株主総会決議取消しの訴え（831条1項）を提起し、これにより783条1項の合併についての株主総会決議が存在しないことになるから、合併契約は締結できないと主張することが考えられる。

(A)　Z社はX社の株式を5%有している「株主」であり、平成20年12月1日に株主総会決議がされているところ、3月1日までに取消訴訟を提起していれば「3か月以内」であり、出訴期間も満たす。

(B) 合併対価の不公正自体は、株主には株式買取請求権（785条1項）が認められているから、株主総会取消事由にはならない。もっとも、決議は議長とされているEが、Z社の提出した議長不信任動議や投票数参入方法に対する抗議を無視してなされているものであるから、かかる議長の議事整理権の濫用として「決議の方法が法令…に違反」している（831条1項1号）として、取消事由とならないか。そこで、議長の態度は議事整理権（315条1項）濫用に当たるかが問題となる。

この点、議長に議事整理権を認めた趣旨は、議会における議決を円滑に行うためであるから、議長には広い裁量が認められる。もっとも、抗議が法令上妥当なものであるにもかかわらず、採用しないなど著しく不当な議事をした場合には裁量を逸脱したとして、濫用に当たると解する。

本件では、議長不信任動議については定款の定めにより決められているし、X社の代表取締役を議長とすることは妥当であるから、動議は妥当なものとは言えない。しかし、投票数の算入方法に対する抗議は、取締役に対して説明義務（314条）が課される事項であり、取締役の説明が必要となる。そのため、議長としては改めて取締役にその算入方法について説明させるべきであった。そのため抗議は法令上妥当なものであるにもかかわらず、採用しないという著しい不当な議事整理をしたものと言える。したがって、裁量を逸脱しており、濫用に当たる。

よって、Eの議事は議事整理権の濫用であり、「決議方法が法令…に違反している」といえ、取消事由がある。原則として、株主総会は取り消される。

(C) もっとも、831条2項により、裁量棄却されないか。

本件では、議事整理権違反は株主が十分に情報を得て議決権行使をする機会をはく奪しているから、「違反する事実は重大」であり、裁量棄却の要件を満たさない。

(D) 以上より、株主総会取消しの訴えは認められる。

(2) 合併効力発生後

Z社はX社に対して合併無効の訴え（828条1項7号、2項7号）を提起することが考えられる。

(A) Z社は「株主」であり、合併の効力が生じた日から6か月以内であれば、訴えを提起できる。

(B) 合併対価の不公正は、無効事由に当たるか。明文上規定されていないため、問題となる。

この点、法的安定性の観点から、重大な法令定款違反に限り、無効事由に当たると解する。合併対価の不公正については、株主総会決議により株主に手続保障がなされているから、不公正は重大な法令定款違反とは言えない。もっとも、株主総会により手続保障がされていない831条1項3号のような事情がある場合には、不公正は無効事由になる。

本件、株主総会に合併契約の相手方であるD社が関与したといった事情はないから、831条1項3号に当たる事情はない。

したがって、この点には無効事由は認められない。

(C)　831条1項1号違反を理由に無効を主張できないか。

⑬先述の通り、議長の議事整理権濫用について取消事由がある。そうだとすると、合併の効力発生要件である783条1項の株主総会決議が認められない。そのため、重大な法令定款違反があるから、無効事由となる。

(D)　では、かかる取消事由は取消訴訟を提起した場合と同様、決議の日から3か月以内に主張する必要があるか。

この点、株主総会取消訴訟において3か月という期間制限を設けた趣旨は、取消期間を制限することで、法的安定性を図ったことにある。そのため、無効訴訟において期間制限がないとすると上記趣旨が害される。そこで、無効訴訟においても取消事由については決議の日から3か月以内に主張立証する必要があると解する。

本件では、決議のあった平成20年12月1日から3か月以内の平成21年3月1日までに主張する必要がある。

(E)　また、合併契約の内容は独占禁止法違反であり、決議内容の法令違反があり、重大な法令違反があるから、無効事由となる。

(F)　よって、Z社のX社に対する合併無効の訴えは認められる。

以　上

［コメント］

①　会社法784条の2の要件を明確に提示する。

②　本問の事実関係を丁寧に当てはめると、答案の印象が良くなる。

③　会社法784条の2の趣旨に言及し、規範を定立する。

④　合併比率の不公正が差止事由に該当するかどうかを検討し忘れないようにする。

⑤　会社法831条1項3号の取消事由がある場合に、吸収合併差止請求をすることができるか否かについては争いがあるところ、解答例は肯定説を採用する。

⑥　会社法施行規則66条1項2号の規定に照らせば、解答例のような結論を導くことができる。

⑦　委任状の白紙委任の扱いについては、裁判例の検討を通じて理解を深めておくことが望ましい。

⑧　委任者の指示に反する議決権行使の効果をいかに解すべきかについては、解説に述べるように学説上争いがある。いずれの見解をとるかにより、反対票の個数が異なる。解答に際しては、自己の見解を明示し、それに基づき、賛成票と反対票を正確に計算することが求められる。

⑨　解説に述べるように、株主が議決権行使書面を提出し、かつ委任状も交付した場合において、委任状を持つ当該株主の代理人が株主総会に出席したときに議決権行使書面は無効になると解するのが多数説である。解答例は、多数説と同様な理解に立つものといえる。

⑩　本件の具体的な事実関係に照らし、本件総会における合併承認決議の取消事由の有無を丁寧に検討する。

⑪　解答例のように、取消事由として、決議の方法の法令違反があることを認めた場合には、裁量棄却の余地があるかどうかを検討し忘れないようにする。

⑫　合併比率の不公正については、差止事由に該当するか否かだけではなく、無効事由に該当するかどうかについても検討する。

⑬　合併承認決議に取消事由または無効事由がある場合には、それらと合併無効の訴えとの関係をいかに解すべきかが問題となる。解答例は、いわゆる吸収説（通説）を前提にしているといえる。

解説

1　設問4：合併承認決議を阻止するための会社法上の手段

(1)　Z社が講じると考えられる手段

本問は、X社の株主であるZ社が、合併契約の締結や当該合併契約の承認を目的とする株主総会（以下、本件総会）の招集を阻止するための会社法上の手段を問うものである。かかる手段としては、①取締役の違法行為の差止請求権（360条）、②吸収合併無効請求権（828条1項7号等）または株主総会決議無効請求権（830条2項）を被保全債権とする株主総会招集禁止の仮処分の申立て、もしくは③吸収合併差止請求権（784条の2第1号）を被保全債権とする合併契約締結禁止および株主総会招集の禁止の仮処分の申立てが考えられる。上記①ないしは③の手段以外にも、Z社はX社の発行済株式総数の5％を保有していることから、④自ら臨時株主総会を招集し（297条1項・4項）、D社との合併に賛成している取締役を解任し（339条）、仮に解任議案が否決されたときには、Z社は⑤取締役の解任の訴え（854条）を提起することが考えられる。さらに、取締役の解任の訴えが提起された場合において、取締役の職務の遂行を認めることが適切でないときには、Z社は⑥取締役の職務執行を停止し、職務代行者を選任することの仮処分を裁判所に申し立てること（民事保全法23条2項、24条。なお、会社法352条参照）が考えられる。以下では、紙幅の関係上、①について解説する。③については解答例を参照されたい。

(2)　株主による取締役の違法行為の差止め

X社は監査役会設置会社であり、また、同社は上場会社であることから、わが国の各証券取引所の上場規程に照らせば、同社は会社法上の「公開会社」（2条5号）であると考えられる。公開会社である監査役（会）設置会社では、6か月前（これを下回る期間を定款で定めた場合にあっては、その期間）から引き続き株式を保有する株主（要件①）は、取締役が法令・定款に違反する行為をし、またはその行為をするおそれがある場合において（要件②）、その行為によって会社に回復することができない損害が生ずるおそれがあるときには（要件③）、会社のため、その行為の差止めを取締役に対し請求することができる（360条1項・3項）。監査役（会）設置会社では、取締役の違法行為がなされたときには、監査役がその差止請求権を行使することになる。しかし、監査役がこれを怠る場合に備え、個々の株主には取締役に対し当該違法行為の差止めを請求する権利が認められている[1]。

(3)　要件とあてはめ

(A)　要件①〜株式保有要件

要件①は、株主が頻繁に変動することが見込まれる公開会社において、当該

（1）　落合誠一編『会社法コンメンタール8　機関(2)』（商事法務、2009）127頁〔岩原紳作〕。

差止請求権の濫用を防止することを趣旨とする[(2)]。本件では、「Ｚ社はＸ社の発行済株式の５％を長年保有」しており（事実10）、当該株式を一時的に売却したとの事実は認められないことから、要件①を満たすと考えられる。

⒝　要件②～「法令」の意義

要件②に関連して、本問では、独占禁止法15条１項１号違反（事実14）が認められるところ、同法が会社法360条１項にいう「法令」に該当するか否か、「法令」の意義が問題となる。まず、具体的な会社法規定の違反にとどまらず、取締役の善管注意義務違反（330条、民法644条）や忠実義務違反（355条）といった一般的な会社法規定違反も、会社法360条１項の「法令」違反と解するのが通説である[(3)]。さらに、従来の学説は独占禁止法のように会社法以外の行政法令もすべてここにいう「法令」に含まれることを前提にしていたようである[(4)]。

本問において本件基本合意を白紙撤回し、Ｄ社と吸収合併を行うＸ社の取締役の行為は取締役としての善管注意義務に違反するものではないと解される。もっとも、事実14より独占禁止法違反の点は、実際に認定され得るものであったとされていることから、会社法360条１項にいう「法令」違反があったといえ、要件②は満たされる。

⒞　要件③～会社に回復することができない損害が生ずるおそれ

要件③について、監査役（会）設置会社では、会社に著しい損害が生ずるおそれがあることまでを必要とせず（360条１項）、会社に回復することができない損害（同条３項）が生ずるおそれがあることで足りるとされる。株主の差止請求権はこの限度で認めれば十分であり、そうでないと濫用のおそれがある

（２）　落合編・前掲注（１）139頁〔岩原〕。

（３）　上柳克郎ほか編集代表『新版注釈会社法⑹　株式会社の機関⑵』（有斐閣、1987）424頁〔北沢正啓〕等。否定説として、佐伯直秀「取締役の違法行為差止と『法令』なる語の範囲について」服部榮三先生古稀記念『商法学における論争と省察』（商事法務研究会、1990）435頁以下。

（４）　加藤一昶「行政法違反等と監査役の差止請求権」商事670号（1974）27頁、小柿徳武「違法行為の差止請求権」岩原紳作ほか編『会社法判例百選（第３版）』（有斐閣、2016）125頁等参照。これに対しては、法令違反の行為であってもそれが善管注意義務違反と評価し得る場合にのみ、会社法360条の差止請求権が認められるべきであるとの見解も理論的には考えられ得るところではある。もっとも、松井秀征・ジュリ1217号（2002）127頁によれば、本条の差止請求権は、善管注意義務違反が否定される場合であっても、客観的に取締役の行為が違法行為と認められ、会社に回復すべからざる損害が生じるおそれがあれば認められるべきであるとされる。

からである。会社に回復することができない損害が生ずるおそれがある場合には、取締役の賠償責任によって処分された財産を取り戻すことができず、しかも、その取締役によってその損害が償われない場合等にとどまらず、それに多くの費用や手数等がかかって回復が困難な場合も含まれると解されている[5]。さらに、会社の信用が傷つけられる場合等、非財産的損害を被った場合も含まれるとの有力な見解がある[6]。

本件では、独禁法違反により合併が無効とされれば、それに要した費用が無駄となり、公正取引委員会による是正命令に係る費用の発生が見込まれるばかりか、会社の信用が大きく損ねられる可能性がある。もっとも、排除措置命令の前の通知において公正取引委員会から示される問題解消措置が適切に講じられ、排除措置命令を現実に受けるおそれが高くないといえるときには、「回復することができない損害」が生じるおそれがあるとまではいえず、要件③が満たされないこともあり得る。

2 設問5：議決権行使書面または委任状による議決権行使

本問は、本件総会における合併契約の承認議案（以下、本件議案）について賛否投票数の計算方法を問うものである。X社には、自己株式も相互保有株式もないことから（事実18）、これらに関する議決権を議決権総数から控除することを考慮する必要はない（308条1項括弧書・2項参照）。

(1) 設問5の①について

まず、本件では、X社の議決権行使書面に「議案につき賛否の表示をされない場合は、賛成の表示があったものとして取り扱います」という記載があるところ、かかる記載は会社法施行規則66条1項2号に照らし、有効である。次に、「賛否を明示しない場合……は、いずれも白紙委任します」という委任状の記載は有効か否かが問題となる。この場合、賛否の意思を表明する機会があり、かつ賛否についての記載がなければ白紙委任とする旨が明示されているので、委任者は受任者に賛否の判断を委ねたと考え得ることから、上記委任状の

(5) 前田庸『会社法入門（第13版）』（有斐閣、2018）481頁。
(6) 弥永真生「著しく不当な合併条件と差止め・損害賠償請求」江頭憲治郎先生還暦記念『企業法の理論（上巻）』（商事法務、2007）631頁。

記載を有効と解するのが通説である[7]。金融商品取引法と会社法が議決権行使の代理権の付与に際して白紙委任することを特に禁止していないことや、「委任状の用紙には、議案ごとに被勧誘者が賛否を記載する欄を設けなければならない。ただし、別に棄権の欄を設けることを妨げない」と定める上場株式の議決権の代理行使の勧誘に関する内閣府令43条が、賛否を明示しない場合に白紙委任と解することを禁止しているとまでは解せないことを理由として、通説を支持する見解もみられる[8]。

通説を前提にしたとしても、本問では、会社提案の合併契約の承認議案に賛成と記載された委任状があるにもかかわらず、Z社は特に留保なしに、当該議案につき、議決権を行使して当該議案に反対の意思表示をした。この場合の議決権行使の効果をいかに解すべきか。この点、受任者と委任者との間の委任関係上の義務違反があるにすぎず、議決権行使は有効であるとする見解（A説[9]）がある。これに対し、委任状に賛否の記載があるときは、代理人はこれに従って議決権を行使することを要するから、賛否の記載に違反してなされた議決権の効果は無権代理行為（民法113条1項）となるとする見解（B説[10]）がある。なお、B説によったとしても、委任者の記載どおりに議決権が行使されたことになるわけではないので、当該議案について賛成の議決権行使がなされたことにはならない。

以上より、賛成票は、A説、B説のいずれの立場からも、議決権行使書面の34,000個（内訳は賛成5,000個、無記載29,000個）に本件株主総会における賛成票6,000個を合計した40,000個となる。反対票は、A説によれば、議決権行使書面の反対2,000個、委任状の12,050個（内訳は賛成50個、反対2,000個、無記載10,000個）、本件株主総会における反対票1,000個にZ社が投じた反対

（7）　大隅健一郎＝今井宏『会社法論 中巻（第3版）』（有斐閣、1992）67頁、岩原紳作編『会社法コンメンタール7　機関(1)』（商事法務、2013）194頁〔山田泰弘〕。

（8）　法学セミナー編集部編『論文式試験の問題と解説　民事編　2006～2011年』（日本評論社、2013）201頁。

（9）　石井照久『会社法 上巻』（勁草書房、1967）246頁等。

（10）　龍田節「株式会社の委任状制度」インベストメント21巻1号（1968）4頁、今井宏『議決権代理行使の勧誘――株主総会の委任状制度に関する法的規制の研究』（商事法務研究会、1971）309-310頁、大隅健一郎ほか『新会社法概説（第2版）』（有斐閣、2010）160-161頁等多数説。

票5,000個を合計した20,050個となる。他方、B説によれば、反対票は、議決権行使書面の反対2,000個、委任状について12,000個（内訳は反対2,000個、無記載10,000個）、本件株主総会における反対票1,000個にZ社が投じた反対票5,000個を合計した20,000個となる。

⑵　設問5②

設問5の②では、賛否を記載しないまま議決権行使書面を会社に提出するとともに、委任状を勧誘者に交付したF（保有議決権は100個）がいる場合に、Fの議決権行使をどのように扱うかが問題となる。この場合、議決権行使書面は、株主が総会に出席しないときに効力が発生すること（298条1項3号）を理由として、委任状をもつ当該株主の代理人が出席すれば、議決権行使書面は無効となると解するのが多数説である[11]。このような理解を前提とすれば、本件では賛成票は100個減少し、上記⑴のA説によれば、賛成票39,900個、反対票20,050個、B説によれば、賛成票39,900個、反対票20,000個となる。

3　設問6：合併の効力を争うための会社法上の手段

本問は、本件総会終了後、Z社が合併の実現を阻止するための会社法上の手段を問うものである。以下、合併の効力の発生前後に分けて解説する。

⑴　合併の効力発生前

この場合に、Z社が講じ得る手段としては、設問4で掲げた手段以外に、X社の代表取締役であるEが、Z社の提出した議長不信任動議や投票数の算入方法に対する抗議を無視し本件決議を成立させたことを理由として、本件総会における合併承認決議（以下、本件決議）の取消しの訴えを提起することがあげられる。また、本件決議が独占禁止法15条1項1号に違反すること、または合併比率が不公正であることを理由として、本件決議が無効であることの確認の訴えを提起することが考えられる。さらに、これらの訴えを本案訴訟とする本件決議の執行停止の仮処分を申し立てることも考えられる。

⑵　合併の効力発生後

本件では、合併の効力発生日は本件決議の日（平成20年12月1日）から3

---

(11)　太田洋「株主提案と委任状勧誘に関する実務上の諸問題」商事1801号（2007）39頁、江頭憲治郎『株式会社法（第7版）』（有斐閣、2017）344頁等。

か月以上の期間が経過した平成21年4月1日であり、提訴期間の要件を満たさないため、Z社は本件決議の取消しの訴えを提起することはできない。もっとも、当該効力発生日から6か月以内であれば、Z社は、①設問5で検討した賛成票、反対票の個数に鑑み、本件総会において特別決議（783条1項、309条2項12号）の要件が満たされていないこと、②本件合併契約の内容が独占禁止法15条1項1号に違反すること、または③合併比率が不公正であることを理由として、合併無効の訴えを提起することが考えられる（828条1項7号）。③について、合併比率の不公正が無効事由に該当するか否かについては学説上争いがある。下級審裁判例では、合併比率の不公正は無効事由に当たらないと判示したものがある（東京高判平成2・1・31資料版商事77号193頁）。

なお、本件のように、合併承認決議に取消事由または無効事由がある場合には、それらと合併無効の訴えとの関係をいかに解すべきかが問題となる。この点、合併の効力発生後は、総会決議取消しの訴えまたは総会決議無効確認の訴えを提起することはできず、合併無効の訴えを提起すべきであり、すでに提起された決議取消しの訴えまたは決議無効確認の訴えは、合併無効の訴えに変更されるべきであるとする見解（吸収説。通説[12]）と、合併の効力発生後においても、いずれの訴えも提起し得るとする見解（併存説[13]）がある。

(12)　大隅ほか・前掲注（10）319・476頁。

(13)　江頭・前掲注（11）370頁、正井章筰「著しく不公正な合併等における株主の救済方法」浜田道代＝岩原紳作編『会社法の争点』（有斐閣、2009）203頁。なお、通説をとる場合の問題点につき、稲葉威雄『会社法の解明』（中央経済社、2010）57頁参照。

Ⅶ　対会社責任

問題（旧司法試験平成18年度第1問）

　Aは、個人で営んできた自動車修理業を会社形態で営むこととし、友人Dにも出資してもらい、甲株式会社を設立した。甲社は、取締役会及び監査役は置くが、会計参与及び会計監査人は置かないものとされ、取締役には、Aのほか、以前からAに雇われていた修理工のB及びCが選任されるとともに、監査役には、Aの妻Eが選任され、また、代表取締役には、Aが選定された（以上の甲社成立までの手続には、何ら瑕疵はなかった。）。

　ところが、甲社では、取締役会が1回も開催されず、その経営は、Aが独断で行っていた。そのため、Aは、知人Fから持ち掛けられた事業拡張のための不動産の購入の話にも安易に乗ってしまい、Fに言われるまま、手付名目で甲社の資金3000万円をFに交付したところ、Fがこれを持ち逃げして行方不明となってしまい、その結果、甲社は、資金繰りに窮することとなった。

1　甲社の株主であるDは、A、B、C及びEに対し、会社法上、それぞれどのような責任を追及することができるか。

2　AがFに3000万円を交付する前の時点において、この事実を知った甲社の株主であるD及び監査役であるEは、Aに対し、会社法上、それぞれどのような請求をすることができたか。

解答例

設問1

第1　代表取締役Aに対する請求

①
1　会社法（以下、法令名は省略する）423条1項の責任

(1)　株主代表訴訟

甲社株主Dは、甲社が公開会社の場合は6箇月前から株式を有するとき(847条1項)、非公開会社の場合は当該留保なく（同条2項)、同条1項・3項又は5項により、代表取締役Aに対し、423条1項の要件を充たすとき、株主代表訴訟によって責任追及できる。

⑵　423条１項の責任の成否

ア　任務懈怠・帰責事由
②

Ａは「取締役」であるため、「法令…を遵守」すべき忠実義務を負っている（355条）。そして、甲社は取締役会設置会社であるため、「重要な財産の…譲受け」をする際は、取締役会決議が必要となる（362条４項１号）。

「重要な財産の…譲受け」か否かは、当該財産の価額、会社の総資産に占める割合、当該財産の保有目的等を総合して判断する。

本件では、Ａは手付金だけで3000万円になる不動産を購入しており（以下「本件購入」という）、本件購入に要する費用は３億円近く等の高額に上る可能性がある。甲社は従前Ａが個人で営んできた自動車修理業を法人化した会社で、取締役はABC３名、監査役はＥ１名（Ａの妻）、株主はAD２名のみ、3000万円の会社資金がなくなると資金繰りに窮するという小規模な同族会社であるため、3000万円が甲社の総資産に占める割合は非常に大きい。このような甲社にとって、事業拡張目的での高額な不動産購入の是非は経営上の重要な事項である。

以上を総合すると、本件購入は「重要な財産の…譲受け」にあたる。それにもかかわらず、取締役会決議なく本件購入を決定したＡは「法令…を遵守」しておらず、忠実義務違反という任務懈怠（423条１項）・帰責事由（428条１項）が認められる。

イ　損害・因果関係

Ａは取締役会を開催することなく、安易に本件購入の話に乗ってしまい、Ｆに言われるまま手付金名目で3000万円を交付した結果、Ｆはこれを持ち逃げして行方不明になり、3000万円の回収は極めて困難になった。

したがって、甲社に生じた3000万円の損害及び相当因果関係は認められる。

ウ　小括

よって、ＤはＡに対し、423条１項の責任を追及できる。

２　429条１項の責任

株主Ｄは「第三者」として、Ａに対し、本件購入により生じた間接損害について、429条１項の責任を追及できないか。

423条１項が用意されている以上、株主は「第三者」にあたらないとしても、
③
かつ仮に「第三者」にあたるとしても、追及できるのは直接損害に限られるとも思える。

しかし、甲社のような実質的に個人経営の小規模な閉鎖的会社の場合、株主の間接損害について429条1項の責任追及を認めないと、少数株主の保護は十分に図れない。

よって、株主Dは、甲社が資金繰りに窮した結果、その株価が下落する等の間接損害がある場合、Aに対し、「第三者」として429条1項の責任を追及できる。

第2　平取締役B・Cに対する請求

1　423条1項の責任

(1)　株主代表訴訟

株主Dは、Aに対する場合と同様、423条1項及び847条の要件を充たすとき、平取締役であるB・Cに対し、株主代表訴訟によって責任追及できる。

(2)　任務懈怠・帰責事由

B・Cは、甲社の取締役会を構成する取締役として、他の「取締役の職務の執行の監督」を行う監視義務を負っている（362条2項2号）。この監視義務は、取締役会に上程されなかった事項についても及ぶ。しかし、B・Cは何ら調査・是正していない。

したがって、B・Cには、監視義務違反という任務懈怠・帰責事由が認められる。

(3)　損害・因果関係

しかし、甲社は従前Aが個人で営んできた自動車修理業を法人化した会社であり、B・Cはもともと修理工にすぎない上、甲社では取締役会は1回も開催されず、代表取締役兼株主であるAの独断で経営が行われてきた。

そのため、仮にB・Cが取締役会を招集する等しても、Aによる本件購入④を阻止できなかった場合には、3000万円の甲社の損害とB・Cの任務懈怠との間に相当因果関係は認められない。

他方、本件購入を阻止できたという場合には、相当因果関係は認められる。

(4)　小括

よって、相当因果関係が認められる場合には、DはB・Cに対し、423条1項の責任を追及できる。

2　429条1項の責任

株主Dは、423条1項の責任追及ができる場合で、間接損害がある場合には、⑤B・Cに対し、「第三者」として429条1項の責任を追及できる。

第3　監査役Eに対する請求

1　423条1項の責任

(1)　株主代表訴訟

株主Dは、監査役であるEに対し、ABCに対する場合と同様、423条1項及び847条の要件を充たすとき、株主代表訴訟によって責任追及できる。

(2)　任務懈怠・帰責事由

監査役であるEは、「取締役…の職務の執行を監査」する監視義務がある(381条1項)。非公開会社で、かつ監査権限を会計監査に限っているという場合以外の場合、監査権限は業務監査にも及ぶ。これは適法性監査に限られるが、著しく不当な事項については監査権限が及ぶ。

本件では、「重要な財産の…譲受け」として取締役会決議が必要であるにもかかわらず、代表取締役Aは独断で本件購入を決め、甲社は資金繰りに窮する状態に陥った。そのため、本件購入は著しく不当な事項といえ、監査権限の対象であるが、Eは何ら監査していない。

したがって、Eには、監視義務違反という任務懈怠・帰責事由が認められる。

(3)　損害・因果関係

しかし、甲社は従前Aが個人で営んできた自動車修理業を法人化した会社であり、甲社では取締役会は1回も開催されず、代表取締役兼株主であるAの独断で経営が行われてきた。EはAの妻であるが、Aにどれだけ強い物言いができたかは不明である。⑥

そのため、仮にEが取締役会を招集する等しても、Aによる本件購入を阻止できなかった場合には、3000万円の甲社の損害とEの任務懈怠との間に相当因果関係は認められない。

他方、本件購入を阻止できたという場合には、相当因果関係は認められる。

(4)　小括

よって、相当因果関係が認められる場合には、DはEに対し、423条1項の責任を追及できる。

2　429条1項の責任

株主Dは、423条1項の責任追及ができる場合で、間接損害がある場合には、Eに対し、「第三者」として429条1項の責任を追及できる。

設問2

第1　株主Dの請求

Aによる本件購入は、362条4項1号に反して取締役会決議なく実施されようとしており、「取締役が…法令…に違反する行為…をするおそれがある場合」にあたる（360条1項）。

3000万円の持ち逃げにより、その回収が極めて困難になり、甲社は資金繰りに窮する状態に陥る以上、監査役設置会社である甲社には、本件購入により「回復することができない損害」（同条3項）が生じるおそれもある。⑦

したがって、株主Dは、甲社が公開会社の場合は6箇月前から株式を有するとき（同条1項）、非公開会社の場合は当該留保なく（同条2項）、取締役Aに対し、本件購入の差止請求をすることができる。

第2　監査役Eの請求

Aによる本件購入は、362条4項1号に反して取締役会決議なく実施されようとしており、「取締役が…法令…に違反する行為…をするおそれがある場合」にあたる（385条1項）。

上記のとおり「回復することができない損害」（360条3項）が生じるおそれがある以上、甲社に「著しい損害」が生じるおそれは認められる（385条1項）。⑧

したがって、監査役Eは取締役Aに対し、本件購入の差止請求をすることができる。

以　上

［コメント］

① Aは業務執行についての任務懈怠の有無が問題となり、BおよびCはAに対する監督についての任務懈怠の有無が問題となる。検討すべき任務懈怠の内容が異なるため、Aと、B・Cとで分けて検討すると論じやすいであろう。

② Aの任務懈怠の内容として、業務執行をする過程で、独断で不動産の購入を決し、手付名目で3000万円を支払った点が検討の対象になるところ、これを任務懈怠との関係でどのように理解するか、理由を明示しながら順に論ずる必要がある。他の要件についても論ずる必要があることは言うまでもない。

③ 役員の対第三者責任を論ずる問題では、本問のように、株主が「第三者」に当たるか否かを問われていることが多いものと思われる。議論の内容を整理しておくのがよいであろう。また、役員の対第三者責任の法的性質について、判例は法定責任説をとることから、この理解に従って、他の要件についても検討

する必要があろう。

④　ＢおよびＣの責任の有無は見解が分かれる余地がある。解答例は場合分けをしているが、自らの見解を論じてもよいように思われる。

⑤　解答例はＢ・Ｃの対会社責任について、任務懈怠と会社の損害との間の相当因果関係の有無を場合分けしているところ、これを否定してその責任を否定した場合、対第三者責任についても同様に相当因果関係が否定されることになる。論旨の一貫性を保つ必要があろう。

⑥　問題文は監査役Ｅをあえて A の妻としていることから、この点に一言でも触れると、印象が良いように思われる。

⑦　本問で株主が取締役の違法行為差止請求権を行使するための要件は、取締役に法令違反または定款違反があることと、会社に「回復することができない損害」が生じることの２点である。本問が特に「回復することができない損害」に相当することについて理由を示して論ずる必要がある。

⑧　監査役が取締役の違法行為差止請求権を行使するための要件は、取締役に法令違反または定款違反があることと、会社に「著しい損害」が生じるおそれのあることの２点である。本問が特に「著しい損害」に相当することについて理由を示して論ずる必要がある。

解説

1　はじめに――設問の思考過程について

設問１はその問題文から明らかなように、株主による役員の責任追及について問われている。株主が役員の損害賠償責任を追及する方法として、会社法上、株主代表訴訟の提起と、第三者として役員の対第三者責任を追及することの二種類が考えられる。設例によると、代表取締役Ａは取締役会の決定を経ることなく不動産の売買契約を締結し、その手付として会社の資金3000万円をＦに交付したところ、Ｆがこれを持ち逃げし、会社に同額の損害が生じた。また、取締役Ｂ・Ｃ、監査役Ｅは代表取締役の独断による経営を放置していたかにみえる。これらの事情を役員の任務懈怠の有無との関係でどのように評価するかが問題となる。役員の対第三者責任については株主の「第三者」該当性を中心に論じることになろう。

設問２では、Ａが3000万円をＦに交付する前に、株主および監査役がＡ

に対してどのような請求ができるかが問われているところ、事前の請求権の有無が問われていることから、ここでは差止請求の可否について検討することとなる。

2　設問1①：取締役の法令遵守義務と任務懈怠

役員等が会社に任務懈怠責任を負う要件は、役員等の任務懈怠、会社に損害が発生していること、任務懈怠と会社の損害との間の相当因果関係である（423条1項）。この責任は債務不履行責任の性質を有することから役員等に帰責事由としての故意・過失があることも要件であると解されており、帰責事由がないことの立証責任は責任を負うべき役員等に課される。無過失の証明の余地はないと考えられている[(1)]。

まず取締役の任務の内容について確認するに、取締役は会社に対して一般的な義務として善管注意義務（330条、民法644条）と忠実義務（355条）を負うほか、個別的な義務として競業避止義務を負うとともに利益相反規制に服する（356条）。これら以外に、取締役会構成員として監視義務、特に大会社では内部統制構築義務を負う（362条4項6号・5項）。また、取締役はそもそも法令を遵守して職務を行うことも義務づけられる（355条）。ここでいう法令の範囲は、取締役を名あて人とする規定および職務遂行に際して遵守すべき義務を個別的に定める規定のほか、会社を名あて人とし、会社がその業務を行うに際して遵守すべきすべての規定が含まれ、役員が損害賠償責任を負うには法令違反行為に故意または過失が必要であるとされる（最判平成12・7・7民集54巻6号1767頁）。

それでは代表取締役Aに任務懈怠は認められるであろうか。まず、設例によれば、甲社は取締役会および監査役を置いているが、会計参与と会計監査人を置いていないとされ、大会社ではない会社に相当する。公開会社か否かは必ずしも明らかではないが、いわゆる法人成りに当たると思われること、株主はAとDの2名であると思われること、代表取締役以外の取締役は2名とも従業員を兼務していること、監査役はAの妻であることから、少なくとも実質

（1）　伊藤靖史ほか『会社法（第4版）』（有斐閣、2018）236-237頁。なお、役員等の任務懈怠責任に対する民法改正の影響について、同書237頁・Column 4-38参照。

的には個人企業で、比較的小規模な会社といえそうである。このような会社において、Aが不動産を購入する契約を締結し、手付名目で3000万円を支払い、これが同社の損害になると資金繰りに窮するということであるから、支払われた3000万円は同社の総資産に非常に大きな割合を占めていたと思われ、不動産の購入は重要な財産の譲受けに相当するものと思われる（362条4項1号）。同号にいう「重要な財産」に当たるか否かは、当該財産の価額、その会社の総資産に占める割合、当該財産の保有目的、処分行為の態様、および当該会社における従来の取扱い等の事情を総合的に考慮して決すべきものであるからである（最判平成6・1・20民集48巻1号1頁）。

重要な財産の譲受けは取締役会専決事項であるところ（362条4項1号）、代表取締役Aは取締役会を開催することなく専断的に、かつ「安易に」本件不動産売買契約を締結し、「Fに言われるまま」3000万円を交付した結果、甲社の損害につながった。Aは会社法に違反しており任務懈怠が認められ、また任務懈怠と甲社の損害との間に相当因果関係が認定できると考えられ、Aは甲会社に対して3000万円の賠償責任を負うと考えられる（423条1項）。この責任は株主代表訴訟の対象である（847条1項）。

3　設問1②：取締役の監視義務と任務懈怠

代表取締役は業務の統括者として、他の取締役に対する監視義務を負う。代表権のない取締役も、取締役会の権限には業務の監視が含まれ（362条2項2号）、その監視機能の発揮は取締役会を構成する取締役に期待されることから、他の取締役に対する監視義務を負う[(2)]。判例によると、対第三者責任に関してではあるが、取締役は善良なる管理者の注意をもって他の取締役が適切に業務執行を行っているか否かについて監視義務を負い、この監視義務は取締役会上程事項に限らず、会社の業務全般に及ぶとされる。また、必要があれば、自ら取締役会を招集し、あるいは招集を求め、取締役会を通じて業務執行が適正に行われるようにする職務を有する（最判昭和48・5・22民集27巻5号655頁）。会社法上、取締役会の招集は原則として個々の取締役が可能であり（366条1

（2）　酒巻俊雄＝龍田節編集代表『逐条解説会社法⑸　機関⑵』（中央経済社、2011）361頁〔青竹正一〕、大隅健一郎ほか『新会社法概説（第2版）』（有斐閣、2010）223-224頁、など。

項)、招集権者を定めたとしても、他の取締役はその者に対して招集を請求できる（366条2項・3項)。

特に取締役会で代表取締役、業務担当取締役が選任された場合（363条1項)、それ以外のいわゆる平取締役の任務は取締役会構成員として重要な業務の決定に関与することのほか、業務執行の監視が中心となる。

取締役の監視義務の具体的内容について、学説は、調査義務と是正義務の二つに大別されるとする。すなわち、業務執行の適正さ等に疑いのある場合は、取締役会を通して、また特に中小会社では取締役会外においても可能な範囲で、これを調査することが求められる。こうした調査により不正行為等が明らかになった場合には、取締役会において代表取締役にその是正を求めたり、代表取締役を解職するなどの措置をとることが求められるとする[(3)]。

ただし、裁判例には、対第三者責任に関してではあるが、取締役の員数が3名とされていた平成17年改正前商法の下で、取締役会が開催されていない会社のいわゆる名目的取締役について、会社の業務に従事したことがなく、報酬も受けていないこと、会社から遠隔地に居住していて、経営内容および代表取締役の業務執行を容易に知ることができなかったこと、代表取締役に対する影響力がないか非常に小さいことを理由に、任務懈怠につき悪意または重過失がないとした例がある。本件では、営業および経理の業務を担当していた従業員兼務取締役について、職責を果たすことができ、その影響力が大きかったにもかかわらず監視を怠ったとして、重過失により取締役としての任務を懈怠したと認定された（東京地判平成3・2・27判タ767号231頁)。また、名目的取締役について、任務懈怠を認定しつつ、代表取締役のワンマン経営で代表取締役に対する影響力が無いか非常に小さいこと、在任期間は数か月であること、報酬を受けていないことなどを理由に、任務懈怠と第三者の損害との間の相当因果関係を否定した例もある（東京地判平成6・7・25判時1509号31頁)。

なお、大会社の場合、取締役はいわゆる内部統制システムを構築し、機能させる義務を負う[(4)]（362条4項6号・5項、施行規則100条。取締役会設置会社

（3） 梅本剛正「取締役の監視義務と対第三者責任」岩原紳作ほか編『会社法判例百選（第3版)』（有斐閣、2016）147頁。

（4） なお、指名委員会等設置会社について、416条1項1号ホ、施行規則112条。

以外の会社について、348条3項4号・4項、施行規則98条）。甲社は大会社ではないことから、取締役に内部統制構築責任はただちには生じない。

設例では代表取締役Aのほか B および C も取締役に選任されている。両者は修理工であり、かつ取締役として選任されている。いわゆる使用人兼務取締役であり、平取締役に相当する(5)。両者には特にAの業務の監視が期待されていたところ、使用人を兼務していることから業務に関する情報を得やすい立場にあったと思われる。甲社は同族的な小規模な会社であると思われ、両者は取締役会外においても業務執行の調査をすることが可能であったとも考えられる。しかし、甲社では取締役会が一回も開かれず、Aが独断で経営を行っており、両者はAに会社の業務を任せきりにしていたようである。

こうしてみると、B および C は A に対して十分な監視を尽くしていなかったと考えられ、両者には任務懈怠が認められよう。また、裁判例によると、取締役の在任期間が数か月であったとか、代表取締役への影響力がないなどの特段の事情がない限り、任務懈怠と甲社の損害との間の相当因果関係も認められるといえるようにも思われる（423条1項）。ただし、設例からはこれらの事情が必ずしも明らかではないことから、解答例は場合分けをしたのであろう。両者の責任を否定する場合には、解答例のように、Aが独断で甲社を経営していることから、取締役会が開催されても、その行為を阻止できたとは限らなかったであろうことを強調し、因果関係を否定することが考えられる。この責任も株主代表訴訟の対象である（847条1項）。

4　設問1③：監査役の監査権限と任務懈怠

監査役の権限は、会社法上、取締役（会計参与設置会社にあっては、取締役および会計参与）の職務の執行を監査し、監査報告を作成することにある（381条1項）。そのため、監査役は、いつでも、会社の取締役および会計参与ならびに支配人その他の使用人、さらには子会社に対して事業の報告を求め、

（5）　使用人兼務取締役は取締役として監視義務を負い、かつ、その監視義務の対象である使用人としての地位も有している。取締役と使用人の兼務について、通説は、会社法が禁止していないこと、平取締役の多くが使用人を兼ねてきたことからこれを肯定するが、決して好ましいものではない。平取締役と同様に監視義務を負う監査役は使用人を兼ねることができないこととされているように（335条2項）、監督者と被監督者が地位を兼ねることは適切ではない。

その業務および財産の状況の調査をすることができる（同条2項・3項）。広範な調査権限が付与されている。

監査役は同時に、取締役会に出席し、必要があると認めるときは、意見を述べなければならない（383条1項本文）。取締役が不正の行為をし、もしくは当該行為をするおそれがあると認めるとき、または法令もしくは定款に違反する事実もしくは著しく不当な事実があると認めるときは、遅滞なく、その旨を取締役（取締役会設置会社にあっては、取締役会）に報告しなければならない（382条）。監査役は、必要があると認めるときは、取締役（取締役会招集権者）に対し、取締役会の招集を請求することができるのである（383条2項）。

こうした監査役の権限は業務監査および会計監査のいずれにも及ぶ。ただし、公開会社でない株式会社（監査役会設置会社および会計監査人設置会社を除く）は、監査役の監査の範囲を会計に関するものに限定する旨を定款で定めることができる（389条1項）。

設例の場合、甲社は大会社ではないが、公開会社か否か、監査役の権限が会計監査に限定されているか否かについては、明示されていない。

監査役Ｅの職務が会計監査に限定され、業務監査権限が与えられていない場合、責任の範囲もこれにより限定されることになるため、代表取締役の任務懈怠が業務執行に係る本問においては、任務懈怠や、任務懈怠と甲社の損害との因果関係を認めづらいように思われる(6)。甲社は大会社ではなく同族的な経営をしている会社であることから、定款の規定により、Ｅの権限を会計監査に限定している可能性が高いように思われる。

そうした限定がない場合、Ｅには業務監査権限と会計監査権限のいずれの権限も付与されていることになる。この場合、監査役の業務監査権限は取締役の監視義務と重複する。学説は一般に、取締役の監視義務は業務執行の妥当性にも及ぶのに対して（妥当性監査）、監査役は取締役の職務執行が法令・定款に適合しているかどうかを監査する適法性監査に限られるとする。もっとも法令

（6）　商法特例法の下での裁判例ではあるが、監査役の監査権限が会計監査に限定されている場合、監査役が代表取締役の任務懈怠行為を監督していなかったとしても、業務監査権限がないとして、その責任を否定したものが多い。河野泰義・判タ852号（1994）198頁、近藤光男・商事1429号（1996）34-35頁、など。近年では、大会社に会計監査限定監査役として就任した者について、業務監査の職責を負わないとした例がある（大阪高判平成29・4・20金判1519号12頁）。

に反していなくとも、相当ではない事項、著しく不当な事項については監査役の監査権限が及ぶとされている(7)。

設例によると、甲社では取締役会が一回も開かれず、Ａが独断で経営を行っていた。監査役Ｅは、取締役会に出席し、必要があると認めるときは、意見を述べなければならないにもかかわらず（383条１項本文）、この間、取締役会の開催を請求していなかったようである。そもそも甲社の業務執行は代表取締役Ａの独断で行われており、Ｅは経営をＡに任せきりにしていたとされることから、業務執行に対する監督を怠っていたといえそうである。業務執行の監査をしていた場合、事業拡張に伴う本件不動産購入契約についても監査をする機会を得られたと思われ、阻止することもできたと思われる。従って、監査役Ｅには任務懈怠と、任務懈怠と会社の損害との間の相当因果関係も認められるように思われる（423条１項）。この点、解答例は、取締役の責任に関する論述と同様、相当因果関係の有無について場合分けをしている。

なお、Ｅは代表取締役Ａの配偶者である。解答例はそうした関係性に一言触れている。甲社は実質的には同族的な個人企業であることから、人的関係による影響力に着目することはありうる。

以上より、Ａにはもちろん、Ｂ・Ｃにもそれぞれ任務懈怠が認められる可能性があり（監査役Ｅはその権限の範囲による）、これらの任務懈怠により会社に3000万円の損害が発生したといえるように思われる。また、株主Ｄは株主代表訴訟の提起が制限される事由がないため（847条１項但書）、これらの役員の任務懈怠と会社の損害との間の相当因果関係を肯定すれば、株主代表訴訟によってそれらの役員の責任を追及することができると考えられる。

なお、甲社が公開会社か否かによって、株主Ｄが訴え提起を請求する際の６か月間の株式保有期間の有無が異なる（847条１項本文・２項）。

5　設問１④：役員の第三者責任の法的性質と「第三者」の意義

設例では株主であるＤが、取締役、監査役であるＡ、Ｂ、Ｃ、Ｅの責任を追及しようとしている。この場合、株主代表訴訟の提起によることのほか、「第

（７）　江頭憲治郎『株式会社法（第７版）』（有斐閣、2017）532頁、伊藤ほか・前掲注（１）194頁。

三者」としてこれら役員の対第三者責任を追及することも考えられる（429条1項）。

対第三者責任規定の法的性質をめぐっては、大別すると、これを法定責任であるとする見解と、不法行為責任の特則であるとする見解の二つの有力な主張が存在している[8]。不法行為責任特則説は、民法709条によると行為または過失によって損害賠償責任が生じるところ、これを悪意または重過失とすることで、役員の軽過失による責任を免除し、その責任を軽減したものと解する。これに対して、通説・判例は法定責任説に立っており（最判昭和44・11・26民集23巻11号2150頁）、対第三者責任規定は、会社に賠償資力がない場合に第三者を保護するため、取締役を始めとする役員の任務懈怠行為と第三者の損害との間に相当因果関係がある限り、政策的に、役員に特別な責任を課したものであるとする。いずれの見解をとるかによって、①不法行為責任（民法709条）との競合の有無、②責任の範囲は直接損害か間接損害か、両方を含むか、③悪意・重過失は会社に対する任務懈怠について必要か、または第三者への加害に対して必要か、④消滅時効の期間などの解釈に違いを生じる。

この点、近年、法定責任説は、実質的に個人企業と異ならない中小会社において、株主が有限責任の利益を濫用的に享受する事態に対して、被害者である債権者を保護するために役員の責任を追及するための理論であって、これを大規模で公開性の株式会社の役員に適用することは妥当ではなく、その場合には不法行為責任特則説が妥当すると主張されている[9]。実際、本責任規定は、中小会社において法人格否認の法理を代替するものとして機能しており、同一の訴訟において対第三者責任の追及と法人格否認の法理がともに主張されてきたと、長らく指摘されている[10]。

いずれにせよ、本問においては法定責任説が妥当する。

それでは、株主Ｄは「第三者」に含まれるであろうか。裁判例には株主が取締役に対し不法行為責任を追及した例ではあるが、株主は以下の理由から代

（8）　詳しくは、伊藤雄司「取締役等の第三者に対する責任の性質」浜田道代＝岩原紳作編『会社法の争点』（有斐閣、2009）166頁、洲崎博史「取締役の第三者に対する責任の法意」岩原紳作ほか編『会社法判例百選（第3版）』（有斐閣、2016）144頁などを参照。

（9）　上村達男『会社法改革――公開株式会社法の構想』（岩波書店、2002）222-224頁。

（10）　岩原紳作編『会社法コンメンタール9　機関(3)』（商事法務、2014）339-340頁〔吉原和志〕。

表訴訟によるべきであり、不法行為責任を追及できないとした例がある。すなわち、①株主代表訴訟の提起によって会社が損害を回復すれば、株主の損害も回復するという関係にあること、②株主代表訴訟のほかに個々の株主が直接取締役に賠償請求できるとすると、取締役は会社と株主に対し、二重に責任を負うことになること、③これを避けるため、取締役が第三者に直接損害賠償した場合に会社に対する責任が免責されると、会社に対する責任の免除には総株主の同意が必要とする会社法の規定（424条）に反すること、④会社債権者に劣後すべき株主が債権者に先んじて会社財産を取得する結果になること、である（東京高判平成17・1・18金判1209号10頁）。学説は、株主の被る間接損害の救済について、株主を「第三者」に含むか否かを論じており、多数説はこの場合、株主は株主代表訴訟による救済が可能であるとして、「第三者」に含めないと論じている[(11)]。

他方、学説は、直接損害の賠償請求がなされている場合には株主を「第三者」に含めている。また、株主の被る間接損害についても、実質個人企業の閉鎖的な会社の場合、少数株主への加害行為の救済を代表訴訟に限ると、加害が繰り返され、十分な救済にならず、株主が第三者として損害賠償請求する余地があるとするものがある[(12)]。たとえば、会社と取締役との間で利益相反取引がなされる場合や、株主総会決議を経ずに募集株式の有利発行がなされ株価が下落した場合が想定される[(13)]。

設例によると、甲社はまさに実質個人企業ともいうべき小規模な会社である。代表取締役Aが専断的に行った本件不動産売買により、会社は損害を被り、資金繰りに窮するに至った。株主Dがこれにより、その株式の評価額が減少するなど、間接損害を被っている場合には、第三者として賠償請求する余地が生じると考えられる（429条1項）。

また、設例によると、代表取締役Aは専断的に、かつ「安易に」本件不動産売買契約を締結し、「Fに言われるまま」3000万円を交付し、甲社の損害に

---

(11)　たとえば、野田博「業績悪化による株式の無価値化と取締役の対株主責任」酒巻俊雄ほか編『会社法重要判例（第3版）』（成文堂、2019）117頁、伊藤ほか・前掲注（1）252-253頁。

(12)　江頭・前掲注（7）513頁・注3。

(13)　伊藤ほか・前掲注（1）254頁。

つながったものであり、このような任務懈怠には重過失が認められるように思われる。他の取締役B・Cについては、会社に対する責任の有無に応じて、解釈が分かれることとなる。すなわち、B・Cの任務懈怠と会社の損害との間の因果関係を否定した場合、両者の対第三者責任も否定されるであろう。本問のような間接損害の事例では、取締役の任務懈怠と会社の損害発生との間の相当因果関係、および、会社の損害発生と第三者の損害発生との間の相当因果関係が必要になるためである。これに対して対会社責任において因果関係を肯定した場合、両者の責任は肯定される。すなわち、両者には監視義務違反が認められるところ、業務執行を代表取締役Aの独断に委ね、その監視を怠り、Aの任務懈怠を看過したものであり、取締役会の開催を要求するなど積極的に任務を尽くせば、本件不動産売買契約にもかかわることができたということができると思われるためである。監査役Eについてもこれと同様に考えられる。

従って、株主DはAに対してはもちろん、B、Cに対しても、第三者として損害賠償することができる可能性があると考えられる（429条1項)。なお、設例からは必ずしも明らかではないが、監査役Eについては上述のように、そもそも任務懈怠が認められない可能性もあるようにも思われる。

6　設問2：株主および監査役による取締役の違法行為差止請求権

設問2はAがFに3000万円を交付する前に、この事実を株主Dと監査役Eが知った場合に、それぞれAに対してどのような請求が可能かを問うものである。事前の請求であることから、取締役の違法行為差止請求の可否が論じられるべきである。

まず、株主は取締役が株式会社の目的の範囲外の行為その他法令もしくは定款に違反する行為をし、またはこれらの行為をするおそれがある場合において、当該行為によって当該株式会社に著しい損害が生ずるおそれがあるときは、当該取締役に対し、当該行為をやめることを請求することができる（360条1項)。監査役設置会社等においては、「著しい損害」ではなく「回復することができない損害」に読替えられる（360条3項)。甲社は監査役設置会社である。

一方、監査役は、取締役が監査役設置会社の目的の範囲外の行為その他法令もしくは定款に違反する行為をし、またはこれらの行為をするおそれがある場合において、当該行為によって当該監査役設置会社に著しい損害が生ずるおそれがあるときは、当該取締役に対し、当該行為をやめることを請求することができる（385条1項）。監査役による権利行使に当たっては、会社に「著しい損害」が生ずるおそれがあるときとされ、「回復することができない損害」よりも、要件が緩和されている。

従来、学説は「回復することができない損害」の例として、取締役によって処分された財産を取り戻すことができず、しかも、その取締役の賠償責任によって損害が償われないような場合等を挙げ、回復が相当程度困難な場合も含むとしてきた。「著しい損害」は損害の質・量において著しい場合で、損害の回復の可能性は問題にならないとしてきた(14)。

また、ここでいう「法令」には善管注意義務違反などの一般的な規定も含むと解されている(15)。

設例では、代表取締役Aは本件不動産売買契約の手付3000万円が持ち逃げされ、その結果、甲社は資金繰りに窮するということであるから、Aの法令に反する行為によって、「著しい損害」も「回復することができない損害」も生じるおそれがあったといえる。

したがって、株主Dも監査役Eも、Aに対して本件不動産売買契約をやめることを請求できると考える。

---

(14)　落合誠一編『会社法コンメンタール8　機関(2)』（商事法務、2009）137頁〔岩原紳作〕。
(15)　伊藤ほか・前掲注（1）250頁、江頭・前掲注（7）503-504頁など。

Ⅷ　対第三者責任

問題（旧司法試験平成19年度第2問）

運送業を営むA株式会社は、小規模で同業を営んでいるB株式会社に自らの業務の一部を委託していた。B社では、これまで自らの商号によってその事業を行ってきたものの仕事を得ることが難しくなってきた。そこでA社はB社の代表取締役Cに対し、「A社副社長」の肩書を付した名刺の使用を許諾し、さらに、B社は、事務所にA社の商号を表示した看板も掲げて事業を行うようになった。

その後、B社は次第に資金繰りが悪化し、事業の継続が事実上困難となってきたが、Cは、上記の名刺を用いて、DからB社の事業に用いている自動車の部品を100万円で購入し、Dは、B社の上記事務所において、相手方をA社と誤認して、当該部品を引き渡した。しかし、その代金は、Dに支払われなかった。

Dは、A社、B社及びCに対し、それぞれどのような責任を追及することができるか。

解答例

第1　B社に対する責任追及①

1　問題の所在

Dは自動車部品の売買契約（以下「本件契約」という）の際、相手方をA社と誤信したが、実際はCにはA社の代表権はなく、B社の代表として法律行為をした②。そこで、Dは、B社に対し、本件契約に基づく責任（売買代金100万円の支払債務の履行）を追及できないか。

2　要件

代理行為の効果は、①法律行為、②顕名、③先立つ代理権付与が認められるとき、本人に帰属する（民法99条）③。

ただし、会社が「事業としてする行為」は商行為とされるところ（会社法5条）、商行為が代理人によってされる場合は、②顕名なく本人に効果が帰属する（商法504条本文）。

3　本件の検討

本件契約は、B社の代表取締役Cによる法律行為である（①③充足）。

本件契約はB社の事業に用いている自動車の部品の売買であり、B社が「事業としてする行為」といえ、商行為にあたる。そのため、CはB社のためにすることを示していないが（②顕名なし）、これを理由に本人への効果帰属は妨げられない。

4　小括

よって、本件契約の効果はB社に帰属し、DはB社に対し、本件契約に基づく責任（売買代金100万円の支払債務の履行）を追及できる。

第2　A社に対する責任追及

1　問題の所在

Dは相手方をA社だと誤認して本件契約をしているが、CはA社の代表取締役ではなく、先立つ代理権付与はない（③不充足）。そのため、DはA社に対し、本件契約に基づく責任（売買代金100万円の支払債務の履行）は追及できない。④

しかし、DはA社に対し、いわゆる名板貸人としての責任（会社法9条）を追及できないか。⑤

2　要件

同条の要件は、①他人が自己の商号を使用して事業又は営業を行うこと、②①の許諾、③許諾した会社が当該事業を行うものと誤信することである（同条）。

3　本件の検討

⑴　要件①

本件契約において、Cは「A社副社長」の肩書を付した名刺を用いた。A社副社長であればA社の代表権を有することが通常である。また、本件契約では、A社の商号を表示した看板を掲げるB社の事務所において、商品の引渡しがされた。当該看板が事務所に掲げられていれば、当該事務所はA社の事務所であることが通常である。⑥また、B社はA社と同一の運送業を営んでおり、本件契約はその事業としてする行為である。

したがって、Cによる本件契約は、A社にとって、①他人（B社）が自己（A社）の商号を使用して自己と同一の事業又は営業を行ったものである（①充足）。

⑵　要件②

本条はいわゆる権利外観法理の規定であるため、虚偽の外観作出につき帰責事由が認められるとき、②許諾の要件を充足する。

本件では、A社は、Cには自己の代表権がないことを認識しながら、「A社副社長」の肩書を付した名刺の使用を許諾した。名刺は営業活動の際に使用されるものである以上、A社は自らの代表権を有するかのような営業活動をCがすることを許諾したといえる。⑦また、B社はその事務所にA社の商号を表示した看板も掲げていたが、A社はB社に自らの業務の一部を委託した関係にあるため、それを是正することもできたのに、あえてこれを放置した。

したがって、A社には、上記(1)の虚偽の外観作出につき帰責事由が認められ、②許諾の要件を充足する。

(3)　要件③

本条の趣旨は権利外観法理であることから、第三者に要保護性が認められるとき（外観が虚偽であることについて悪意・重過失であるといえないとき）、③「誤信」の要件を充足する。⑧

Dは、相手方をA社だと誤認しており悪意はない。

また、A社副社長であればA社の代表権を有することが通常であるため、「A社副社長」の肩書を付した名刺を用いたCをA社の代表取締役だと誤信することはやむを得ない。A社の商号を表示した看板を掲げるB社の事務所において商品の引渡しがされたことからしても、当該誤信はやむを得ない。⑨A社とB社は同業であり、本件契約はその事業としてする行為であることからも猶更そういえる。そのため、CはA社の代表取締役ではないと容易に気付くべきだったとはいえず、外観が虚偽であることについて重過失であるとはいえない。

したがって、③「誤信」の要件も充足する。

4　小括

よって、DはA社に対し、会社法9条に基づく名板貸人としての責任（売買代金100万円の支払債務の履行）を追及できる。

第3　Cに対する責任追及

1　会社法429条1項

(1)　問題の所在

B社の取引相手（会社債権者）として「第三者」にあたるDは、B社代表取締役として「役員等」にあたるCに対し、429条1項に基づく責任を追及できないか。

(2)　要件

同項の要件は、①その職務を行うについて（任務懈怠)、②悪意・重過失、⑩③損害・因果関係である（同項)。

(3)　要件①

債務超過状態にある会社の取締役は、会社債権者に損害を負わせないよう、再建可能性・倒産処理等を検討すべき善管注意義務を負っている（会社法330条・民法644条)。

本件でも、Ｂ社が自らの商号によっては仕事を得ることが難しくなってき⑪後、資金繰りが悪化し、事業の継続が事実上困難になってきた状態で、本件契約に及んだ。まさに債務超過状態にあったといえる以上、Ｃは、会社債権者（本件契約の相手方Ｄ）に損害を負わせないよう、再建可能性・倒産処理等を検討すべきだったのにそれをせず、善管注意義務に違反してＤとの本件契約に及んだ。

したがって、Ｃの任務懈怠は認められる（①充足)。

(4)　要件②

本項の責任は、第三者を保護するための特別の法定責任であることから、⑫②悪意・重過失は任務懈怠についてあれば足りる。

ＣはＢ社代表取締役として会社の一切の裁判上又は裁判外の行為をする権限があり（会社法349条４項)、上記(1)の債務超過状態にあることを含めて会社の事情を広く把握していたのに、あえて善管注意義務に違反して本件契約に及んだ。

したがって、Ｃには任務懈怠につき悪意・重過失が認められる（②充足)。

(5)　要件③

Ｄは、Ｃの任務懈怠によって債務超過状態にあるＢ社と本件契約をしたことにより、売買代金100万円の支払いを受けられず、100万円の損害を被った。

したがって、損害・因果関係は認められる（要件③充足)。

(6)　小括

よって、ＤはＣに対し、会社法429条１項に基づく責任（売買代金100万円相当額の損害賠償責任）を追及できる。

２　会社法354条

⑬ＣはＡ社の取締役ですらないため、会社法354条の類推適用はできず、ＤはＣに対し、Ａ社の表見取締役としての責任を追及することはできない。

以　上

［コメント］

① まず、本問で取引主体として最も認識しうるＢ社から論じる。

② さらに、下線部②に続けて、「つまり、ＣはＢ社のために本件契約をしたといえ、その効果がＢ社に及ぶのではないかと考えられる。」の一文を加えることで、論証として規範（代理の効果）への流れが出る。

③ 代理の成立要件を述べる。ここは、解答例「1　問題の所在」で、Ｃが会社（Ｂ社）の代表として本件契約を行ったことに言及しているので、商事代理の要件に即して整理してもよい。

④ まず原則論として、Ｃの行為はＡ社に効果が帰属しないことを述べる。

⑤ 問題提起が若干唐突であるので、紙幅が許せば、なぜ名板貸人の責任が問題となるのか、問題文の具体的事実を拾って問題提起することが望ましい。「Ａ社は、Ｃに対して『Ａ社副社長』の肩書を付した名刺を使用して事業を行うことを許諾したといえ、名板貸人としての責任（会社法９条）を負うか問題となる。」とすると答案の印象が良くなる。

⑥ 営業主体を混同しかねない外観の存在について、丁寧に論述している。

⑦ Ａ社は、自己の商号を付した名刺の使用を許諾したのみならず、Ａ社の商号を使用した事業を行うこともＣに許諾したことを述べている。

⑧ 誤信が過失による場合にも本条の責任が成立するかについては議論があるので、本条が権利外観法理に基づく制度であることを踏まえ、悪意または重過失がなく営業主体を誤信した場合が、本条での保護の対象となることを述べる（判例・多数説）。

⑨ 主観的要件の充足性の検討では、問題文の事実を踏まえて丁寧な論証をすることに心掛けたい。営業主体の誤信を生ぜしめる外観、誤信した者の属性（商人であるか）などを基に判断する。

⑩ 役員等の第三者に対する責任の要件を漏れなく挙げる。当該責任の法的性質をどう解するかによって、要件の設定が異なるが、判例・通説に従って要件を整理してよい（解説4⑵参照）。

⑪ Ｃが財務状況悪化時における取締役の任務（善管注意義務）を怠っていたと捉えて検討している。

⑫ 解答例のように、法定責任説に言及したうえで、その帰結として、任務懈怠についての悪意・重過失を要件とすることを述べる。

⑬ 会社法354条の可否は、Ｃの責任ではなく、Ａ社の責任に関連する論点であるので、解答例第２で言及してほしい。

解説

1　設問の思考過程

本問は、他社の商号の使用の許諾を受けた株式会社の代表取締役が当該他社の副社長と示した名刺を使用して取引を行い、その相手方である第三者に対して取引上の債務の弁済が困難となった場合、当該株式会社（B社）、当該他社（A社）および当該代表取締役Cは、第三者Dに対して、それぞれいかなる責任を負うか、その法律構成を問うている。

まず、B社の代表取締役Cは、「A社副社長」の肩書を付した名刺を使用してDと売買契約をしている点について、A社から代表権を与えられているわけではないことに留意したい。Cは、B社の事業に用いる自動車部品をDから購入していることから、B社に当該契約の効果を帰属させる意思（代理意思）があったものと考えるのが自然である。よって、B社は、B社の代表取締役Cが行った当該契約の効果帰属先となることから、当該契約から生ずる責任を負うと判断できる。

他方で、A社の責任については、B社による取引がA社の取引であるかのような外観を作出していることから、Dが取引の「相手方をA社と誤認」（営業主体をB社ではなくA社と誤認）しているため、名板貸人の責任（9条）が問題となる。さらに、Cの責任については、B社を代表して行った売買契約の相手方に代金が支払われず損害が生じていることから、取締役の第三者に対する責任（429条1項）の成否を検討することになる。解答の順序としては、B社の契約責任を初めに論じ、今回の主要な論点であるA社の名板貸人の責任を検討し、最後にCの第三者に対する責任について簡潔に論述すればよい。

以下では、A社の名板貸人の責任とCの役員等の対第三者責任の各制度を中心に解説する。なお、本問のベースとなった事例は、浦和地判平成11・8・6判時1696号155頁と考えられ、当該判例で名板貸人の責任とともに成立の可否が問題となった表見代表取締役の制度についても言及しておく。

2　名板貸制度

⑴　制度の意義と趣旨

商人または会社が自己の商号を用いて営業または事業をなすことを他人に許諾することを名板貸しという。名板貸しが行われると、取引の相手方はその取引の外観と実態との相違から営業主体を誤認混同するおそれがある。そこで、会社法9条および商法14条は、自己の商号を他人に使用許諾した名板貸人（商人または会社）は、許諾を受けた借用者（名板借人）が商号を用いて第三者と行った取引から生じた債務（たとえば、売買契約上の代金支払債務など）について名板借人と連帯して弁済責任を負うものとし、いわゆる名板貸人の責任を定める。名板貸しの場面では、実際の営業主体は名板借人であるにもかかわらず、取引の外観上は名板貸人が営業主体として示されることから、本条の趣旨は、営業主体を名板借人ではなく名板貸人であると誤信して取引に入った第三者を保護することにあり、外観信頼者を保護する権利外観法理ないし英米法上の禁反言の法理に基づく制度である。

⑵　責任の成立要件

名板貸人の責任の成立要件は、①名板貸人が自己の商号を使用して営業（事業）をなすことを名板借人に許諾すること（外観作出の帰責性）、②その許諾により、名板貸人の営業が名板貸人の営業であるかのような外観が存在すること（外観の存在）、③相手方において、名板貸人が営業主体であると誤認して取引をしたこと（外観への信頼）、に整理できる。以下、要件ごとに検討していこう。

(A)　名板貸人が自己の商号を使用して営業をなすことを名板借人に許諾したこと

第1の要件は、個人商人または会社が名板貸人として自己の商号を使用して営業または事業を行うことを他人に許諾することである[1]。商号の使用許諾とは、必ずしも明示的である必要はなく、黙示の許諾でもあってもよい。黙示の許諾

（1）　名板貸人が個人商人・会社以外である場合には本条の適用はなく、民法の表見代理の規定の（類推）適用によるしかない（奥島孝康ほか編『新基本法コンメンタール　会社法1（第2版）』（日本評論社、2016）58頁〔山下友信〕）。

とは、単なる黙認など他人が商号を使用しているのを放置したというだけでは足りず、営業主の誤認混同を招くおそれのある状況を作出したことに一定の関与が認められ、一般公衆が誤認し易い状況を放置したことが社会通念上妥当ではない場合をいう[(2)]。本問では、A社は、B社に商号の使用を明示的に許諾していたわけではないが、B社の代表取締役Cに「A社副社長」の肩書を付した名刺の使用を許諾していた。また、たとえA社がB社事務所にA社の商号を付した看板を掲げることについて承諾していなかったとしてもB社に業務の一部を委託していたことからすれば、A社は当該看板を目にしていたはずであるから、A社は営業主体を誤認させる外観の作出に関与し、第三者の誤認可能性につき放置していたといえる。よって、A社による黙示の許諾があったと認められる。

(B)　名板借人の営業が名板貸人の営業であるかのような外観が存在すること

次に、名板貸人による使用許諾によって名板借人が「営業または事業を行うこと」についてなされることを要する。この点、名板借人が名板貸人と同種の営業を行うことも求められるかに関しては議論がある。判例は、特段の事情のない限り、名板借人は名板貸人と同一又は類似の事業又は営業を行うことが必要であるとし、異種の営業を行なう場合は、特段の事情のない限り名板貸責任は認められないする（最判昭和43・6・13民集22巻6号1171頁[(3)]）。一方、学説は、名板借人が名板貸人と異種の営業を行なったとしても、第三者が営業主体を誤認することはあり得るとして、営業の同種性を求めない立場が多い[(4)]。本問は、名板借人であるB社が、運送業を営むA社の業務の一部を委託されていたケースであるので、名板借人が名板貸人と同種の営業を営んでおり、判例

（2）　酒巻俊雄＝龍田節編集代表『逐条解説会社法⑴　総則・設立』（中央経済社、2008）132頁〔大塚龍児〕。黙示の許諾の例として、会社の事務所の一部を使用して営業することを許諾した者が、会社の商号を付した名刺等を用いて取引しているのを知りながら放置していた場合（最判昭和30・9・9民集9巻10号1247号）、営業を廃止した際に一切の業務を任せていた従業員に営業用建物等を貸与して営業することを許諾した者が、看板や自己名義の預金口座を使用して営業がされていることを知りながら放置していた場合（最判昭和42・2・9判時483号60頁）がある。

（3）　判例は、名板借人が使用許諾された営業自体は行なわず、手形行為においてのみ商号を使用した場合、本条の類推適用を認めるが（最判昭和55・7・15判時982号144頁）、名板貸が営業を許諾されておらず単に手形行為にのみ商号使用許諾された場合には、本条の適用ないし類推適用を否定する（最判昭和42・6・6判時487号56頁）。

および学説のいずれの立場からしても本要件を満たすことになる。

(C)　第三者による営業主体の誤認

第3の要件として、取引の相手方である第三者において、名板貸人を営業主体であると誤認して名板借人と取引を行ったことが求められる。すなわち、第三者が本条による保護を受けるためには、営業主体の誤認という主観的要件が必要である。もっとも、会社法9条および商法14条の「誤認」が、どのような主観的要件を意味するかは問題であるが、第三者において名板借人が営業主体であることを知っていた場合には、本条の適用はないことになる。この場合は、第三者において取引の相手方につき営業主体の誤認がない以上、本条の取引の安全を図る制度趣旨に照らせば当然である。他方、第三者に名板貸人が営業主体であると誤信したことに過失がある場合に関しては議論がある。判例・通説によれば、重過失は悪意と同視しうるとしたうえで、誤認取引した者に重過失があるときは、名板貸人は責任を負わないする(5)。悪意・重過失の存在は、名板貸責任を免れようとする名板貸人が立証責任を負うべきである(6)。

設例では、B社の事務所の看板にA社との表示があり、Dは、自動車部品の売買契約時にCから「A社副社長」の名刺を示されていたことから、本件売買契約の主体をA社であると誤認したことにつき重過失があったとはいえない。また、上記(B)で述べた名板貸人と名板借人の営業の同種性を求めない学説の立場によれば、B社がA社と同一の運送業を営んでいたことに鑑みても、Dにおいて営業主をA社であると誤認したことはやむを得ないことであり、Dに落ち度はなく、本条による保護に値するのである。

---

(4)　大隅健一郎『商法総則〔新版〕』(有斐閣、1978) 207頁、関俊彦『商法総論総則(第2版)』(有斐閣、2006) 160頁、近藤光男『商法総則・商行為法(第5版補訂版)』(有斐閣、2008) 62頁。それによれば、現代の企業社会では事業・営業の種類の区分は不明確であるうえ、複数の事業・営業を営む企業も増えているからであるとされ、事業・営業の同種性については外観の存在を判断する一要素として捉え、第三者における誤認の有無を判断する際に考慮すればよいとする。

(5)　最判昭和41・1・27民集20巻1号111頁、大隅・前掲注(4) 209頁。学説の中には、民法109条と解釈をそろえ、誤信したことが無過失による場合は、名板貸責任は生じないとする見解もある(米沢明『名板貸責任の法理』(有斐閣、1982) 128頁)。

(6)　すなわち、名板貸人の側で、相手方に誤認がなく、それが悪意または重過失によるものであることを証明しなければならない(最判昭和43・6・13民集22巻6号1171頁)。

(3) 効果

上記の要件が満たされる場合、名板貸人は、取引主体である名板借人の負う取引上の債務につき、名板借人と連帯して債務の弁済責任を負う。名板貸人および名板借人の連帯責任は、それぞれ別の原因により債務を負担することから不真正連帯債務にあたり、相手方はどちらか一方を選択して請求することも、又は同時にもしくは順次に双方に請求することもできる（民法 436 条）。したがって、本問のＤは、Ａ社に対して、名板貸人の責任を追及し未払代金相当額の 100 万円の弁済を求めることができる。

3　表見代表取締役

名板貸制度と同様に、取引の安全を保護する制度として表見代表取締役制度がある。表見代表取締役とは、会社に会社を代表する権限を有すると認められる名称を付された代表取締役以外の取締役をいい、会社法は、表見代表取締役の行為について、会社は善意の第三者に対して責任を負う旨を定めている（354 条）。本条の趣旨は、株式会社が、代表権を持たない取締役に対して、代表権を有するものと誤認させるような名称を付した場合、当該取締役の行為について、会社に表見責任を負わせることにより、外観を信頼した者を保護しようとすることにある。

本問では、Ａ社は、代表権を有しないＣに対して「副社長」というＡ社を代表する権限を有するものと認め得る肩書を付した名刺を用いて取引をしているから、Ｃは表見代表取締役にあたるようにも思える。しかし、ＣはＡ社の取締役でも従業員でもない外部の者であるから、そのような場合にも会社法 354 条の類推適用が及ぶのかは問題となる。今回の問題文に類似する前掲浦和地判平成 11・8・6 では、会社の外部の者は、「取締役あるいは従業員の場合と異なり、そもそも会社の業務に従事しているわけではなく、会社から指揮監督を受ける立場にはないのが通常である」から、会社と外部者の間に雇用関係に準じた関係が認められる場合でなければ、そのような者の行為についてまで、会社法 354 条を類推適用して会社の表見責任を認めることはできないとする(7)。したがって本問においても、会社法 354 条を類推適用してＡ社に責任を認めることは否定すべきである。なお本問では、Ａ社には名板貸人の責任が成立するため、表見代表取締役については言及しなくともよい。

4　役員等の第三者に対する責任

⑴　責任の意義

株式会社の役員等は、会社の取引先といった第三者との間に直接の法律関係はなく、第三者に対して一般不法行為責任（民法709条）を負うことがあってもそれ以外で損害賠償責任を負うことはないはずである。ところが、会社法は、役員等は、その職務を行うにつき、悪意又は重過失があったときは、これによって第三者に生じた損害を賠償する責任を連帯して負うと定める（429条1項、430条）。

役員等の第三者に対する損害賠償責任を定める本条に関しては、従来その法的性質やその適用要件をめぐって議論がなされてきた。判例・通説によれば、会社の経済社会における重要な地位および取締役の職務の重要性を考慮し、第三者を保護するため政策的に特別の法定責任を定めた規定であると理解されている（法定責任説。最大判昭和44・11・26民集23巻11号2150頁）[(8)]。この立場は、わが国の株式会社は賠償資力の乏しい中小企業が圧倒的な数を占めていることから、会社に賠償責任を果たしてもらえない会社債権者が本条によって役員等の個人財産を追及することができ、第三者たる会社債権者を保護することに本条の意義があると解するものである。これに対して、本条は取締役等の責任軽減のために設けられた不法行為責任の特則であるとする説も主張されている（不法行為責任説）[(9)]。それによれば、不法行為責任を定める民法709条が故意又は過失を要件とするところ、本条では軽過失を免責していることから、複雑かつ専門的な職務を迅速に処理することが要求される取締役に配慮した規定として捉える立場である。

（7）　他方、判例・通説は、会社がその使用人に代表取締役と誤認するような名称を付した場合については、表見代表取締役制度の趣旨に照らし、会社法354条の類推適用を認める（最判昭和35・10・14民集14巻12号2499頁、最判昭和40・4・9民集19巻3号632頁）。会社法354条が行為者を取締役と定めるのは、社長など代表権を有すると認められる肩書を付される者は通常取締役であることが一般であるからにすぎない。

（8）　したがって、本条の責任が特別の法定責任を定めたものと解することから、本条は民法の一般不法行為とは性質および要件を異にするとして不法行為責任との請求権競合を認める。

（9）　松田二郎『会社法概論』（岩波書店、1968）227頁。

⑵　責任要件

法定責任説からの帰結として、本条の要件を整理すると、①役員等がその任務を懈怠したこと（任務懈怠）、②①につき悪意又は重過失があること、③それにより第三者に損害が発生したこと、と整理することができる。

法定責任説は、本条が第三者保護の見地から特別に定められた責任規定であると解する立場であるから、上記②については、役員等の悪意又は重過失は会社に対する任務懈怠について要すると解することに留意したい。すなわち、第三者が、役員等に対して、本条の責任を追及するためには、自己に対する加害につき悪意または重過失があったことを立証するまでもなく、役員等の任務懈怠につき悪意または重過失があったことを立証すれば足りることになる[(10)]。また、上記③に関しては、損害の範囲を広く捉え、直接損害（役員等の悪意または重過失のある任務懈怠によって会社に損害が生じていないが第三者に損害が直接生じる場合）および間接損害（役員等の悪意または重過失のある任務懈怠によりいったん会社に損害が発生し、その結果第三者に損害が生じる場合）の両損害を含むと解する。このように、法定責任説では、本条の理解として第三者保護の理念に資するよう、弾力的な解釈が展開される[(11)]。

以上の法定責任説を前提とした本条の要件に照らして、Ｃの責任について検討してみよう。Ｃは、Ｂ社の代表権を有する代表取締役として、Ｄとの間で自動車部品100万円分を購入する契約をしたが、Ｂ社の資金繰りが悪化して事業の継続が事実上困難となっていたため、Ｄへのその代金の支払いができなかった。すなわち、取締役の行為が直接第三者に損害を与えているケースであるから、直接損害の典型的な場面である。ここで留意すべきは、本問のような典型的な直損損害の場合、明確な法令違反があればともかく、取締役が支払や返済の見込みのない取引を行ったことをもって、会社に対する任務懈怠を構成するとは即座には言えないということである[(12)]。学説では、債務超過またはそれに近

---

(10)　他方、不法行為責任説は、一般の不法行為に従い悪意または重過失は第三者に対する加害行為について必要であるとする。

(11)　法定責任説は、損害賠償責任の原因である不法行為と債務不履行とは別個の第三の責任原因と解するからこそ、その責任要件を政策論にしたがって柔軟に構築することができる（倉澤康一郎ほか編『判例講義会社法（第２版）』（悠々社、2013）154頁〔宮島司〕）。

い状態の会社の取締役には、会社債権者の損害拡大を防止するため、再建可能性・倒産処理等を検討すべき善管注意義務が課せられていると考え、その義務違反として任務懈怠を見出せると主張する見解が有力に主張されている[(13)]。この見解に立てば、Cが、B社の弁済資力を顧みずに本件契約を締結したことは、財務状況が悪化している中で取締役として通常求められる注意義務を尽くしたとはいえず、よって、CはB社に対する任務懈怠（要件①）があったと説明することができる。

また、任務懈怠において悪意または重過失があったかどうか（要件②）については、B社の窮状の下でCは支払の見込みのないことを容易に認識していたといえるし、Dとの取引を円滑に進めるためにA社の取引であるかのように取引主体を装っていたとも考えられるから、任務懈怠につき悪意又は重過失があったことも認められる。

さらに、Cの悪意または重過失による任務懈怠により、Dは100万円の代金支払いを受けられなかったのであるから、第三者への損害が発生している（要件③充足）。よって、Dは429条1項に基づき、Cに対して、本件売買契約上の未払代金相当額の100万円につき損害賠償を求めることができる。

---

(12)　直接損害事例にみられる取締役の第三者に対する加害行為が、会社に対する任務懈怠にあたるとするロジックについては、これを無理なく説明することが難しく、判例・学説上議論がある（岩原紳作ほか編『会社法判例百選（第3版）』（有斐閣、2016）145頁〔洲崎博史〕、飯田秀総ほか『会社法判例の読み方』（有斐閣、2017）279、280頁〔飯田秀総〕）。判例の多くは、取締役が支払いや返済の見込みがないことを知りながら、かかる取引したことをもって「悪意または重過失のある任務懈怠」を認定するにとどまる（江頭憲治郎＝中村直人編著『論点体系会社法(3)　株式会社Ⅲ』（第一法規、2012）440頁〔江頭憲治郎〕）。

(13)　岩原紳作編『会社法コンメンタール9　機関(3)』（商事法務、2014）364頁〔吉原和志〕、江頭憲治郎『株式会社法（第7版）』（有斐閣、2017）514頁。

第6章

監査

I　監査役、監査役会、指名委員会等設置会社、監査等委員会設置会社

問題（オリジナル）

P社は、資本金10億円の株式会社であり、商品企画・デザインから製造・品質管理・販売までの雑貨事業を営んでいた。また、P社は、創業者Aが代表取締役、Aの長男Bが専務取締役、Aの次男Cが常務取締役、そしてAの妻Dが会計担当の取締役、ならびに、常勤監査役E、Fによる、いわゆる同族企業であった。

なお、P社は完全親会社として、Aの親族が経営している完全子会社であるQ社、R社につき、毎月開催される定例取締役会にて報告・検討するなどしてグループ全体の経営管理も行っていた。

P社は、業績好調に伴い、事業資金の調達・事業規模の拡大・優秀な人材の獲得などを企図し、来年度、東京証券取引所JASDAQ市場に上場することを予定している。上場するにあたって、会社の機関設計を現行の監査役設置会社から、指名委員会等設置会社あるいは監査等委員会設置会社に移行することも併せて検討していた。また、かかる機関設計変更の可能性から、P社は、G・H・I（社外監査役として弁護士や弁護士資格を有する大学教員ら）を選任した。

P社は機関設計の変更は行わなかったものの、当初の予定通りJASDAQ市場に上場した。その後、R社による過剰な設備投資が発覚し、グループ全体の業績低迷およびP社株価の暴落が発生した。

〔設問1〕

株式上場後の株主Xが、本件各監査役の責任を追及するために会社法に基づき採ることができる手段について、論じなさい。

〔設問2〕

P社が上場後、指名委員会等設置会社に移行した場合、および監査等委員会設置会社に移行した場合、をそれぞれ比較しながら、〔設問1〕と同様に、Xが会社法に基づき採ることができる手段について、論じなさい。なお、P社の各監査役は、指名委員会等設置会社に移行した場合には監査委員に、監査等委員会設置

会社に移行した場合には監査等委員に、それぞれ移行しているものとする。

解答例

第1　設問1（以下、会社法は法令名省略）

1　Xは、各監査役に対して、847条1項及び423条1項に基づき、P社株価の暴落という間接損害の賠償を求めるとともに、429条1項に基づき、同損害の賠償を求めることができる。①

2　株主代表訴訟による構成について

(1)　P社は、株式をJASDAQ市場に公開し、かつ資本金10億円の株式会社の「大会社」（2条6号）であるから、委員会等を設置していない本件では、監査役会の設置が強制される（328条1項）。ただ、各監査役の独任制は維持されており、監査役会の議事録に異議を留めずに賛成したものと推定されたとしても（393条4項）、それによって当然に各監査役の任務懈怠は推定されない（423条3項対照）。以下、任務懈怠が認められるか検討する。

(2)　EないしIは、P社の監査役であり、「役員等」に含まれるので、株主Xは、423条1項及び847条1項に基づき、同人らに対して、損害賠償を求める。②

(3)　各監査役は、取締役の職務執行が法令又は定款に適合しているかどうかを監査する義務を負い（381条1項）、そのために、次の調査権限を有している。③

すなわち、各監査役は、取締役らに対し、事業の報告を求めて、会社の業務及び財産の状況を調査でき（同条2項）、かつ、会社の子会社に対しても事業の報告を求めて、子会社の業務及び財産の状況を調査できる（同条3項）。④

本件は、R社というP社の子会社で、かつ、P社の代表取締役Aの親族が経営している会社によって、過剰な設備投資が発覚している。Aの親族が経営していることから、各監査役は、R社の資産が適正に使用されているかを調査するべきだった。⑤P社グループ全体の業績が低迷するほどに設備投資が過剰となっていることからすれば、会計上も、使い込みを示唆する数字も報告されていた筈である。⑥そうだとすれば、設備投資が適正になされているかにつき、⑦各監査役が適正に調査権限を行使していれば、⑧

容易に使い込みを発見することができたといえる。

(4) それにもかかわらず、EないしIは、漫然と調査権限を行使せず、監査役会にも異議を述べなかったことは、重大な過失があり、任務懈怠が認められる。

(5) この任務懈怠がなければ、P社に業績低迷及び株価暴落の損害の発生を阻止できたことから、損害と任務懈怠との間には因果関係が認められる。

(6) よって、EないしIは、P社に対し423条1項の責任を負い、430条に基づき、連帯責任を負う。

(7) そして、847条1項の要件を満たす請求がなされれば、同条及び423条に基づき、損害賠償を求めることができる。⑨

3　第三者に対する責任の構成について⑩

(1) 間接損害については、上記2のとおり、損害賠償請求ができるとして、「第三者」に株主が含まれないとする見解もあるが、以下の理由から、本件においてXは、「第三者」に含まれるというべきである。

(2) 株主の間接損害を429条で求める必要性がないとする根拠は、いずれは株主代表訴訟で損害を救済できるからというものであるところ、P社は、確かに公開会社であるものの、同社の役員が代表取締役Aの親族で固められた同族企業であるため、Aらが大多数の株式を保有している状況下では、上記根拠が妥当しない。

(3) よって、本件では、少数株主であると思われるXを保護する見地から、株主Xは、「第三者」に該当するというべきである。

(4) そして、上記のとおり、EないしIの調査権限の不行使という任務懈怠があり、それに起因する損害が生じている。

(5) 以上から、Xは、429条に基づき、損害賠償を求めることができる。⑪

第2　設問2

1　設問1との対比等

指名委員会等設置会社の監査委員及び監査等委員会設置会社の監査等委員は、いずれも、P社の取締役である。この点で、設問1と異なり、EないしIは、内部統制部門を通じて取締役及び執行役の職務執行の監査を行い、適法性監査に加えて妥当性監査も行う。

指名委員会等設置会社は、監査委員会のほかに、報酬委員会及び指名委員会が設置されており、取締役及び執行役に対する権限が三委員会に分属する。これにより、取締役で構成されるとはいえ、監査委員会は、取締役及び執行役から独立性が担保される。これに対し、監査等委員会設置会社は、監査等委員に監査委員会の権限だけでなく、非監査委員の取締役の選任及び報酬につき、株主総会における意見陳述権を付与している。

2 結論として、P社が指名委員会等設置会社の場合及び監査等委員会設置会社の場合のいずれも、株主Xは、EないしIに対し、847条1項及び423条1項に基づき、P社株価の暴落という間接損害の賠償を求めるとともに、429条1項に基づき、同損害の賠償を求めることができる。⑫

3 EないしIは、取締役であるから、「役員等」である。⑬

4 EないしIの任務懈怠について、以下、検討する。

(1) P社が指名委員会等設置会社の場合

指名委員会等設置会社における監査委員会は、内部統制部門を通じて取締役及び執行役の職務執行の監査を行う。つまり、監査委員は、内部統制システムが適切に構成及び運営されているかを確認するため、執行役及び取締役並びに子会社に対して、事業の報告を求め、又は業務の財産状況の調査をすることができる（405条1項及び2項）。

そして、監査委員は、法令もしくは定款に違反する事実又は著しく不当な事実があると認めるときは、遅滞なく、取締役会に報告する義務を負う（406条）。

設問1のとおり、子会社であるR社において設備投資が適正になされているかにつき、各監査委員が調査権限を行使していれば、容易に使い込みを発見することができたところ、これを発見できず、取締役会に報告ができなかったといえる。すなわち、漫然と調査権限を行使しなかったEないしIは、重大な過失がある。⑭

(2) P社が監査等委員会設置会社の場合

監査等委員会設置会社における監査等委員会も、内部統制部門を通じて取締役及び執行役の職務執行の監査を行うため、監査等委員は、内部統制システムが適切に構成及び運営されているかを確認する義務を負う。具体的には、監査等委員は、取締役及び子会社に対し、事業の報告を求め、業務及び財産の状況を調査することができ（399条の3第1項及び第2項）、法令もしくは定款に違反し、又は著しく不当な事項があると認めるときは、その旨を株主総会に報告する義務を負う（399条の4）。

上記同様、R社において設備投資が適正になされているかにつき、各監査等委員が調査権限を行使していれば、容易に使い込みを発見できたはずであるのに、発見できず、株主総会に報告できなかったといえ、EないしIは、重大な過失がある。⑮

5　EないしIの任務懈怠がなければ、株価暴落の前に使い込みの事実を把握することができ、損害拡大を阻止することも可能であった。そのため、任務懈怠と損害との因果関係も認められる。

6　以上から、EないしIは、監査委員の場合及び監査等委員の場合のいずれも423条1項及び430条の連帯責任を負い、847条1項に基づき、Xは、責任追及を求めることができる。

7　なお、429条に基づく責任についても、設問1と同様に成立するので、Xは、同責任の追及を求めることができる。

以　上

［コメント］

① 冒頭に結論を示しており、採点者の読みやすさを考慮する工夫は評価できる。

② 株主による責任追及等の訴えにつき会社法847条、役員等の株式会社に対する損害賠償責任につき会社法423条の内容それぞれをすべて記述する必要はないが、訴訟要件充足性の検討にあたり、必要な内容をまとめて示す必要がある。

③ ②と関連するが、会社法423条の責任の有無を検討するにあたり、監査役の会社に対する義務（善管注意義務：会社法330条、民法644条）について述べる必要がある。

④ 本文中、「EないしI」と「各監査役」と記述されている個所がある。同じ内容であるならば統一した方がよい。

⑤ コメント④と同じ。

⑥ 経営判断としてなされた設備投資が結果的に過剰であったという状況も想定されうるため、会計上の数字に表れるほどの会社資産の「使い込み」であったと断定的に記述するよりも、適宜場合分けなどをして整理・記述したほうがよい。

⑦ 監査役（会）設置会社における監査役が、職務として行う監査の範囲として、適法性監査に限られるのか、妥当性監査にまで及ぶのかについては、学説上の対立がある。本問では学説上の見解の対立を理解したうえで、取締役の経営判断とかかる経営判断に対する監査役監査の在り方につき自己の評価を明らかにする必要がある。具体的には、設備投資という高度な経営判断を要する内容につき、それが会社にとって過剰であるかないかという判断についてまで監査役に課すべきかどうかがポイントとなる。

⑧ コメント④と同じ。

⑨ コメント②と同じ。

⑩　監査役の第三者に対する損害賠償責任につき、会社法429条の内容すべてを記述する必要はないが、訴訟要件充足性の検討にあたり、必要な内容をまとめて示す必要がある。

⑪　EないしIに対して、損害賠償を求めることができる。誰に対して損害賠償を求めることができるのかをきちんと書く。

⑫　コメント①と同じ。

⑬　「役員等」(423条1項)

⑭　コメント⑥・⑦参照。

⑮　コメント⑥・⑦参照。

解説

1　はじめに：本問の出題意図

設問1は、会社法上の監査役の権限・責任の内容および監査役に対する責任追及方法を問うものである。また、設問2は、指名委員会等設置会社における監査委員、そして監査等委員会設置会社における監査等委員、それぞれの権限・責任の内容およびそれらの者に対する責任追及方法について問うものである(下表参照)。

株式会社が採りうる機関設計の全体的な理解と、上記各機関の監査権限に関する論点につき、問題文に即した具体的あてはめが求められる。

	監査役会設置会社における監査役	指名委員会等設置会社における監査委員	監査等委員会設置会社における監査等委員
員数	3名以上の監査役(半数以上は社外監査役)	3名以上の取締役(過半数は社外取締役)	3名以上の取締役(過半数は社外取締役)
常勤者の設置	○(390条3項)	×	×
適法性監査権限	○	○	○
妥当性監査権限	×	○	○
子会社監査権限	○(381条3項)	○(405条2項)	○(399条の3第2項)

2　株式会社が採りうる機関設計について

会社法は、株式会社が採りうる機関設計につき、大きく3つのパターンを用意している（なお、各機関の組み合わせ次第で、合計47通りの選択肢が存在する）。すなわち、①監査役（会）設置会社（2条9号、10号）、②指名委員会等設置会社（2条12号）、③監査等委員会設置会社（2条11号の2）、である。

①は、業務執行機関である取締役と、取締役を監査する監査役が存在する。①は、わが国株式会社が数のうえでは一番多く採用している機関設計である。②は、平成14年商法改正で導入されたアメリカ型のガバナンス構造を有する会社であり、取締役会に社外取締役を中心に構成される三（指名・報酬・監査）委員会を設け、これらの委員会に会社経営の適法性、効率性の根幹にかかわる意思決定を行わせるものである。③は、平成26年会社法改正で導入されたもので、取締役会に、社外取締役を中心に構成される監査等委員会を設け、この委員会に、会社経営の適正性、効率性の中心である監査に関する意思決定をさせるものである。

公開会社（2条5号：定款上、発行する全部または一部の株式について定款に譲渡制限を設けていない株式会社）で大会社（2条6号：最終事業年度の貸借対照表上の資本金の額が5億円以上または負債総額が200億円以上の株式会社）の場合、監査役会設置会社・指名委員会等設置会社・監査等委員会設置会社のいずれかを選択しなければならない（327条1項、328条1項）。

本問で問題となっているP社は、資本金10億円の大会社であり、また、将来的に上場（公開会社化）を検討しており、上記3つの機関構造の選択を迫られることとなる[1]。以下では、本問で問題となっている、監査役（会）設置会社における監査役・指名委員会等設置会社における監査委員・監査等委員会設置会社における監査等委員、それぞれの権限および責任を中心に検討していく。

（1）　JASDAQ市場の上場審査基準につき、日本証券取引所グループホームページ内http://www.jpx.co.jp/equities/listing/criteria/listing/02.html を参照。

3　監査役・監査委員・監査等委員の権限および責任

(1)　監査役（会）の権限および責任

監査役は、取締役の職務執行、とりわけ株式会社の運営、計算書類の作成が適法、適正になされているか否かを監査する独任制の（業務監査、会計監査）機関をいう（381条。ただし、389条）。一定の場合、株式会社は監査役を置くことが義務付けられており、そこでは監査役は3人以上、そのうち半数以上は社外監査役でなければならず（335条3項）、さらに1人以上は常勤監査役でなければならない（390条3項）。大会社である公開会社においては、監査等委員会設置会社および指名委員会等設置会社を除き、監査役会の設置が義務付けられている（328条1項）。

監査役による取締役に対する監査は、会計に関する職務の監査（会計監査）と会計以外の職務の監査（業務監査）とに大別することができる。そのうち、業務監査の範囲については、取締役の職務の執行の適法性を監査する適法性監査に限られるのか、それとも取締役の職務の執行の妥当性にまで及ぶのか、見解が対立している。適法性監査に限られるとする見解は、経営責任を負っているのは株主から経営につき負託を受けた取締役であること、取締役の職務の執行が妥当であるかを監査するための機関として取締役会が存在すること、監査役が取締役の職務の執行の妥当性をも監査すると取締役会による合理的かつ効率的な決定を阻害してしまうこと、などをその理由とする。一方、妥当性監査にまで及ぶとする見解は、会社法の規定（381条2項、383条1項）には特に監査の範囲を違法性に関するものに限る旨の文言がないこと、具体的ケースにおいては違法性と妥当性との限界が極めて微妙であること、などをその理由とする。

取締役の業務執行につき監査役が監査の範囲として自ら代替案を提示し、取締役を誘導する積極的妥当性監査は、経営責任を負わない監査役の行為として適切とはいえない。ただ、株主総会に対する監査役の報告義務（384条）のように、監査役の義務として取締役の行為の正当性・不当性に及ぶものがあることや、取締役による違法行為の未然防止という観点からすると、取締役会で監査役が消極的妥当性に関する発言をすること自体、義務とはいえないが、誤りではないと解される。すなわち、取締役の業務執行の不当性が一定限度を超えると善管注意義務違反として違法になるから監査役は不当な点がないか否かを監査の出発点にせざるを得ない[(2)]。そのため、こうした適法性か妥当性かという区分け自体にあまり実質的な意味はないと考えられる。

本問で問題となっている社外監査役（2条16号）も、会社の監査役として監査を行うとともに、他の取締役と同様に、任務懈怠等による損害につき賠償責任を負うことになる（423条1項）。ただ、社外監査役に他の監査役と同様の責任を負わせることになれば、社外監査役の成り手を確保できない可能性がある。そこで、株主総会決議または定款による事前の定めに基づく取締役会決議により、監査役の損害賠償責任の最低責任限度額を年報酬額2年分とし（425条1項1号ハ）、さらに会社との間で、事前に、損害賠償責任を一定の範囲に限定する趣旨の契約（いわゆる責任限定契約）を締結することができるとしている（427条1項）。なお、かかる取扱いは、社外取締役（2条15号）も同様である。

⑵　監査委員の権限および責任

指名委員会等設置会社は、いわゆるモニタリング・モデルを指向する機関設計である。すなわち、取締役は、法令に別段の定めがある場合を除き、会社の業務執行はできず（415条）、業務執行は執行役が担っている。また、指名委員会等設置会社には取締役会の中に3つの（指名・報酬・監査）委員会が置かれ、この委員会は3人以上の委員（取締役の中から取締役会決議によって選定する）から構成され（400条1項2項）、過半数は社外取締役であることが要求される（400条3項）。取締役である監査委員は、独任制の監査役と異なり、取締役会が設ける内部統制部門を通じて業務執行者の職務執行の監督を行う（416条1項2号）。各監査委員によって構成される監査委員会の職務は、取締役や執行役等の職務の執行の監査および監査報告の作成、株主総会に提出する会計監査人の選任・解任、ならびに会計監査人を再任しないことに関する議案の内容を決定することである（404条2項）。実際には、内部統制部門が適切に構成・運営されているかを監視し、必要に応じて内部統制部門に対して具体

（2）　江頭憲治郎『株式会社法（第7版）』532頁（有斐閣、2017）。

的指示をなすことが監査委員会の任務となる[(3)]。

こうした職務は、監査役や監査役会の職務と重複する部分も多いが、監査委員会の構成員である監査委員は取締役であるため、監査役と異なり、取締役会において議決権を有することを前提に、執行役等の業務監査に関しては適法性のみならず妥当性の監査も行えるものとされる。まず、適法性監査に関しては、執行役・取締役に対する違法行為差止請求権（407条）、会社と執行役または取締役との間の訴えにおける会社の代表権限（408条）を有することを理由とする[(4)]。次に、妥当性監査に関しては、監査委員が取締役会の構成員であること、監査委員会は取締役会の内部機関としての性質を有すること、社外取締役である監査委員が必要情報を十分に得るためには監査委員会の役割および監査委員会との連携が不可欠であること、などを理由とする[(5)]。

⑶　監査等委員の権限および責任

監査等委員会設置会社は、株式会社のうち、定款の定めにより、監査等委員会を置くものであり（2条11号の2）、監査役会設置会社と指名委員会等設置会社の中間的な機関構造を有している。具体的には、監査等委員会設置会社は取締役会を設置しなければならず（327条1項3号）、取締役会における取締役は、株主総会決議により、監査等委員である取締役と、監査等委員でない取締役とを区別して選任しなければならない（329条2項）。また、監査等委員は3人以上で、過半数は社外取締役でなければならず（331条6項）、社外取締役以外の監査等委員にはその会社の業務執行取締役などとの兼任が禁止されている（同条3項）。つまり、監査等委員会設置会社は、監査役会設置会社における監査役を取締役であるとして、取締役会における議決権と経営に対するチェック権限を付与する仕組みとも言い換えることができよう。

監査等委員会設置会社の業務執行の決定は、取締役会ならびに取締役会が選定した代表取締役（399条の13第3項）、代表取締役以外の業務執行取締役により行われる（同条1項）。かかる業務執行の決定に対し、監査等委員会は、取締役会が設ける内部統制部門を通じた監査を行うことが想定されており、監

（3）　江頭・前掲注（2）569頁。
（4）　江頭・前掲注（2）570頁。
（5）　江頭・前掲注（2）570頁。

査役会設置会社のように常勤の監査等委員を設置することは要求されていない。そのため、監査等委員会設置会社の取締役会は、大会社ではなくとも内部統制部門の整備に関する決定を行うことが義務付けられ、監査等委員会の職務を補助すべき使用人等に関する事項を決定すべきことが要求されている（同項1号ロハ）。つまり、指名委員会等設置会社と同じように、実際には、内部統制部門が適切に構成・運営されているかを監視し、必要に応じて内部統制部門に対して具体的指示をなすことが監査等委員会の任務となる。

こうした職務は、指名委員会等設置会社における監査委員と同様に、監査等委員が取締役であることから、取締役会において議決権を有することを前提に、業務監査に関しては適法性のみならず妥当性の監査も行えるものとされる。まず、適法性監査に関しては、取締役に対する違法行為差止請求権（399条の6）、会社と取締役との間の訴えにおける会社の代表権限（399条の7）を有することを理由とする 。次に、妥当性監査に関しては、監査等委員が取締役会の構成員であること、監査等委員会は取締役会の内部機関としての性質を有すること、社外取締役である監査等委員が必要情報を十分に得るためには監査等委員会の役割および監査等委員会との連携が不可欠であること、監査等委員である取締役以外の取締役の選任等および報酬等についての同委員会の意見を決定する必要があることなどを理由とする(6)。

(4)　グループ企業間の取り扱い（子会社に対する権限）

監査役・監査委員・監査等委員の権限が子会社に及ぶか否かにつき、監査役・監査委員・監査等委員、いずれも子会社に対する調査権限が与えられている（監査役の子会社調査権限：381条3項、監査委員の子会社調査権限：405条2項、監査等委員の子会社調査権限：399条の3第2項）。

ただ、監査役は独任機関であるためすべての監査役にかかる権限を付与しているのに対して、監査委員および監査等委員については、それぞれ委員会によって選定された委員のみ調査権限を有する点で異なる。こうした違いが発生する理由に、後二者について、常勤の委員の設置が義務付けられていないこと、複数の委員が統一された方針の下に事務を合理的に分担して組織的な監査を行

(6)　江頭・前掲注（2）591頁。

う方が効率的かつ実効的であること、内部統制部門を通じたチェック機構を採用していること、などを挙げることができる[(7)]。

4 本問の検討

本設問はいずれも、株主代表訴訟提訴権者である株主（847条）から、役員に対して、任務懈怠に基づく善管注意義務違反を理由に、損害賠償責任を追及（423条1項、330条、355条、民法644条）することができるのかが問われている。

すなわち、かかる検討に当たっては、監査役・監査委員・監査等委員それぞれの監査権限と、子会社の“過剰な設備投資”に伴うグループ会社に発生した損失に対する責任、が検討の中心となろう。

前記解説のとおり、取締役会が行うのは取締役の職務執行の監督である。そのため、取締役会による監督対象は、業務執行担当者の行う業務執行であり、違法な業務執行の監督是正をするにとどまらず、業務執行の妥当性にまで（言い換えるならば経営判断にまで）及ぶこととなる。他方、監査役が行うのは、取締役の職務執行の監査である。そのため、監査役による監査は、原則として、取締役の職務執行の適法性の監査にとどまることとなる。

また、本問で問題となっている設備投資について、どこまでが過剰であるのか判断することは、まさに経営判断の問題となる。そのため、取締役である監査委員・監査等委員は、それぞれ監査委員会・監査等委員会および内部統制部門を通じてかかる設備投資の適法性のみならず妥当性にまで踏み込んでチェックしなければならない。一方、監査役は、原則として、適法性に関する監査に権限が限られているため、取締役によって決定された設備投資の妥当性のチェックにまで踏み込む必要はない。ただし、かかる設備投資につき、取締役の業務執行が著しく不当であり取締役の負う善管注意義務に違反する場合には、法令違反として監査役の監査の範囲に含まれることとなろう。

（7） 始関正光編著『Q&A 平成14年改正商法』（商事法務、2003）91頁。

第7章

会社の計算

I　会計帳簿

問題（予備試験平成25年度）

次の文章を読んで、後記の〔設問1〕から〔設問3〕までに答えなさい。

1．X株式会社（以下「X社」という。）は、日本国内において不動産の開発及び販売等を行う監査役会設置会社であり、金融商品取引所にその発行する株式を上場している。

2．Y株式会社（以下「Y社」という。）は、日本国内において新築マンションの企画及び販売等を行う取締役会設置会社であり、監査役を置いている。Y社が発行する株式は普通株式のみであり、その譲渡による取得にはY社の承認を要するものとされている。

Y社の発行済株式のうち、75%はX社及びその子会社（以下、X社を含め「Xグループ」という。）が、15%はY社の取締役であるAが、10%は関東地方を中心に住居用の中古不動産の販売等を行うZ株式会社（以下「Z社」という。）がそれぞれ保有している。なお、Z社の発行済株式の67%はAが保有し、同社の取締役はA及びAの親族のみである。

3．X社は、平成23年9月、Y社の行う事業をXグループ内の他社に統合する方向で検討を始め、その後、Aに対し、A及びZ社が保有するY社株式をX社に売却するよう求めた。しかし、Aは、Y社との資本関係が失われることによって生じ得るZ社の事業展開への不安を訴えて回答を留保し、その後のX社による説得にも応じなかった。

4．X社は、平成24年6月1日、取締役会を開催し、同年9月1日をもってY社をX社の完全子会社とする旨の株式交換契約（以下「本件株式交換契約」という。）を締結することを適法に決定した。また、Y社でも、同年6月1日、取締役会を開催し、本件株式交換契約を締結することを適法に決定した。

これらの決定を受けて、X社とY社との間で本件株式交換契約が正式に締結された。本件株式交換契約においては、Y社株主に対しY社株式10株につきX社株式1株を交付する、すなわち、X社とY社との間の株式交換比率（以下「本件交換比率」という。）を1対0.1とする旨が定められた。

5．X 社では、同月 29 日、定時株主総会が開催され、本件株式交換契約の承認に関する議案が適法に可決された。

6．Y 社でも、同日、定時株主総会（以下「本件総会」という。）が適法な招集手続に基づき開催された。本件総会には、本件株式交換契約の承認に関する議案及び A の取締役からの解任に関する議案が提出された。

A は、本件総会の議場において、株主としての地位に基づき、議長である代表取締役 B に対し、自らが取締役から解任される理由について質問をした。これに対して B は、「それはあなたもわかっているはずであり、答える必要はない。」と回答し、質疑を打ち切った。A 及び Z 社は、本件総会に提出された上記各議案に反対したが、いずれも X グループ各社の賛成により可決された。

7．A は、同年 7 月、本件交換比率の妥当性について独自に検討し、算定を行うこととした。その結果、同年 8 月、A としては、Y 社株主に対し Y 社株式 10 株につき X 社株式 3 株を交付するのが妥当であるとの結論に至った。

〔設問 1〕

A は、A を取締役から解任する旨の本件総会の決議の効力を争うことができるか。

〔設問 2〕

A は、Y 社に対し、本件交換比率の妥当性を検討するためであることを明らかにして、本件交換比率を Y 社が算定するために使用した Y 社の一切の会計帳簿及びこれに関する資料の閲覧を請求した。Y 社は、この請求を拒むことができるか。なお、Y 社の会計帳簿及びこれに関する資料は書面をもって作成されているものとする。

〔設問 3〕

本件交換比率を不当と考える A が、

① 本件株式交換契約に基づく株式交換の効力発生前に会社法上採ることができる手段

② 本件株式交換契約に基づく株式交換の効力発生後に会社法上採ることができる手段

として、それぞれどのようなものが考えられるか。

解答例

第1　設問1（以下、会社法は法令名省略）

1　Aは、Aを取締役から解任する旨の本件総会の決議の効力を争うことができる。①

2(1)　Y社は、本件総会でAを取締役から解任する議案を承認しているところ、同社代表取締役Bは、承認決議の過程において、質疑を打ち切っている。この質疑打ち切りは、説明義務違反（314条1項違反）に当たり、本件決議の取消原因（831条1項1号）に該当しないか。会社法施行規則71条該当事由も存在しないため、検討する。

(2)　株主総会が会社所有者である株主に会社の意思決定を行わせる場であるから、314条1項にいう「必要な説明」とは、株主が決議の議案の是否を判断するために必要と認められる合理的な説明まで要求されると解する。

(3)　X社の株式は、上場されているが、Y社の株式は、譲渡制限がかけられている。また、Y社の株主構成は、X社グループが75パーセント、Aが15パーセント、Z社が10パーセントである。Z社は、Aが67パーセントの株式を保有しており、かつ、同社取締役がA親族である。また、平成23年9月にX社から、Aに対して、A及びZ社が保有するか株式を売却するよう要求があったところ、Aが回答を留保し、その後のX社からの説得に応じなかった事実があり、Aがこれを認識している。

確かに、Z社は、実質においてAと同視できることは否定できないため、Bによる「それはあなたもわかっているはずであり、答える必要はない」との質疑打ち切りにも理由があるといいうる。

しかし、Bは、Aに対し、Aが X社からの要求を拒否した経緯さえ説明していない。本件は、Aが上記の要求を拒否した根拠として、Y社株式を公開会社Xに譲渡した場合のリスクを検討することが容易に想定できるところ、Bは、当該検討を要しないことも説明していない。このような説明では、Aがどのような根拠で解任されるのかについて、Aはもちろん、それ以外の株主も判断できないので、「必要な説明」があったといえない。②

3　よって、Aは、決議の方法に説明義務違反の法令違反があったとして、本件総会の効力を争うことができる。

第2　設問2

1　Y社は、AによるY社会計帳簿及びこれに関する資料の閲覧の請求を拒否できる。

2(1)　Aは、Y社の15パーセントの株式を保有している。また、Aは本件株式交換の妥当性を検討するためであることを明らかにして請求していることから、「請求の理由を明らかにして」いる。また、会計帳簿等の資料は書面で作成されている。それゆえ、433条1項1号の要件を満たす。

もっとも、Aは、Z社の取締役であるから、Y社は、Aが「実質的に競争関係にある事業を営」む者に該当するとして433条2項3号を理由に閲覧を拒否できないか。

(2)　433条2項3号が会計帳簿の閲覧を拒否する趣旨は、競業者に会社の秘③密やノウハウを知られることで生じる市場競争力の相対的低下を未然に防止する点にあるため、将来における競業の蓋然性があれば、同条項の趣旨が妥当する。よって、「実質的に競争関係にあるとき」には、現実に競業関係がある場合だけでなく、近い将来に競業を行う蓋然性がある場合も含むと解する。

(3)　Z社は、関東地区を中心に中古不動産販売を業とする株式会社である。他方で、Y社は、日本全国で新築マンション企画及び販売を業とする株式会社である。

確かに、主たる経営地域が異なる。しかしながら、Y社が日本国内で活④動している以上、関東での事業は、両者で競合する。また、両社は、新築・中古の違いはあるが、どちらも住居用の不動産の販売を業務としており、この業務形態においても競合している。そうだとすると、将来において競業の蓋然性が高く認められる。

(4)　そして、433条2項3号による開示拒否の要件に、開示請求者に競業を行う旨の意思まで要求されない。開示対象となる会計帳簿等は、経費削減方法、仕入れの相手先などの事業遂行上の核心部分が記載され、株主名簿と異なる重大な秘密が保持されるべきであり、「実質的に競争関係にあるとき」という客観的要件該当性さえ充足すれば、会社に重大な損害が生じ⑤るおそれがあると認められるからである。

3　よって、Y社は、Z社が競業会社に当たり、その取締役であるAは「実質的に競争関係にある事業を営」む者であるとして、433条2項3号に基づき、開示拒否できる。

第3　設問3

1　株式交換効力発生前⑥

(1)　Aは、Y社の「株主」である。株式交換契約の効力発生前であれば、Aは、Y社に対し、831条1項3号該当事由を理由として、本件株式交換契約の承認に関する株主総会決議の取消を求める。

(2)　本件では、当該決議に「特別の利害関係を有する者が議決権を行使したことによって、著しく不当な決議」がなされたかを検討する。

(3)ア　「特別の利害関係」とは、株式会社の決議を得ることによって生じる利益が株主全体の利益を超えて特定の株主の利益となるべき関係をいう。

X社は、Y社と株式交換を行う当事者であるだけでなく、交換対象と⑦なるY社の残り全ての株式を保有する株主であるため、株式交換契約の効力発生によって、X社は、Y社の100パーセント親会社となる地位にある。この地位は、株主全体の利益を超えてX社の株主の利益となるべき関係にあるため、「特別の利害関係」がある。

イ　また、Xらの75%に上る議決権行使により、本件承認に関する株主総会決議が可決されていることから、因果関係も認められる。

ウ　さらに、Aが検討して算定した結果によれば、本来、Y株主に対し、Y社株式10株につきX社株式を3株交付すべきところ、本件総会決議では、Y社株式10株につきX社株式を1株交付しているものであって、株式交換比率を見誤っている。そうだとすると、「不当な決議がなされた」といえる。

(4)　よって、効力発生前は、株主総会決議取消訴訟を提起すべきである。

2　株式交換効力発生後⑧

(1)　株式交換の効力が発生した後にあっては、株式交換無効の訴え（828条1項11号）を提起し、その中で、無効事由該当性を主張することが考えられる。

(2)　無効原因につき、法律は、何ら定めていないため、いかなる場合が株式交換無効原因となるのか解釈上問題となる。

ア　株式交換無効の訴えには、主張権者及び出訴期間が制限され、かつ、認容判決に遡及効が生じないところ（838条）、これは、株式交換による法律関係に法的安定性が要求されていることの現れである。そのため、無効原因は、重要な手続につき法令違反があった場合に限られると限定解釈すべきである。

イ　株式交換比率の決定は、取締役が、経営判断の見地から、両当事者間⑨

における株価動向、収益状況、株式流通状況等の様々な要素を考慮して行う。そのため、株式交換比率の不公正は、いわば取締役の業務執行に生じた瑕疵であって、会社内部の瑕疵があったに過ぎない。この瑕疵についての損害填補は、取締役に対する責任追及としての損害賠償請求をもって行うべきである。

他方で、株式交換の効力が第三者に及ぶに至ったときは、かかる瑕疵をもって効力を無効とすることは、取引の安全に対して重大な危険をもたらすことになる。

(3)　よって、株式交換比率の不公正は、重要な手続につき法令違反があった場合に該当しない。

(4)　以上から、株式交換効力発生後にあっては、株式交換無効の訴えによることはできない。

他方で、Aは、不公正な株式交換比率を判断したX社取締役に対して、任務懈怠に基づく損害賠償請求訴訟を提起し、責任追及を求める。⑩

以　上⑪

［コメント］

① いかなる資格（株主としてか取締役としてか）で、申し立てているのかにつき明示したほうがよい。

② 問題文の事実を使って具体的に説明されていてよい。

③ 趣旨から論じる姿勢はとても良いと思う。

④ 具体的に事実を検討する姿勢はとても良いと思う。

⑤ 主観的要件が不要なことを述べてはじめて、「さえ」の語が意味を持つ。

⑥ 組織再編の差止請求はどうだろうか。

⑦ 具体的事実を踏まえて論じられており、説得的である。

⑧ 株式買取請求権はどうだろうか。

⑨ これも一つの考え方である。このように考えると、いくつかの論点が消え、記述がすっきりする。

⑩ 根拠条文は？　もう少し具体的に述べた方がいいと思う。

⑪ 【総評】予備試験の答案としては、すっきりしていてよくできていると思う。いくつか論点が落ちているようだが、相対評価なので、結果としては、ある程度の水準の答案になるのではないか。

制度趣旨から論じようとしていること、問題文の事実を使おうとしているところは、評価に値する。

ただ、少し記述が、ブツブツと切れる感じがするので、接続詞などの工夫があるとよいだろう。

解説

1　設問1：解任決議の効力を争う方法

(1)　はじめに

取締役Aは、株主総会において同決議によって、取締役の地位を解任されている（339条1項）[1]。そこで、Aがかかる解任の効力を争うためには、前記株主総会決議につき、その瑕疵を争う訴えを提起する必要がある。本設問の場合に問題となりうるのは、株主総会決議取消しの場合であるので、以下、かかる訴えについて説明する[2]。

(2)　訴訟要件についての検討

形成の訴えである株主総会決議取消しの訴えにおいては、訴訟要件として、①出訴権者（原告適格）、②被告適格のみならず、③出訴期間（決議の日から3か月以内）が法定されている。このうち②は「会社」である旨法定されており問題がなく、③も、かかる期間を守ればよいだけの話である。そこで、以下では、①につき検討したい。本設問において、Aは、(i)株主であると同時に、(ii)取締役でもあったので、順次みてみることにしたい。

(A)　株主

株主総会決議取消しの訴えの出訴権者（原告適格）は、「株主等」とされており、会社法831条1項は、「株主等」を「株主等、設立時株主、設立時取締役又は設立時監査役」と定義する。本設問において、Aは、Y株式を15％保有しているので、「株主」として出訴権者たりうる（原告適格を有する）こと

（1）　解任に際し特別決議を必要とする監査役と異なり、取締役は、特別決議を要する場合（累積投票により選任された場合および監査等委員である場合）を別にして、普通決議によって解任されうる（309条2項7号）。

（2）　他にも、株主総会決議不存在の訴え、無効の訴え（830条）が存する。ただ、本設問においては、物理的に株主総会決議は存在しているので不存在とはいえない。また、株主総会決議無効の訴えの無効事由は、決議「内容」の法令違反であるところ（同条2項）、本設問事例において、かかる違反は見当たらない。

は明らかである。

⒝　取締役（参考）

Aは、Yの取締役であったところ、総会決議によって解任され、取締役としての地位を失っている。本設例において、Yの取締役構成は明らかではないが、Yは取締役会設置会社であるので、Aの他に少なくとも2人の取締役がいるものと推測される（331条5項）。

仮に、Yの取締役がAを含め3名のみであった場合、Aは解任されても、なお取締役としての権利義務を有する（346条1項）。そして、かかる「権利義務を有する者」も、依然として、株主総会決議取消しの訴えの出訴権者であるものとされている（831条1項）。したがって、かかる場合、Aは、取締役としての「権利義務を有する者」としても、出訴権者たりうる。(3)

ただ、本設例の場合、Aは、株主として出訴権者たりうる（原告適格を有する）ことは明らかであるため、⒝は、参考論点として指摘するにとどめたい。

⑶　取消事由について

⒜　はじめに

ついで、取消事由について検討する。本設例において問題となりうるのは、①株主としてのAの質問に対し、「答える必要はない」旨回答し質疑を打ち切った点、および②株式交換を承認した株主総会の決議に特別の利害関係を有する者（X）が参加していた点（831条1項3号）の2つである。以下、順次検討する。ただ、②は、自説の展開次第であるが、株式交換無効事由との関係で検討すべきかもしれない。

⒝　質疑の打ち切りについて

(a)　説明義務の制度趣旨

まず、①から検討する。ここで問題となるのは、説明義務（314条）の不当拒絶として、取消事由になるか否かである。

（3）　かかる「役員としての権利義務を有することとなる者」の原告適格は、平成17年会社法において、従来の裁判例・学説の解釈を受容すべく規定されたものである。同様の事態は、株主についても生じうる（たとえば、締め出し等により、株主資格を喪失した株主の原告適格）。この点については、平成26年会社法改正により、原告適格を認めるべく明文の手当てがなされた。あわせて勉強されたい。

(b)　会社法が定める説明の拒絶事由

会社法314条但書は、「当該事項が株主総会の目的である事項に関しないものである場合、その説明をすることにより株主の共同の利益を著しく害する場合その他正当な理由がある場合として法務省令で定める場合」には、回答を拒むことができる旨定め、これを受けた会社法施行規則71条は、拒絶事由として、いくつかの場合を掲げる。

これらを整理すると下記のとおりとなる。

<table>
<tr><td>①</td><td colspan="2">株主総会の目的である事項に関しないものである場合（314条但書）</td></tr>
<tr><td>②</td><td colspan="2">説明をすることにより株主の共同の利益を著しく害する場合（314条但書）</td></tr>
<tr><td>③</td><td>株主が説明を求めた事項について説明をするために調査をすることが必要である場合（施行規則71条1号）</td><td>ただし下記の場合を除く。
イ　当該株主が株主総会の日より相当の期間前に当該事項を株式会社に対して通知した場合
ロ　当該事項について説明をするために必要な調査が著しく容易である場合</td></tr>
<tr><td>④</td><td colspan="2">株主が説明を求めた事項について説明をすることにより株式会社その他の者（当該株主を除く）の権利を侵害することとなる場合（施行規則71条2号）</td></tr>
<tr><td>⑤</td><td colspan="2">株主が当該株主総会において実質的に同一の事項について繰り返して説明を求める場合（施行規則71条3号）</td></tr>
<tr><td>⑥</td><td colspan="2">③～⑤のほか、株主が説明を求めた事項について説明をしないことにつき正当な理由がある場合（施行規則71条4号）</td></tr>
</table>

(c)　本設例の場合

本設例における、Bの「それはあなたも分かっているはずであり、答える必要はない」という発言は、説明の拒絶事由のいずれにも該当しないことはもとより、そもそも全くの説明「それ自体」の拒絶であるので、説明義務の不当拒絶であることは明らかである。

また、株主総会の決議取消しの訴えについては、裁量棄却の規定があるも(831条2項)、説明そのものの拒絶は、説明義務の前記趣旨に鑑みれば重大といえ、裁量棄却は認められないものと解される。

結論として、Aは、出訴期間内であれば、説明義務の不当拒絶を取消事由として、株主総会の決議取消しの訴えを提起し、それによって解任決議の効力を争うことが可能である。

⒞　**株式交換を承認した株主総会の決議に特別の利害関係を有する者が参加していたこと（831条1項3号）**

次に、②について検討する。本件では、株式交換を承認した株主総会の決議にXが参加したことが、その株式交換対価の不当性とも合わせ、特別の利害関係を有する者が参加したとして、決議取消事由を構成するかも問題となる（831条1項3号）。

ただ、かかる取消事由は、後で株式交換無効事由が問題となる本設例の場合、株式交換無効の訴えに吸収されると解するのが一般的理解であるので、後で株式交換無効事由の箇所で説明する。

2　設問2：会計帳簿の閲覧請求

⑴　はじめに

⒜　**会計帳簿閲覧請求における拒絶事由**

設問2では、会計帳簿閲覧請求がなされた場合における拒絶事由該当性が問われる。

会計帳簿閲覧請求における拒絶事由は下記のとおりである（433条2項）。

①　当該請求を行う株主（請求者）がその権利の確保または行使に関する調査以外の目的で請求を行ったとき（同項1号）

②　請求者が当該株式会社の業務の遂行を妨げ、株主の共同の利益を害する目的で請求を行ったとき（同項2号）

③　請求者が当該株式会社の業務と実質的に競争関係にある事業を営み、またはこれに従事するものであるとき（同項3号）

④　請求者が会計帳簿またはこれに関する資料の閲覧または謄写によって知り得た事実を利益を得て第三者に通報するため請求したとき（同項4号）

⑤　請求者が、過去2年以内において、会計帳簿またはこれに関する資料の閲覧または謄写によって知り得た事実を利益を得て第三者に通報したことがあるものであるとき（同項5号）

⒝　**実質的競争関係の有無（433条2項3号）**

本設例において問題となりうるのは、433条2項3号の「実質的競争関係の有無」である。3号の拒絶事由に関し、最決平成21・1・15民集63巻1号1頁は、下記のとおり判示している。

> (3号は)「主観的意図を要件とする同条1号と異なり、文言上、会計帳簿等の閲覧謄写によって知り得る事実を自己の競業に利用するためというような主観的意図の存在を要件としていない。そして、一般に、上記のような主観的意図の立証は困難であること、株主が閲覧謄写請求をした時点において上記のような意図を有していなかったとしても、……競業関係が存在する以上、閲覧謄写によって得られた情報が将来において競業に利用される危険性は否定できないことなども勘案すれば、同号は、会社の会計帳簿等の閲覧謄写を請求する株主が当該会社と競業をなす者であるなどの客観的事実が認められれば、会社は当該株主の具体的な意図を問わず一律にその閲覧謄写請求を拒絶できるとすることにより、会社に損害が及ぶ抽象的な危険を未然に防止しようとする趣旨の規定と解される。したがって、会社の会計帳簿等の閲覧謄写請求をした株主につき同号に規定する拒絶事由があるというためには、当該株主が当該会社と競業をなす者であるなどの客観的事実が認められれば足り、当該株主に会計帳簿等の閲覧謄写によって知り得る情報を自己の競業に利用するなどの主観的意図があることを要しないと解するのが相当」である。

これによれば、A(＝Z)とYとの実質的競争関係の有無につき、主観的意図を問題とせず、客観的事実を指摘することが必要となる。

(C)　あてはめ

本設例の場合には、下記のとおりの事実が認められる。

	Y	Z
目的	日本国内において新築マンションの企画及び販売等を行う	関東地方を中心に住居用の中古不動産の販売を行う
公開非公開	非公開会社	(おそらく非公開会社)
株式	15%はAが、10%はZが保有	67%がA保有
役員	Aは取締役	Aとその親族のみ

ポイントは、①新築マンション販売業と中古マンション販売業との間で、競争関係があるか、②(①が肯定されたとして)日本国内と関東とで商圏の一致

があるか、③（①②が肯定されたとして）AがZと一体であるといえるかというところである。

②は、日本国内の中に関東が含まれるので肯定され、③もZの資本構成、役員構成からして肯定されよう。問題は、①についてである。この点については、不動産の購買層は目的物が新築か中古かで変わりがないとして肯定する立場と、自動車の市場におけるように、新車と中古車とではまったくマーケットが異なるとして否定する考えがあり得よう。

いずれにせよ、各自の選択した立場で説得的に立論されたい。

3　設問3：合併交換比率の不当性を争う手段

(1)　はじめに

本設例では、合併交換比率の不当性を争う手段につき、①株式交換の効力発生前にとることができる手段（事前の手段）、②効力発生後にとることができる手段のそれぞれが問われている。

(2)　事前の手段

事前の手段としては下記が考えられる。

(A)　株主総会決議取消しの訴え

第1に、株式交換を承認した株主総会決議を取消すべく、3か月の出訴期間内に、株主総会決議取消しの訴えを提起することが考えられる。訴訟要件等はすでに解説したので、ここでは取消事由について説明する。ここで問題となる取消事由は、株式交換を承認した株主総会の決議にXが参加したことが、その株式交換対価の不当性とも合わせ、特別の利害関係を有する者が参加したとして、決議取消事由を構成するかということである（831条1項3号）。Xがグループ全体で、Yの株式を75％保有していることが「特別利害関係人」にあたり、交換対価が不当であることが、「著しく不当」であることを、それぞれ論じることが望まれる。

(B)　株式交換の差止請求

(a)　概要

第2に、株式交換の差止請求について、説明する。

組織再編が違法に行われる場合への対応として、会社法は、事前の是正手段として差止請求を認めている。平成26年会社法改正前は、略式組織再編の場合にのみ差止めが認められるにすぎなかったが、平成26年会社法改正は、略式組織再編以外の組織再編についても、簡易組織再編の要件を満たす場合を除き、当該組織再編が法令または定款に違反する場合において、株主が不利益を受けるおそれがあるとき、株主は会社に対し差止めを請求できるものとした(784条の2第1号、796条の2第1号、805条の2)[4]。

(b)　当事者

請求者は、組織再編に際しての法令定款によって不利益を受けるおそれがある組織再編当事会社の株主であり、請求の相手方は、組織再編当事会社である(784条の2、796条の2、805条の2)。

(c)　差止事由

差止事由は、法令定款違反である。以下分説する。

(ア)　法令違反

たとえば、組織再編契約等（組織再編契約または組織再編計画）の事前開示手続違反、組織再編契約等の内容に関する違反、組織再編契約等の承認に係る取締役会決議・株主総会決議の瑕疵、債権者異議手続の不履行等をあげることができよう。

(イ)　組織再編対価の不当性

会社法は、略式組織再編の場合についてのみ、従属会社の少数株主の保護として、組織再編対価の不当性を差止事由としている（784条の2第2号、796条の2第2号)。それ以外の場合には、特別利害関係株主（特別支配株主）の議決権行使に基づく決議の瑕疵を理由とする組織再編の瑕疵を理由として(831条1項3号)、組織再編の差止めが認められると主張されている。

(ウ)　善管注意義務・忠実義務

ここでいう法令違反は、会社を名宛人とするものを指すと解されているので、役員個人を名宛人とする善管注意義務・忠実義務の違反は含まないと解されている。

(4)　受川環大「組織再編における差止事由の検討」ビジネス法務14巻11号（2014）95頁。

㈣　差止仮処分

募集株式の発行の差止めの場合と同様に、差止請求については、仮処分（民事保全法23条2項）が利用されるのが一般と思われる。

㈤　本設例の場合

本設例における株式交換は、略式組織再編に該当しないので（X保有にかかるY株式は発行済株式の75％にすぎず、特別支配会社の要件を満たさないため）、対価の不当性「それ自体」は、差止事由にならない。

ただ、特別利害関係株主（特別支配株主）の議決権行使に基づく決議の瑕疵に起因する組織再編の瑕疵を理由として（831条1項3号）、組織再編の差止めを請求することは可能であろう。

⒞　株式買取請求権

(a)　はじめに

第3に、株式買取請求権の行使が考えられる。

組織再編は、当事会社の株主の立場に重大な影響を与える。そこで、会社法は、株主の地位に重大な影響を与える他の場合[5]と同様に、反対株主に対し、自己が保有する保有株式を公正な価格で買い取ることを請求する権利を付与することにしている。これを反対株主の株式買取請求権という（785条、797条、806条）。この権利は形成権であり、株主が適法にこの権利を行使したときには、会社はその株式を公正な価格で買い取る義務が生じる。

組織再編であっても、すでに当事会社の株主に十分な保護が与えられている場合や、重大な影響を与えないと認められる場合には、反対株主の株式買取請求権は与えられない。前者の例として、総株主の同意が必要とされており、反対株主が存在しない場合を（785条1項1号、806条1項1号）、後者の例として、簡易分割の場合（785条1項2号、806条1項2号）、簡易合併における存続会社の場合（797条1項但書）をあげることができる。

(b)　反対株主の意義

株式買取請求権を行使するためには、「反対株主」でなければならないところ、反対株主とは、下記の者を指す。

（5）　株式の内容についての特別な定め等につき会社法116条、株式の併合につき同法182条の4、事業譲渡につき同法469条。

①	株主総会の決議を要する場合（785条2項、797条2項、806条2項）	当該株主総会に先立って当該吸収合併等に反対する旨を当該消滅株式会社等に対し通知し、かつ、当該株主総会において当該吸収合併等に反対した株主（当該株主総会において議決権を行使することができるものに限る。）
		当該株主総会において議決権を行使することができない株主
②	株主総会の決議を要しない場合（785条2項、797条2項） （たとえば、略式再編の場合等）	すべての株主

反対株主として典型的なのは、網掛け部分の場合であるから、これについて説明する。反対株主とされるには、反対の通知と株主総会における実際の反対の議決権行使が要求されている。通知が必要とされているのは、会社に再考の機会を与えるためであり、反対の議決権行使が要求されているのは、権利濫用を防ぐためである（賛成の議決権行使をしつつ、株価値下がりのリスクをヘッジするため、本権利を行使するといった機会主義的行動は濫用というべきである）。

(c)　あてはめ

Aは、株主総会において、株式交換にかかる承認決議案に反対しているので、「反対株主」に該当し、Yに対し株式買取請求権を行使しうる。

(3)　事後の手段

事後の手段としては次のものが考えられる。

(A)　株式交換無効の訴え

(a)　概要

本設例における株式交換はすでになされているが、株式交換の効力が生じた日から6か月以内であれば（828条1項11号）、事後的に効力を争う訴えである株式交換無効の訴えの提起が可能である。株式交換無効の訴えに関する詳細は、第4章Ⅱの解説を参照されたい。ここでは無効事由に関し要点のみ説明する。

(b) 対価の不当性が無効事由になるか

裁判例としてよくあげられる東京高判平成2・1・31資料版商事77号193頁は、「合併契約の承認決議に反対した株主は、会社に対し、株式買取請求権を行使できるのであるから、これに鑑みると、合併比率の不当又は不公正ということ自体が合併無効事由になるものではないというべきである」旨判示する。これに従えば、無効原因とはならないことになる。

平成26年改正は、略式組織再編の場合についてのみ、従属会社の少数株主の保護として、組織再編対価の不当性を差止事由とした(784条の2第2号、796条の2第2号)。この場合には、差止事由であるのみならず、無効事由をも構成することになる。

逆にいえば、略式組織再編「以外」の場合(本設例の場合がそれに当たる)においては、対価の不当性それ自体が無効事由にはならないと解釈されうることになる。

(c) 株式交換を承認した株主総会の決議に特別の利害関係を有する者が参加していたこと(831条1項3号)が無効事由になるか

株式交換を承認した株主総会の決議に特別の利害関係を有する者が参加していたことが無効事由になるか。

特別利害関係人の参加により総会決議が取消事由の瑕疵を帯びる場合、株主総会決議の取消しの訴えを提起することができるが、会社法は、それとは別に、組織再編の効力を争う訴えというメニューを用意している。両者の関係であるが、前者の訴訟係属中に、組織再編の効力が発生した場合、前者の訴えは後者の訴えに「吸収」されると解されている(吸収説)[(6)]。したがって、合併承認株主総会決議の取消事由である特別利害関係人の関与は、株式交換の無効事由をも構成することになる(組織再編の差止事由にもなる)[(7)]。

問題は、株主総会決議取消しの訴えにおける出訴期間が3か月(831条1項)、株式交換無効の訴えの出訴期間が6か月(828条1項11号)と異なっているところから、いずれを是とすべきかというところにある[(8)]。

---

(6) その場合、前者から後者へ訴えの変更をしないと、前者の訴えは訴えの利益を欠く。神田秀樹『会社法(第22版)』(弘文堂、2020)392頁。
(7) 合併無効についてであるが、江頭憲治郎『株式会社法(第7版)』(有斐閣、2017)893頁。

考え方としては、前記の「吸収説」に基づき、３か月に短縮するとする見解と[(9)]、逆に、無効事由が複数主張されても攻撃防御方法の違いに過ぎず、かかる違いによって出訴期間に違いを生ずることはないとして、６か月でよいとする見解とがありうる。

(d)　あてはめ

株式交換無効の無効事由ごとの検討が必要である。対価の不当性について無効事由としない場合には、株式交換無効の訴えによる救済が否定されるので、あてはめは簡単だが、無効事由を肯定する場合（特に特別利害関係人の場合）、出訴期間についてさらなる議論の対立がある。

(B)　取締役の対第三者責任（429条１項）

事後的救済として、第２に、取締役の対第三者責任（429条１項）の追及が考えられる。交換比率の算定の杜撰さにつき重大な過失があったと主張することになろう。取締役の対第三者責任における損害には直接損害・間接損害があり、そのいずれを対象とするかについては、学説中に議論がある。

取締役の対第三者責任に関する詳しい解説は、第５章Ⅷの解説を、具体的表現は、同解答例をそれぞれ参照されたい。

（8）　東京地方裁判所商事研究会編『類型別会社訴訟Ⅱ（第３版）』（判例タイムズ社、2011）727頁。

（9）　神田・前掲注（６）392頁。

Ⅱ　計算書類の不実記載と違法配当

問題（オリジナル）

次の文章を読み、後記設問に答えなさい。

1．Aは以前から個人でコンピューター・ソフトの開発・販売を行っていたが、その事業を会社組織にすることとし、2002年3月5日、P株式会社（以下「P社」という。）を設立した。P社は資本金1,000万円で、その全額をAが出資し、設立時に株式200株を発行した。P社は、普通株式1種類のみを発行する取締役会設置会社であるが、監査等委員会設置会社でも、指名委員会等設置会社でもない。また、株式の譲渡に株式会社の承認を要する旨の定款の定めもない。

2．P社の定款では、P社の決算日は3月31日、当該事業年度に係る剰余金の配当は、同日最終の株主名簿に記載された株主または登録株式質権者、また、定時株主総会において株主の権利を行使することができる者は同日最終の株主名簿に記載されている株主と定められている。P社の代表取締役はA、取締役は元従業員のBおよびC、監査役はAの姉のDであった。

3．P社は順調に業績を伸ばしていたが、Aは2012年2月ころ、P社の経営から勇退することを決意し、同年3月1日、自己が保有していたP社株式200株を、B、C、Dに対し各30株ずつ、Aの友人で自己の後継者としてP社の経営を託そうと考えていたEに対し30株、残りの80株のうち30株をAの友人5人に6株ずつ、それぞれ1株10万円で譲渡し、各々名義書換えを済ませた。

4．2012年6月5日に開催されたP社の定時株主総会では、Aが取締役を退任してEが新たに取締役に選任され、Eは同日開催されたP社の取締役会において、代表取締役に選定された。B、C、Dについては、同株主総会においてそれぞれ取締役および監査役に再任された。当該株主総会における役員の選任手続はすべて適法に履践された。

5．2016年3月ころ、現金の調達の必要が緊急に生じたEは、自己が保有するP社の株式をP社に譲渡してとりあえず現金化しようと考えた。そこで、Eは、同年４月に開催されたＰ社取締役会においてＰ社がＥの保有する株式30株のすべてを１株20万円で買い取る旨の契約書を提出し、当該契約はＢおよびＣの賛成をもって承認された。当該取締役会には、Ｅ、Ｂ、Ｃ、およびＤが出席していたが、Ｅは決議に参加していない。Ｐ社の買取価格は、ＥがＰ社の株式の価値の算定を第三者機関に依頼し、当該算定結果に基づいたものであった。当該取締役会は、当該株式の買取りを2016年６月２日に開催される予定のＰ社の定時株主総会に付議することも決議した。

6．2016年６月２日に開催されたＰ社の定時株主総会には株主全員が出席した。同定時株主総会においては、ＥとＰ社間の上記株式譲渡契約が全員一致により承認され、同総会終了後、ＥはＰ社より買取代金として600万円を受け取った。この時点でのＰ社の分配可能額は1,600万円であった。同総会においては、Ｅ、Ｂ、Ｃ、およびＤの全員が取締役・監査役に再任され、定時総会終了後開催された取締役会ではＢが代表取締役に選定された。これらの選任・選定手続はすべて適法に履践された。

7．2019年の年始ころから、Ｐ社は競合他社との商品開発競争に敗れて次第に業績が悪化し始めた。そのため、Ｐ社の主要取引先であるＱ株式会社（以下「Ｑ社」という。）の業績も悪化し、Ｑ社の振り出した手形が2020年３月９日、はじめて不渡りとなった。このため、Ｐ社がＱ社に対して有している売掛金500万円（弁済期2020年５月29日）について取り立てることができない可能性が高くなった。Ｂ、Ｅ、Ｃ、およびＤが出席して2020年３月16日に開催されたＰ社の取締役会ではその旨が報告されたが、その場ではとくに意見は出されず、当分の間Ｑ社の業績の推移を見守ることとなった。

8．2020年３月31日現在のＰ社の貸借対照表は以下のとおりであった。

貸借対照表の概要

（令和２年３月31日現在）

（資産の部）	百万円	（負債の部）	百万円
流動資産	45	流動負債	56
売掛金（Ｑ社に対するもの）	5	（略）	
（略）		固定負債	20
固定資産	55	（略）	
（略）		負債合計	76
		（純資産の部）	
		資本金	10
		資本準備金	3

		その他資本剰余金	2
		利益準備金	8
		その他利益剰余金	7
		自己株式	△　6
		純資産合計	24
資産合計	100	負債・純資産合計	100

9．2020年5月11日、B、E、C、およびDの出席の下、P社取締役会が開催され、そこでは新ソフトの開発を推進することなどを骨子とするP社の今後の事業計画案が提示され、そのために必要な人材と目されるプログラマーのFをP社の株主に迎えるためFに対しP社の自己株式20株を1株あたり1,000円、払込期日を同年5月13日として割り当てることがB、E、およびCの賛成によって承認され、その旨の官報の公告も行われた。Fもこれに同意し、P社に対し2万円を前記払込期日に払い込んだ。また、上記取締役会では、残る自己株式10株については、同取締役会の翌日をもって消却される旨の決議もなされた。なお、P社のFに対する自己株式の処分について、官報公告後同社の株主からとくに不満は出なかった。

10．2020年6月3日に開催されたP社の定時株主総会では、株主全員の出席の下で、同日を効力発生日とし1株につき1万円の剰余金の配当を行う旨の決議がなされた。そして、同総会終了後、当該決議に従って剰余金の配当がなされた。同総会の招集通知には、DがP社の計算書類は適法である旨を記載した監査報告が添付されていた。定時総会に係る手続については、すべて適法に履践された。

11．2020年6月10日、Q社は2回目の不渡りを出し、銀行取引停止処分を受けた。同年同月24日、P社はQ社に対する売掛金500万円が回収できなくなり、これをきっかけに急激に資金繰りに窮するようになり、P社自身の手形の決済もできなくなって、同年7月1日倒産した。

〔設問〕

Xは、手形割引業者であり、2020年6月1日、Y株式会社から、P社振出しの約束手形300万円（振出日2020年4月6日、支払期日2020年7月6日）の割引依頼を受け、応じたものである。Xは帝国データバンクを通じてP社の信用情報を入手し、P社に欠損はないことを確認して、同日当該手形の割引をしていた。2020年7月3日にP社の倒産を知ったXは、Xが被った損害について支払請求をしたいと考えている。Xは会社法上誰に対しいかなる主張をなしうるかを検討しなさい。

解答例

第1　株主に対する請求

1　問題の所在①

P社においては、2020年6月3日の株主総会（以下「本件総会」という）の後、1株1万円で剰余金の配当がされた（以下「本件配当」という）。本件総会の基準日は同年3月31日であり、基準日株主かつ本件配当の対象となる株主は、A、B、C、D、及びAの5人の友人であり、配当総額は計170万円だった。これらの株主に対し、P社振出しの約束手形を有する会社債権者・Xは、本件配当は分配可能額規制に違反するとして、会社法（以下省略する）463条2項に基づく金銭支払請求をなしうるか。

2　本件配当は分配可能額規制に違反すること

(1)　貸借対照表に基づく計算

2020年3月31日現在の貸借対照表（以下「本件貸借対照表」という）からすると、その時点のP社の剰余金は900万円だった（200万円＋700万円。446条1号。会社法施行規則116条、同計算規則149条参照）。自己株式の処分及び消却後、同年5月13日現在の剰余金は302万円だった（446条2号、5号）。同日現在の分配可能額は300万円だった（302万円－2万円。461条2項1号、4号）。その後、分配可能額を変動させる事情はない。

以上からすると、本件配当の効力発生日（同年6月3日）現在の分配可能額は300万円となり、計170万円の本件配当は分配可能額規制に違反しないとも思える。

(2)　貸倒引当金の未計上

しかし、本件貸借対照表には、P社のQ社に対する売掛金500万円（以下「本件売掛金」という）について貸倒引当金が計上されていない。株式会社の会計は「一般に公正妥当と認められる企業会計の慣行」（431条、会社法計算規則5条4項）に従わなければならないため、取立不能のおそれがある金銭債権については貸倒引当金として計上しなければならない。

本件では、2020年3月9日、Q社の手形は不渡りとなり、本件売掛金500万円についても取り立てることができない可能性が高くなった以上、P社は貸倒引当金として500万円を計上しなければならなかった。これを計上した場合、本件配当の効力発生日（同年6月3日）現在の分配可能額はなかった。

したがって、本件配当は、分配可能額規制に違反する。

3　株主の善意

本件配当が違法であることについて、株主の善意は問わない。②463条2項に定められていないためである。

4　民法の債権者代位権の要件の準用の要否③

463条2項の請求は、会社債権者が債務者である会社に代わって第三債務者である株主に請求する点で債権者代位権と類似する。そのため、463条2項の請求においても、民法423条の場合と同様に会社の無資力等が必要だと考える余地がある。しかし、463条2項は民法423条の特則であるため、不要である。

5　小括

よって、Xは、本件配当の基準日株主（A、B、C、D、及びAの5人の友人）に対し、463条2項に基づき計170万円の支払請求をなしうる。

第2　役員等に対する請求

1　429条2項の責任

(1)　B、C、Eに対する請求

ア　問題の所在

本件貸借対照表には貸倒引当金500万円が計上されていなかった。この計算書類の虚偽記載（以下「本件虚偽記載①」という）を理由として、「第三者」である会社債権者・Xは、P社の代表取締役B、取締役C、及び同Eに対し、429条2項1号ロに基づく損害賠償請求をなしうるか。④

イ　重要な事項についての虚偽の記載

第三者が会社と取引に入るか否かを検討する際の判断資料を正確なものとすることで第三者に不測の損害が生じないようにするという429条2項の趣旨に鑑み、「重要な事項」とは、第三者が会社と取引に入るか否かを検討する際の判断に重大な影響を与える事項をいう。

第三者は、信用情報を判断資料として会社と取引に入るか否かを検討するところ、貸借対照表等の計算書類は、信用情報の重要な基礎資料である。計算書類に貸倒引当金500万円が計上されているか否かは、それによりP社に欠損が生じるか否かを左右する重要な情報であり、第三者が会社と取引に入るか否かを検討する際の判断に重大な影響を与えるものである。

したがって、本件虚偽記載①は「重要な事項」についての虚偽の記載である。

ウ　損害及び因果関係

P社は自身の約束手形の決済ができなくなっており、P社の約束手形300万円を割り引いたXには「損害」が生じた。

Xは、信用情報を入手しP社に欠損はないことを確認して約束手形を割り引いており、本件虚偽記載①がなく貸倒引当金が計上され欠損の存在が明らかになっていれば、手形割引をせず、上記の損害が生じることもなかった。

したがって、因果関係も認められる。

エ　任務懈怠について無過失とはいえないこと

本件売掛金500万円が取立不能となる可能性が高くなったことは、2020年3月16日開催のP社取締役会で報告され、代表取締役B、取締役C、及び同Eはいずれも出席していた。それにもかかわらず、特に意見は出されず、計上すべき貸倒引当金が本件貸借対照表に計上されることもなかった。

したがって、代表取締役B、取締役C、及び同Eは、⑤計算書類に虚偽記載をしないという429条2項1号ロの義務に違反して本件虚偽記載①をしており、この任務懈怠について無過失とはいえない（429条2項但書）。

オ　小括

よって、Xは、代表取締役B、取締役C、及び同Eに対し、429条2項1号ロに基づく損害賠償請求をなしうる。

(2)　Dに対する請求

ア　問題の所在

本件総会に添付された監査報告には、本件虚偽記載①にもかかわらず、計算書類は適法である旨の記載がされていた。この監査報告の虚偽記載（以下「本件虚偽記載②」という）を理由として、「第三者」である会社債権者・Xは、P社の監査役Dに対し、429条2項3号に基づく損害賠償請求をなしうるか。

イ　重要な事項についての虚偽の記載⑥

上述した429条2項の趣旨に鑑み、「重要な事項」とは、第三者が会社と取引に入るか否かを検討する際の判断に重大な影響を与える事項をいう。

第三者は、信用情報を判断資料として会社と取引に入るか否かを検討するところ、監査報告は、計算書類と同様、信用情報の重要な基礎資料である。計算書類に欠損等の有無が適正に記載されているか否か（計算書類が適法か否か）に関する監査報告の記載は、第三者が会社と取引に入るか否かを検討する際の判断に重大な影響を与えるものである。

したがって、本件虚偽記載②は「重要な事項」についての虚偽の記載である。

ウ　損害及び因果関係

P社の約束手形300万円を割り引いたXには上記の「損害」が生じた。

Xは、信用情報を入手しP社に欠損はないこと及び計算書類は適法であることを確認して約束手形を割り引いており、本件虚偽記載②がなく欠損があることが記載されていれば、手形割引をせず、上記の損害が生じることもなかった。

したがって、因果関係も認められる。

エ　任務懈怠について無過失とはいえないこと

本件売掛金500万円が取立不能となる可能性が高くなったことは、2020年3月16日開催のP社取締役会で報告され、監査役Dは出席していた。それにもかかわらず、特に意見は出されず、計上すべき貸倒引当金が計上されないという本件虚偽記載①は是正されないまま、計算書類は適法である旨の監査報告がなされた。

したがって、監査役Dは、監査報告に虚偽記載をしないという429条2項3号の義務に違反して本件虚偽記載②をしており、この任務懈怠について無過失とはいえない。

オ　小括

よって、Xは、監査役Dに対し、429条2項3号に基づく損害賠償請求をなしうる。

2　429条1項の責任

(1)　問題の所在

本件虚偽記載①②を理由として、「第三者」である会社債権者・Xは、P社の代表取締役B、取締役C、同E、及び監査役Dに対し、429条1項に基づく損害賠償請求をなしうるか。⑦

(2)　任務懈怠

取締役は会社に対し、粉飾決算により第三者に対し不当に取引を誘引して会社の信用を害し、円滑な取引を妨げることのないようにすべき善管注意義務を負っている（330条、民法644条）。監査役は会社に対し、取締役によるこのような行為を監視・阻止すべき義務を負っている（381条乃至385条）。

しかし、代表取締役B、取締役C、同E、及び監査役Dは、各々これらの義務に違反した。

⑶　悪意又は重過失

上述のとおり、本件売掛金500万円が取立不能となる可能性が高くなったことは、2020年3月16日開催のP社取締役会で報告され、代表取締役B、取締役C、同E、及び監査役Dはいずれも出席していた。それにもかかわらず、特に意見は出されず、本件虚偽記載①②がなされ、各人により上記⑵の義務違反がなされた。義務の履行を容易にできなかったという特段の事情はない。

したがって、各人には各任務懈怠について悪意又は少なくとも重過失があった。

⑷　損害及び因果関係

P社の約束手形300万円を割り引いたXには上記の「損害」が生じた。

Xは、信用情報を入手しP社に欠損はないことを確認して約束手形を割り引いており、本件虚偽記載①②がなく粉飾決算がなければ、手形割引をせず、上記の損害が生じることもなかった。

したがって、因果関係も認められる。

⑸　小括

よって、Xは、代表取締役B、取締役C、同E、及び監査役Dに対し、429条1項に基づく損害賠償請求をなしうる。

以　上

［コメント］

①　冒頭において設問の論点を一覧しておくと読みやすい答案となる。

②　会社法463条2項の解釈として、支払義務を負う株主の範囲を検討する必要がある。

③　解答例のように、会社法463条2項と民法423条との関係、および、民法423条の要件の準用の要否の検討を経たうえで設例へのあてはめを行うとなおよい。

④　アで429条2項の責任要件を抽出し概観しておいたほうが、以下の要件へのあてはめの議論が理解しやすい。

⑤　帝国データバンクや会社四季報等のいわゆる二次資料における信用情報に基づく取引についても、会社法429条2項の適用があるかについて、触れたほうがよい。

⑥　本解答例は、丁寧にあてはめを行っているが、上記取締役における論証と重なる部分については、時間の制約により詳述できなければ、その旨を記載し、

簡潔に留めても構わないであろう。

⑦　429条1項の責任についても、⑴で責任要件を抽出し概観しておいたほうがよい。

解説

1　問題の所在

設問に関し、まず考えられるのは、Xが、会社法463条2項に基づき、設例の剰余金の配当を受けた、基準日株主であるA、B、C、D、およびAの友人5名に対し、交付を受けた金額を支払うよう請求することである。次いで、Xは、B、C、D、およびEに対し、会社法429条2項に基づき計算書類の虚偽記載に関する責任を追及することが考えられる。また、彼らに対し、同条1項に基づく責任も追及することができるかもしれない。以下、それぞれの責任について、検討する。

2　違法な剰余金の配当と責任

⑴　剰余金および分配可能額の意義

剰余金とは、最終事業年度の末日（期末）における「その他資本剰余金の額」と「その他利益剰余金の額」の合計額（A）をベースとして、期末日後におけるその剰余金の変動要因（B・C）を反映して算出される額であり（446条）、他方、分配可能額とは、期末日後に生じた変動要因を考慮した上で算出された剰余金（α）をベースとして、臨時決算した場合にはそれによる損益を加減し（β）、かつ、自己株式の簿価等（γ）を控除して算出した額である。これらを数式で表すと下記のようになる。

剰余金（α）＝A＋B－C

A：期末日の「その他資本剰余金の額」と「その他利益剰余金の額」の合計額（446条1号、計算規則149条）

B：期末日後の「自己株式処分損益」（446条2号）、「資本金の額を減少した額」（446条3号）および「準備金の額を減少した額」（446条4号）の合計額

C：期末日後の
①「自己株式を消却した場合における当該自己株式の帳簿価格」（446条5号、計算規則24条3項）
②「剰余金を配当した場合における配当財産の帳簿額」（446条6号）
③「金銭配当請求権行使株主に対し交付した金銭の額および基準株主に支払った金銭」（446条6号イロ）
④会社計算規則150条の額（446条7号）

分配可能額（π）＝$\alpha+\beta-\gamma$

α：剰余金（461条2項1号、446条）
β：臨時計算書類の損益（461条2項2号）
γ：①「自己株式の帳簿価格」（461条2項3号）
②「期末日後に自己株式を処分した場合における当該自己株式の対価の額」（461条2項4号）
③「臨時計算書類の損失の額として法務省令で定める各勘定科目に計上した額の合計額」（461条2項5号、計算規則157条）
④会社計算規則158条の額（461条2項6号）
⑤のれん調整額（のれんの額の2分の1と繰延資産の合計額）が資本等金額（資本金および準備金の合計額）を超える額。ただし、のれんの額の2分の1についての超過額分はその他資本剰余金の残高を上限とする（計算規則158条1号）。

剰余金は、分配可能額の算定の際のベースとなる（461条2項1号）ばかりか、剰余金を減少させてその分を資本金や準備金の額に組み入れる際の限度額となり（450条3項、451条3項）、また、分配可能額は、株主が会社債権者に優先して会社財産の払戻しを受けることを制限する機能を有する（166条1項、170条5項、462条～465条など）。すなわち、会社法は、剰余金の配当に関し、その効力発生日における分配可能額の範囲内での交付（461条1項8号）を定めている。このほか、剰余金の配当に関しては、会社の純資産額が300万円を下回る場合の配当の禁止（458条、計算規則158条6号）、および、配当により減少する剰余金の額の10分の1の準備金への積立て（445条4項、計算規則22条、23条、28条）を規定し、債権者と株主との利害調整ないし債権者の保護を強化している。

配当の帳簿価額総額が分配可能額を超える場合には、会社法上特別の支払義務が規定されており、配当を受け取った株主および配当に関する業務執行者等は連帯して会社に対し、配当金総額の帳簿価額に相当する金銭を支払わなければならない（462条1項柱書、6号、施行規則116条15号、計算規則159条8号）。この業務執行者等の責任は過失責任であり（462条2項）、また、分配可能額を超えることに善意の株主は業務執行者等からの求償に応じる義務を負わない（463条1項）。以上は、会社に対する責任として設計されているが、債権者は、上記支払義務を負う株主に対し、自己の債権額を超えない範囲において、会社から受け取った配当額の帳簿価額に相当する金銭を自己に直接支払わせることができる（463条2項）[(1)]。会社による自己株式の取得についても、同様の規制があるが、設例におけるEとP社との間の株式譲渡（P社による自己株式取得）は、分配可能額の範囲内で行われており、適法である。そこで、問題となるのは、2020年6月3日の定時株主総会で承認された剰余金の配当が分配可能額の範囲でなされていたかである。

⑵　本問における分配可能額の計算

P社の株主構成は以下の変遷を経ている。当初は、Aが200株すべてを保有していたが、2012年3月1日の譲渡後は、A50株、B、C、D、Eが各30株、Aの友人5人が6株ずつ保有し、さらに、2016年6月2日の定時株主総会後は、A50株、B、C、Dが各30株、Aの友人5人が6株ずつ、P社が30株となり、その後、2020年5月12日の消却と同年5月13日の自己株式割当てとにより、A50株、B、C、Dが各30株、Aの友人5人が6株ずつ、Fが20株を保有するに至っている。2020年6月3日の株主総会決議に基づく剰余金の配当は基準日株主（同年3月31日付の株主名簿上の株主）に対して行われることに注意されたい。

2020年3月31日現在のP社の剰余金は900万円である（200万円＋700万円）（446条1号。なお、施行規則116条、計算規則149条参照）。同年5月13日現在のP社の剰余金は302万円である（900万円－398万円－200万円）（446条2号・5号）。そして同日現在のP社の分配可能額は300万円である

（1）　株主に対し会社への支払いを求めるのではなく、債権者が自己に対し直接支払いを求めうると解される（奥島孝康ほか編『新基本法コンメンタール　会社法2（第2版）』（日本評論社、2016）460頁〔伊藤壽英〕）。

(302万円－2万円)(461条2項1号・4号)。同日以後分配可能額に変動をもたらすような要因は生じていないから、本件剰余金の配当が効力を生じた2020年6月3日における分配可能額も同額である。したがって、この限りでは、P社が行った基準日株主に対する170万円(1万円×社外株式170株)の剰余金配当は分配可能額を超えるものではない(461条1項8号)。なお、分配可能額の算定にあたっては、300万円を控除する必要があるが、資本金と準備金の合計額が2100万円あるので、分配可能額の算定には影響を及ぼさない(458条、計算規則158条6号)。

(3)　本問における計算書類の問題性

もっとも、Q社に対する売掛金500万円につき貸倒引当金を計上していない点は、「一般に公正妥当と認められる企業会計の慣行」(431条、計算規則5条4項)に違反すると考えられる。金銭債権について取立不能のおそれがある場合には、事業年度末日においてその時に取り立てることができないと見込まれる額を控除しなければならない。本問では、Q社の手形は2020年3月9日の時点ですでに不渡りとなっており、P社はQ社に対する売掛金を取り立てることができないことを予測できたので、P社は500万円を貸倒引当金として計上する必要があった。これを計上すれば、P社には欠損が生じ、分配可能額はなかったことになる。

(4)　Xがなしうる主張

以上から、P社の剰余金の配当は分配可能額規制違反に相当し、Xは、A、B、C、D、およびAの友人5名に対し、それぞれ、50万円、30万円、30万円、30万円、5名分で30万円を支払うよう請求することができる(463条2項)。会社法463条2項には、民法423条の債権者代位権との類似性が認められ、債権者は会社ではなく自己に対し直接給付を求めうると解される[(2)]。

この場合、Xの債権額は300万円であるので、金額の面では、それぞれに対し全額を請求できる。としても、XがP社の倒産を知った時点ではXの債権の支払期限は未到来であるので、保存行為を除き債権者による弁済期未到来の被代位権利の行使を認めない民法423条2項から、そもそも当該請求は認めら

(2)　たとえば、森本滋＝弥永真生編『会社法コンメンタール11　計算等(2)』(商事法務、2010)221頁〔黒沼悦郎〕、江頭憲治郎『株式会社法(第7版)』(有斐閣、2017)687頁。

れるのかが問題となる。この点については、会社法463条2項は民法423条の特則と考えられるから、弁済期未到来の債権であっても請求可能と解すべきである。また、同様の理由から、会社の無資力は要件とならないと解する[3]。もっとも、設例においてP社はすでに倒産しており、無資力であると解されるので、無資力要件を課したとしてもXの請求は可能であり、結論において異ならない。

なお、A ら株主が違法配当について善意か否かは問題とならない[4]。会社法463条2項は、同条1項とは異なり、株主の善意と悪意を区別しておらず、また、善意の株主に債権者が支払いを請求できないとすれば、株主が債権者に優先して弁済を受けることを認めるという不合理な結果になってしまうからである。

3　虚偽記載に係る取締役・監査役の第三者に対する責任

⑴　責任の性質

取締役が計算書類に記載すべき重要な事項について虚偽の記載等を行ったときは、同人がその行為をすることについて注意を怠らなかったことを証明しない限り、第三者に対し、これによって生じた損害を賠償する責任を負う（429条2項1号ロ）。また、監査役も監査報告に記載すべき重要な事項について虚偽の記載をした場合には、その行為をすることにつき注意を怠らなかったことを証明しない限り、第三者に対し、これによって生じた損害を賠償する責任を負う（429条2項3号）。この取締役と監査役の責任は連帯責任である（430条）。

⑵　設例へのあてはめ

では、B、C、Eは虚偽記載を行った取締役として会社法429条2項1号の責任を、Dは虚偽記載を行った監査役として同項3号の責任を負うか。

まず、手形取引のような、振出人である会社またはその譲受人と第三者との相対取引について、そもそも会社法429条2項の捕捉範囲といえるかという問題がある。この点については、同項の責任を市場規制（公開市場における株式等の取得に関する開示責任）が会社法に取り込まれたものとして限定的に捉え

（3）　この点につき、黒沼・同上および江頭・同上は、民法上の債権者代位権と同じく解釈上会社の無資力を要件とすべきとする。

（4）　たとえば、神田秀樹『会社法（第22版）』（弘文堂、2020）327-328頁。

る見解もあるが[5]、そのように捉えるべきではなく、設例のような手形取引にも適用があるものと解すべきである。

以上を前提としたうえで、設例における貸倒引当金の無記載は同項にいう「重要な事項」にあたるか。「重要な事項」とは、取引を決断するにあたってそれに影響する事項である。本問では、XはP社に欠損がないことを確認して手形割引を行っているので、もし貸倒引当金が適正に計上され、P社に欠損が生じていることを承知していたとすれば、この手形割引には応じていなかったと推認される。したがって、P社の計算書類およびその監査報告には、「重要な事実」について虚偽の記載があったと評価できる。また、Xはこの虚偽記載がなければ手形割引に応じていなかったのであるから、虚偽記載と損害との因果関係も認めることができる。

もっとも、XはP社の計算書類および監査報告を確認することなく、帝国データバンクの情報を信用しきって手形を買い取っているから、本項の保護の対象外ではないかという疑問が生じうる。Xには、計算書類および監査報告の原本を確認する義務があったのではないか。

この点、帝国データバンクの財務情報は、会社の決算公告等に基づいて作成されている。すなわち、帝国データバンクの情報に虚偽があるとすれば、それはもっぱらP社の虚偽記載に起因するといえる。したがって、たとえXが計算書類および監査報告を閲読せず、帝国データバンクの情報に基づいて取引したとしても、本項の責任は生じうると解する（反対・名古屋高判昭和58・7・1判時1096号134頁）。なお、このように会社の財務情報を信用情報提供サービス等の媒体を通じて入手し閲読する場合には損害との間の相当因果関係が認められないとした裁判例が存在するが（京都地判昭和55・10・14判タ427号186頁）、虚偽の計算書類を登載させたのはほかならぬP社の取締役ら

（5）　会社法429条2項などの会社法上の情報開示責任について、金融商品取引法規制の優位性の観点から、公開市場における有価証券の取得の局面に限定し、手形取引等には会社法429条1項の責任の構成の余地を説くものとして、たとえば、上村達男「計算書類の虚偽記載と対第三者責任」江頭憲治郎ほか編『会社法判例百選（第2版）』（有斐閣、2011）153頁（第3版では執筆者交代に伴い、このような記述はなされていない）。なお、片木晴彦「取締役の計算書類虚偽記載に基づく責任が否定された事例」商事1097号39頁、黒沼悦郎「取締役の第三者に対する責任―計算書類の虚偽記載に基づく責任が否定された場合」ジュリ889号107頁、参照。

であり、当該情報がそのまま登載されている限り情報源により損害の有無や損害額が変わるわけではないから、これを因果関係の問題として処理するのは適切でなかろう。

Xは、計算書類および監査報告に虚偽記載等がなければ会社との取引関係に入らなかったであろうことを立証しなければならないが、虚偽記載等と債権の回収ができなかったこととの間の因果関係まで立証する必要はない。B、C、D、Eは、善意かつ無重過失を証明しない限りこの責任を免れないが、2020年3月16日の取締役会でQ社が第1回の不渡りを出したことは報告されているのであるから、B、C、D、Eは貸倒引当金計上の必要性を認識していたと推認でき、この者らが善意かつ無重過失であったことを証明するのは困難である。

よって、Xは会社法429条2項に基づき、B、C、D、Eに対して直接、その被った損害300万円の賠償を請求することができる。

⑶　会社法429条1項に基づく責任

B、C、D、Eは、その職務を行うについて悪意または重過失があったときは、これによって第三者に生じた損害を賠償する責任を負う（429条1項）。したがって、Xは、本件虚偽記載について、B、C、EにはP社に対する任務懈怠ないし善管注意義務（・忠実義務）違反（330条、民法644条、355条、462条1項、計算規則159条8号）が、また、DにはP社に対する監視義務ないし善管注意義務違反があり（381条、382条、383条1項、384条、385条1項、330条、民法644条）、それらについてB、C、D、Eに悪意または重過失があること、そして、それらの行為とXの損害との間に因果関係があることを証明して、B、C、D、Eに対し、直接、会社法429条1項に基づく損害賠償責任を追及することもできる[(6)]。端的には、粉飾決算により第三者との取引を誘引すること自体、不当な取引誘引行為と評価することができ、少なくとも取締役であるB、C、Eの第三者であるXに対する責任を基礎づけることはできるかもしれない[(7)]。一般的には、Xにとっては同条2項の責任を追及するほうが、立証責任が取締役・監査役に転換されている点で有利であるといえる。

（6）　なお、前示したように、本設例のような手形取引については、会社法429条2項ではなく、同条1項の責任の構成によるべきとの解釈について、上村・前掲注（5）153頁。

（7）　片木・前掲注（5）39頁。

第8章

組織再編

I　事業譲渡

問題（司法試験平成18年度民事系第1問）

1．P株式会社（以下「P社」という。）は、ホテル事業及びスポーツ施設の運営事業を主たる事業目的とする会社法（平成17年法律第86号。以下同じ。）上の公開会社であり、スポーツ事業部門にかかる資産の帳簿価額は、P社の総資産額の約40%を占めている。

Q株式会社（以下「Q社」という。）は、ショッピングセンターの運営事業及びスポーツ施設の運営事業を主たる事業目的とする会社法上の公開会社である。Q社は、P社の議決権総数の40%に当たるP社株式を保有し、Q社の代表権のない取締役AがP社の代表取締役を兼任しているが、A以外に両社の取締役を兼任する者はいない。

Q社はかねてP社のスポーツ事業部門の買収に関心を有しており、Q社の取締役会においては、もしQ社がP社のスポーツ施設を所有することとなれば、Q社のスポーツ事業部門の業績向上に有用であるという意見と、当該スポーツ施設をショッピングセンター用の大型店舗に転用すれば大いに活用できるという意見とに分かれていたが、いずれにせよP社からのスポーツ事業部門の譲受けを積極的に進めるべきことで意見は一致していた。なお、Q社は、株式買取請求権の行使を懸念し、これが問題となる手続は利用しないこととした。

P社は業績が思わしくなく、特にスポーツ事業部門が不振であったため、P社の取締役会においては、ホテル事業に傾注して業績の立て直しを図るべきであり、スポーツ事業部門をQ社に譲渡することに賛成の意見が多数を占めた。ただし、スポーツ事業部門を譲渡することには取締役の一部に強い反対があったため、Q社にスポーツ事業部門を譲渡するが、将来、P社の業績が回復すればスポーツ施設の運営事業を再開することは妨げられないよう、Q社との間で約定をしておくべきことで意見がまとまり、その点については、Q社からの一応の了解も得られた。

〔設問1〕　この段階で、P社法務部の担当者が弁護士であるあなたのところに、本件に関する会社法上の手続の進め方について相談に来た。Q社がスポーツ施設の運営事業を承継する場合と、当該スポーツ施設をショッピングセンターに転用する場合とに分けて、回答すべき内容を検討しなさい。なお、後記2記載の事実は、ここでは考慮せずに解答すること。

2．その後、P社代表取締役Aが複数の専門家に鑑定をさせたところ、収益からみたスポーツ施設の運営事業の事業価値は20億円を下らず、また、スポーツ施設の資産価値も30億円を下らないとの回答を得たが、Q社代表取締役Bは、帳簿価額により算定した10億円以下にするよう強く求めた。

P社は、スポーツ施設の運営事業の今後の動向、当該事業再開の可能性、Q社との関係の継続等も考慮した上で、契約内容の再検討を行った。その結果、P社代表取締役AとQ社代表取締役Bとの間で、別紙の契約書による契約が締結され、当該契約は履行された。なお、当該契約の締結については、P社の取締役会において承認され、さらに、P社の株主総会において特別決議により承認された。Q社の取締役会においても、当該契約の締結に先立ち、重要事実が開示され、Aを議決から排除した上でその締結を承認する決議がされた。

〔設問2〕　上記の事実関係について、会社法上の問題点を検討しなさい。

別紙

事業譲渡契約書

P株式会社（以下「甲」という。）とQ株式会社（以下「乙」という。）とは、甲の事業の譲渡につき、次のとおり契約を締結する。

記

第1条（事業譲渡）

⑴　甲は甲のスポーツ施設の運営事業部門（以下「本事業」という。）を乙に譲渡し、乙はこれを譲り受ける。

⑵　本事業の譲渡により、本事業にかかわる甲の資産及び負債は、乙に譲渡される。

第2条（譲渡日）

譲渡日は、平成○年○月○日とする。ただし、法令上の制限、手続上の事由により必要あるときは、甲・乙協議の上、これを変更することができる。

第3条（譲渡価額）

本事業の譲渡の価額は、金10億円とする。

第4条（競業の禁止）

甲は、本事業の譲渡の後は、スポーツ施設の運営事業を行わない。

第5条（瑕疵担保責任）

譲渡資産に重大な瑕疵があった場合は、本契約の趣旨に従い、甲・乙協議の上、その解決に当たる。

第6条（善管注意義務）

甲は、本契約締結後、引渡し完了に至るまで、善良なる管理者の注意をもって本事業及び譲渡資産の管理運営を行い、本事業及び本契約に重大な影響を及ぼすような行為をする場合は、あらかじめ乙と協議するものとする。

第7条（支払方法）

乙は、第3条の譲渡価額から甲の乙に対する債務額を控除した額を支払うものとする。また、譲渡価額の支払方法は、甲・乙協議の上、別途定める。

第8条（従業員の取扱い）

本事業に従事している甲の従業員の雇用については、甲・乙協議の上、別途定める。

第9条（移転手続）

譲渡資産のうち登記、登録、その他移転のために必要とするものについて、甲・乙協力してその手続を行う。

第10条（取引先等の継承）

乙は、甲の本事業に関する顧客及び仕入取引先を継承する。

第11条（費用負担）

譲渡資産に関する公租公課、保険料等の費用は、日割計算により、譲渡日までの分は甲の負担、その後の分は乙の負担とする。

第12条（契約の変更又は解除）

本契約締結の日から譲渡期日に至る間において、天災地変その他の事由により甲の財産又は経営状態に重要な変動が生じたときは、甲・乙協議の上、条件を変更し、又は本契約を解除することができる。

第13条（効力発生）

本契約は、本事業の譲渡に必要な法令の手続が終了したときに、その効力を生ずる。

第14条（管轄裁判所）

本契約に関する紛争については、○○地方裁判所を第一審の専属管轄裁判所とする。

以上の証として、本契約書を2通作成し、甲・乙各々その1通を保有する。
平成○年△月△日

（甲）P株式会社
代表取締役A
（乙）Q株式会社
代表取締役B

解答例

第1　設問1（以下、会社法は法令名省略）

1　相手方会社が事業を承継した場合

[①]まず、Q社（以下、設問1では、「相手方会社」という。）が、スポーツ施設の運営事業を承継する場合について検討するに、弁護士は、結論として、P社取締役会決議が必要であり、かつ、代表取締役Aが事業承継に関する決議の開始の際に退席する必要があることと、相手方会社においても、取締役会決議を要するとアドバイスする。

(1)　P社株主総会決議が不要である理由

ア　吸収分割の方法の不採用

[②]相手方会社が株式買取請求権（785条、797条）を問題とする手続を利用しないという本件では、吸収分割（2条29項）は、採用できない。

イ　事業譲渡の方法の不採用

(ア)　[③]「事業」（467条1項1号及び2号）とは、文言解釈及び相手方会社の予測可能性を担保する見地から、21条1項の「事業」と同義であって、①一定の事業目的のために組織化され有期的一体として機能する財産及び②当該財産によって営業される活動まで含むと解する。これは、「事業」を有機的一体として機能する財産で足りるとすると、相手方会社は、株主総会決議の要否を客観的に判断できず、不測の損害を被るためである。

[④]相手方会社がスポーツ施設の運営事業を承継する場合、相手方会社は、P社の使用していたシャワー施設やトレーニング機器を継続利用することができるため、①及び②の要件を充足する。よって、相手方会社が事業を承継する場合、「事業」に該当する。

(イ)　では、「譲渡」（467条1項2号）に該当するか。[⑤]467条1項が「事業の譲渡」につき株主総会決議を要求した趣旨は、競業避止義務によって、定款記載の事業内容が制限されてしまい、株主に不測の損害が生じてしまうことを防止する点にある。そうであるとすれば、自社が競業避止義務を負担しない特約付きの事業承継であれば、敢えて⑥「事業の譲渡」と認定して株主総会決議を要求する必要はない。また、文言解釈上、21条と平仄を合わせるべきである。

本件では、P社の業績が回復すればスポーツ施設の運営事業を再開することを予定して競業避止義務を負担しない特約付きの事業承継を予定しているため、本件の事業承継は、「譲渡」に該当しない。

(ウ)　⑦上記のことから、本件事業承継は、事業譲渡に該当しない。

ウ　以上から、本件事業承継に関して、P社株主総会決議は、不要である。

(2)　P社取締役会決議を要する理由（重要な財産の処分に該当すること）

ア　「重要な財産」の「処分」に該当すること

⑧「重要な財産」とは、会社業務に重大な影響を与えるか否かをもって決すべきであり、当該財産の会社の総資産に占める割合、処分態様等の事情を総合的に考慮して決する。

P社において本件で処分するスポーツ事業部門の資産の帳簿価格は、同社の総資産額の40%と大部分を占めており、また、P社は、同部門を切り離してホテル事業に傾注し、他方でP社同部門が不振であったことから、同部門を処分することを計画している。このことから、P社のスポーツ事業部門を処分することは、同社業務に重大な影響を与えるものであって、「重要な財産」の「処分」該当する。

イ　以上から、P社において取締役会決議を要する（362条4項2号）。

(3)　P社取締役会決議にAが加われない理由

ア　Aが決議について「特別の利害関係」を有すること

「特別の利害関係」とは、問題となる議案の成立により他の取締役と共通しない特殊な利益を獲得し、又は不利益を免れる者をいう。

イ　Aは、P社の代表取締役でありP同社を代表して業務執行する者であると同時に、相手方会社の代表権を持たない取締役である。A以外にP社と相手方会社の取締役を兼任する者がいない本件であっても、相手方会社は、P社の議決権総数の40%という大多数の株式を有しており、Aの有する相手方会社の支配力次第では、本件事業承継の決議によって、他の取締役と共通しない特殊な利益を獲得する余地がある。

本件でP社取締役会においては、相手方会社へのスポーツ事業の処分の議案に際して、代表取締役Aは、自己が特別利害関係取締役であることを示して、議場から退席する方が、本件事業承継に瑕疵を残さないといえる。

ウ　以上から、本件事業承継に際して、Aは、P社取締役会決議に加わるべきでない（369条2項）。⑨

(4)　相手方会社においても取締役会決議が必要であること

相手方会社においても、「重要な財産」の「譲受け」に該当するため（362条4項1号）、同社の取締役会決議を要する。

その際、Aは、P社の代表取締役であることから、P社の「ために」相手方会社と「取引しようとするとき」に当たるから（365条1項、356条1項2号）、Aは、同取締役会において、「取引につき重要な事実を開示」しなければならず、本件事業承継の後、「当該取引についての重要な事実を」報告する必要がある（365条2項）。⑩

2　相手方会社がショッピングセンターに転用する場合

次に、相手方会社が、ショッピングセンターに転用する場合について検討する。⑪

この場合、スポーツ事業を承継しない場合、「重要な財産の」「譲受け」に該当しないため、相手方会社において取締役会決議を経る必要がない。

よって、弁護士は、結論として、P社についての手続については、上記1と同じであるとしたうえ、相手方会社においては、取締役会決議を経る必要はないとアドバイスする。

第2　設問2

1　はじめに

別紙事業譲渡契約書の第1条（スポーツ施設の運営事業部門の譲渡）及び第4条（P社に対する競業避止義務）の存在から、別紙による契約履行は、事業の譲渡の履行である。P社における株主総会特別決議（以下、「本件特別決議」という。）及びQ社における取締役会決議（以下、「Q社決議」という。）は、事業譲渡の履行に先立っての承認決議である。以下、上記決議に関する問題点について検討する。

2　本件特別決議についての瑕疵及び同決議の取消し

本件特別決議では、スポーツ施設の運営事業部門が10億円でQ社へ移転することが承認可決されていることから、P社の議決権株式40%を保有するQ社が議決権行使している。Q社による議決権行使が831条1項3号の取消原因⑫

に該当するか。

⑴　Q社が「特別の利害関係を有する」株主であること

「特別の利害関係を有する」株主とは、株主総会決議が、株主全体の利益を超えて、特定の株主の利害に影響する株主をいう。Q社は、事業譲渡の譲受会社であって契約当事者であるから（別紙）、「特別の利害関係を有する」株主である。

⑵　本件特別決議の承認が「著しく不当な決議」であること

詳細は4で後述するが、本件特別決議の承認は、Q社代表取締役Bが提案した金額である10億円を譲渡対価とするものであって、提案額のうち下限の金額であり、同社にとって最も有利な条件である。P社としては、50億円が妥当と提案していることに照らせば、Q社による影響力が本件特別決議に働いたものといえる。⑬

⑶　以上から、本件特別決議には、831条1項3号の取消原因が存在する。

3　本件特別決議の取消しの効果

株主総会は、決議の時点に遡って無効となり（839条反対解釈）、その効力は、「第三者」たるQ社に対しても及ぶ（対世効、838条）。

したがって、本件特別決議の存在しない事業譲渡がなされたことになるので、P社における事業の譲渡及びQ社における事業の譲受けも遡って無効となる。

これによって、Q社は、P社に対して、事業の譲渡として支払った10億円の返還を求めることができ、他方で、P社は、Q社に対して、譲渡した事業の返還を求めることができる。

4　P社によるP社取締役に対する責任追及（423条）

⑴　P社取締役の任務懈怠と経営判断

事業譲渡の対価の決定は、経営判断に関するものである。本件特別決議の際において、P社の状況及び同社を取り巻く社会経済情勢において、同社取締役らは、合理的な情報収集・調査・検討により、前提事実の認識に不注意な誤りがなく、当該事実に基づく行為の選択肢に不注意が無かったと認められるか。

P社代表取締役は、専門家による鑑定結果から、スポーツ施設の運営事業の事業価値が20億円を下らず、同施設の資産価値が30億円を下らないという情報を得ていたのであるから、これらの情報の裏付け資料を精査し、同社株主を説得する準備を取るべきであった。⑭

仮に、40%を有するQ社の存在から説得できない事情があったとしても、スポーツ施設事業がP社の帳簿価格の40%を占める重要財産であることからすれば、本件事業譲渡にかかる取締役会決議を否決すべきで、事業譲渡の契約を回避すべきであった。

以上のことから、P社取締役の判断は、経営判断において看過しがたい誤りがあり、任務懈怠があるといえる。

(2)　任務懈怠による損害

⑮株主総会の招集や運営及びスポーツ施設運営事業の取戻しに要する費用が損害といえる。

(3)　以上から、P社は、同社取締役に対する責任追及を行うべきである。

5　Q社によるQ社取締役に対する責任追及（423条）

(1)　上記4と同様、10億円という破格の対価で事業を譲り受けることができるとしても、事業譲渡契約が無効となり、事後的に同事業を返還しなければならなくなるリスクを負うことまでは、Q社は想定していない。

Q社取締役としては、事業譲渡契約が後に覆滅されることが無いよう同社取締役会を運営するのが経営責任といえるのであって、10億円という同社代表取締役Bの言い値で事業譲渡契約を締結することを回避すべき注意義務があった。

(2)　上記4と同様、取締役会運営及び10億円の取戻しに要する費用が損害となる。

(3)　以上から、Q社は、同社取締役に対する責任追及を行うべきである。

以　上

［コメント］

①　冒頭で結論を明確にすると、読み手に予測可能性を与え、読みやすい答案になる。

②　本問において会社分割ではなく事業譲渡を問題とする理由について触れておく。

③　事業譲渡の該当性の判断に際して、その判断基準を正確に示し、規範を定立する。

④　要件①と要件②について、丁寧に事案を当てはめると答案の印象がよくなる。

⑤　本問では、競業避止義務を負うことが事業譲渡の不可欠の要件になると解すべきかどうかについて掘り下げて検討することが求められている。判例はこの要件を必要としているが、この点について、競業避止義務のため同一事業の再開が不可能になる場合のみ、株主の保護を図ればよいとの考慮が働いたのではないかとの指摘がある（龍田節＝前田雅弘『会社法大要（第2版）』（有斐閣、

2017）548頁参照)。

⑥　本問における合意は条件付であり、一定の場合にＰ社は競業避止義務を負わないことになる。このような合意の存在により事業譲渡の該当性が否定されるのかどうかを考慮する必要がある。

⑦　解答例とは異なり、事業譲渡の該当性を肯定する場合には、簡易事業譲渡の該当性とともに、質的にみても量的にみても事業の重要な一部の譲渡といえるかどうかを本件事実関係から総合的に判断する必要がある。

⑧　Ｐ社のスポーツ事業部門を処分することが事業譲渡に当たらないとしても、重要な財産の処分に該当するか否かについて検討し忘れないようにする。解答例は、最判平成6・1・20民集48巻1号1頁と同様な判断基準に基づき、Ｐ社のスポーツ事業部門を処分することが重要な財産の処分に該当するか否かを検討している。

⑨　本件事業承継について取締役会決議が必要であるとした場合に、当該決議に特別な利害関係を有する取締役はこれに加わることができないことを丁寧に論じると、答案の印象がよくなる。

⑩　取締役の兼任が認められる本問の事実関係の下での利益相反取引の該当性について可能な限り検討しておく。

⑪　Ｑ社がスポーツ施設の運営事業を承継する場合との相違を明確にして答案を作成する。

⑫　本件事業譲渡の承認決議が特別利害関係人による著しく不当な決議に該当するか否かは、気がつきにくい論点である。会社法831条1項各号の内容の確認とその適用場面を正確に理解しておく必要がある。なお、特別利害関係人による著しく不当な決議については、裁量棄却（同条2項）は認められない。

⑬　解答例のように、本件事業譲渡の承認決議が「著しく不当な決議」といえるかどうかについて、事実のあてはめを丁寧に行う。

⑭　具体的な事実関係の下で、任務懈怠の有無を丁寧に論述する。

⑮　本問における損害とは何か、損害額をどのように解するかについて具体的に記述する。

解説

1　はじめに

本問は、Ｐ株式会社（以下、Ｐ社）が主たる事業部門の一つを同社の議決権総数の40％に当たる株式を保有するQ株式会社（以下、Q社）に譲渡する場合に、会社法上いかなる問題が生じ得るかを問うものである。P社がQ社に事業部門を譲渡する方法としては、会社分割（797条）が考えられるが、Q社は株式買取請求権が問題となる手続は利用しない意向を示していることから、本件では会社分割ではなく事業譲渡の方法によることとなる。設問1では、Q社がスポーツ施設（以下、本件施設）の運営事業を承継するかどうか、あるいはP社の競業避止義務を特約で排除するか否かが不分明な段階で、P社において必要とされる会社法上の手続は何かが問題となる。設問1の思考過程をフローチャートに示すと、およそ次のようになる。

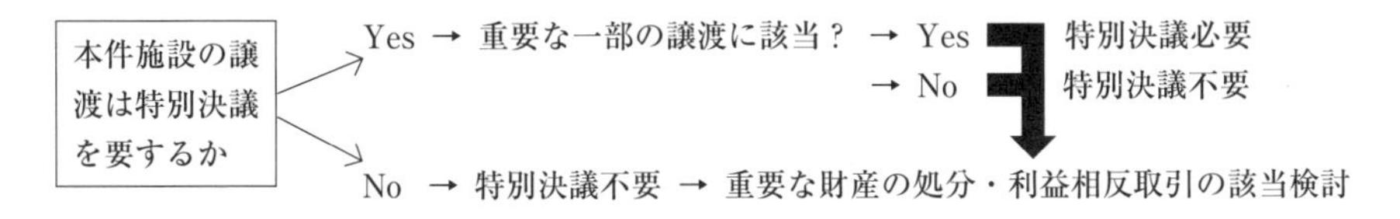

〔設問2〕では、株主総会の特別決議を要する事業譲渡が既に行われた段階で生じる会社法上の問題を検討する必要がある。ここでは、P社の株主総会においてQ社が議決権を行使したと考えられるところ、Q社は同時に事業譲渡の相手方であることから、当該事業譲渡契約の承認決議が「特別利害関係人による著しく不当な決議」であるとして取り消されるか否かが問題となる。また、本件施設の運営事業が低廉な価格で譲渡されているため、P社の取締役の損害賠償責任も問題となり得る。なお、本問では、利益供与禁止規定（120条）の違反についても検討の余地があるように思われるが、紙幅の関係上、取り上げない。

2　設問1①：事業譲渡の意義

事業譲渡は、株式会社が事業を取引行為として他に譲渡する行為であるところ、譲渡の対象が事業の全部または重要な一部であるときは、原則として、株主総会の特別決議によりその契約の承認を受けなければならない（467条1項1号2号、309条2項11号）。かかる要件を満たす事業の全部または重要な一部の譲渡は、通例、譲渡会社の事業の再編を意味し、株主の重大な利害に関わるからである(1)。平成17年改正前商法（以下、「旧商法」という）の下では「営業ノ全部又ハ重要ナル一部」を譲渡する場合に、株主総会の特別決議を必要とされていた（旧商法245条1項1号）。もっとも、旧商法の下での「営業」の字句は、会社法の下で用語の整理が図られたことで、「事業」の字句に改められたに過ぎず、実質上規制内容に変更はないといわれる[(2)]。以下では、このことを前提として解説する。

(1)　株主総会の特別決議を必要とする事業譲渡

株主総会の特別決議を必要とする事業譲渡とは何か。この点、旧商法の下ではあるが、判例（最判昭和40・9・22民集19巻6号1600頁の多数意見。以下A説）は、事業譲渡とは、旧商法24条（商法15条、会社法21条）以下にいう営業（事業）の譲渡と同一意義であるとしたうえで、「営業そのものの全部または重要な一部を譲渡すること、詳言すれば、一定の営業目的のため組織化され、有機的統一体として機能する財産（得意先関係等の経済的価値のある事実関係を含む。）の全部または重要な一部を譲渡し、これによって、譲渡会社がその財産によって営んでいた営業的活動の全部または重要な一部を譲受人に受け継がせ〔事業活動の承継〕、譲渡会社がその譲渡の限度に応じ法律上当然に〔旧商〕法25条〔商法16条、会社法21条〕に定める競業避止義務を負う結果を伴うものをいう」と判示した。A説は、事業譲渡の要件として、①有機的一体性、②事業活動の承継、③競業避止義務の負担をあげている点に特徴がある。学説の中にも、要件②および要件③を基準とすれば、事業譲渡の該当性を比較的に容易に判断し得るようになり、法律関係が明確化し、ひいては取引の安全（譲受会社の保護）に資することを理由として、A説を支持するものがみられる[(3)]。

これに対して、前掲最判昭和40・9・22の少数意見（以下、B説）は、会社の事業自体の譲渡に際しては、取引の安全よりも、譲渡会社自体の保護を重視すべきであるとして、事業譲渡は、事業目的のために組織化されて有機的一体をなす財産を譲渡することで足り、重要な事業用財産の譲渡も事業譲渡に当

（1）　江頭憲治郎『株式会社法（第7版）』（有斐閣、2017）958頁。
（2）　相澤哲編著「立案担当者による新・会社法の解説」別冊商事295号（2006）139頁。
（3）　石井照久『商法論集』（勁草書房、1974）90頁以下、田中誠二『会社法詳論(上)（3全訂版）』（勁草書房、1993）481頁以下、前田庸『会社法入門（第13版）』（有斐閣、2018）806頁以下等。

たると解する[(4)]。

A説とB説の対立の本質は、「譲渡会社（ひいてはその株主）の保護」と「取引の安全（譲受会社の保護）」のいずれを重視するかという点にあると考えられる。これら二つの要請を調和させるべく、B説と同様に、事業譲渡とは有機的一体性を有する機能的・組織的財産の譲渡それ自体であり、事業活動の承継や競業避止義務の負担を事業譲渡の要件としないが、他方で、いかに重要なものであっても単なる事業用財産の譲渡は事業譲渡にはならないという有力な見解（以下、C説[(5)]）が主張されている。もっとも、「有機的一体性を有する機能的・組織的財産」の意義をいかに解すべきかについては論者により見解が異なる[(6)]。

⑵　事案のあてはめ

まず、上記のいずれの説においても、有機的一体性の要件（要件①）を充足するか否かを本問の事実関係に照らして検討することとなる。要件①を満たせば、B説、C説の立場によれば、本件施設の運営事業を承継する場合と、本件施設をショッピングセンターに転用する場合のいずれにおいても、本件施設の譲渡は事業譲渡に該当することになる。これに対して、A説によれば、後者の場合は、事業活動の承継（要件②）が認められないため、事業譲渡には該当しないことになるが、前者の場合は、要件②が充足されるため、さらに競業避止義務の負担の有無（要件③）についての検討を要する。

⑶　事業譲渡と競業避止義務の関係

設問1では、P社の業績が回復すれば本件施設の運営事業を再開する合意がP社とQ社の間で得られており、P社は将来、競業避止義務を負担しない可能性があることから、要件③を充足するか否かが問題となる。この点、P社は業績が回復するまでは競業避止義務を負担することに鑑みれば、要件③は満たさ

（4）　北沢正啓『会社法（第6版）』（青林書院、2001）746頁。

（5）　竹内昭夫『判例商法I』（弘文堂、1976）158頁以下、落合誠一「営業の譲渡と特別決議」倉沢康一郎教授還暦記念『商法の判例と理論』（日本評論社、1994）173頁、山下眞弘『会社営業譲渡の法理』（信山社、1997）21頁、大隅健一郎ほか『新会社法概説（第2版）』（有斐閣、2010）436頁以下等。

（6）　江頭・前掲注（1）960頁によれば、従業員・得意先等の移転は必ずしも要件ではないとされる。

れるといえよう。また、そもそも要件③は事業譲渡の不可欠の要件なのであろうか。前掲最判昭和40・9・22の多数意見を合理的に解釈すると、競業避止義務は事業譲渡の要件ではなく、その効果として述べられたと解すべきであるとの有力な見解がある[7]。そうであれば、当事者が競業避止義務を特約で排除し、最終的に競業避止義務を負わない場合であったとしても、直ちに事業譲渡の該当性が否定されることにはならないであろう[8]。

3　設問1②：事業の重要な一部の譲渡

P社はホテル事業を営んでいることから、本件施設の運営事業の譲渡が事業譲渡に該当するとしても、これがさらに事業の重要な一部に該当するかどうかが問題となる。

会社法の下では、譲渡する資産の帳簿価格が当該会社の総資産額として法務省令（施行規則134条）で算定される額の5分の1（これを下回る割合を定款で定めた場合にあっては、その割合）を超えない場合には、譲渡会社の株主総会の特別決議は不要とされる（簡易事業譲渡。467条1項2号括弧書）。本件では総資産額の約40%を占める本件施設の運営事業が譲渡の対象とされていることから、簡易事業譲渡の要件を満たさない。もっとも、株主総会決議を要する事業の重要な一部の譲渡といえるためには、さらに当該譲渡が質的にみて事業の「重要な一部」であるか否か（質的基準）を検討しなければならない[9]。

(1)　事業の重要な一部の譲渡と重要な財産の処分

本件施設の運営事業の譲渡が重要な一部の譲渡に当たる場合には、これが取締役会決議を要する「重要な財産の処分」（362条4項1号）に該当する可能性が高い。また、ショッピングセンターへの転用目的での本件施設の譲渡が事

（7）　田中亘「競業避止義務は事業の譲渡の要件か」東京大学法科大学院ローレビュー5巻（2010）292頁。

（8）　宇田一明『営業譲渡法の研究』（中央経済社、1993）76頁以下、大塚龍児・判評368号（1989）56頁（判時1318号）、藤田友敬「営業譲渡の意義」神作裕之＝藤田友敬編『商法判例百選』（有斐閣、2019）33頁。

（9）　事業の「重要な一部」か否かは、売上高、利益、従業員数等といった他の要素も考慮したうえで、質と量の両方の側面から総合的に判断すべきであるとの見解がみられる。江頭・前掲注（1）960頁、落合誠一編『会社法コンメンタール12　定款の変更・事業の譲渡等・解散・清算[1]』（商事法務、2009）32頁〔齊藤真紀〕参照。

業譲渡に当たらないと解するとしても、これが「重要な財産の処分」に該当するか否かを検討する必要がある。重要な財産の処分に該当するか否かは、「当該財産の価額、その会社の総資産に占める割合、当該財産の保有目的、処分行為の態様及び会社における従来の取扱い等の事情を総合的に考慮して判断すべきものと解するのが相当である」とするのが判例・（従来の）通説[(10)]である。

(2)　事業譲渡と利益相反取引

本件では、AがP社の代表取締役とQ社の取締役を兼任しているという状況の下で、本件施設の運営事業の譲渡およびショッピングセンターへの転用目的での本件施設の譲渡（以下、本件各取引）が行われているが、これらが、「自己または第三者のために」株式会社とする取引（356条1項2号）といえるかどうかが問題となる。そういえる場合には、P社において取締役会決議等の手続（356条1項2号、365条1項・2項）が必要となる。ここで、「自己または第三者のために」とは「自己の名をもって」、または「他人の代理人もしくは代表者となって」の意味であると解されている[(11)]。Aは、Q社の取締役にすぎず、Q社のために（Q社を代表して）本件各取引をしているわけではないから、P社において本件各取引は会社法356条1項2号の取引には該当しない。ただし、本件各取引が、会社法356条1項3号にいう取引に該当するか否かは検討の余地があろう[(12)]。

4　設問2①：特別利害関係人による議決権行使

設問2では、事業譲渡の相手方であり、かつ同社の議決権総数の40%を保有する大株主であるQ社が、P社の株主総会に出席して議決権を行使し、事業譲渡契約に係る承認決議（以下、本件株主総会決議）がなされたと考えられる。Q社との関係の継続等を考慮するとしても、事業価値や資産価値を大きく下回る価額での本件施設の運営事業の譲渡はP社にとってきわめて不利とい

---

(10)　最判平成6・1・20民集48巻1号1頁、鈴木竹雄＝竹内昭夫『会社法（第3版）』（有斐閣、1994）275頁。

(11)　大隅ほか・前掲注（5）229頁。

(12)　ただし、P社の代表取締役AはQ社の代表権のない取締役を兼務しているにすぎないため、模範答案のように本件各取引はP社による間接取引には当たらないと解される。この点につき、東京地判平成10・6・29判時1669号143頁参照。

える。以上の諸点に鑑み、本件株主総会決議が特別利害関係人による著しく不当な議決権行使（831条1項3号）にあたり、本件株主総会決議が取り消されるか否かが問題となる。本件株主総会決議が取り消される場合には、当該決議は遡及的に無効となる（839条、834条17号）。

その場合、株主総会の特別決議を欠く事業譲渡契約の効力をいかに解すべきか。この点、当該瑕疵につき善意・無重過失の譲受人に対しては行為の無効を主張できないと解する見解（相対的無効説）があった[13]。しかし、株主の利益を考えると、取引の安全のみで問題を処理することには疑問があり、また事業譲渡に際して実地調査を行うことが多くなった今日では、相手方にとって要件該当性の判断が困難ともいえないとして、株主総会決議を経ない事業譲渡は無効であると解しても差し支えないとの見解も示されている[14]。

5　設問2②：取締役の損害賠償責任

本件では、本件施設の運営事業の価値は20億円を下らず、また、本件施設の価値も30億円を下らないとの鑑定結果にもかかわらず、それらを著しく下回る10億円という譲渡価格でAはBと本件施設の運営事業の譲渡契約を締結している。そこで、AはP社の取締役としての任務を怠り、善管注意義務（330条、民法644条）・忠実義務（355条）に違反し、その結果、P社に損害を与えたとして損害賠償責任（423条）を負うか否かを検討する必要がある。取締役の業務執行は、不確実な状況の下で迅速な決断をせまられることが多いことから、行為当時の状況に照らし合理的情報収集・調査・検討等が行われたか、および、その状況と取締役に要求される能力水準に照らし不合理な判断がなされなかったかを基準に善管注意義務が尽くされたか否かの判断がなされるべきであるといわれている[15]。かかる判断基準に照らし、善管注意義務違反が認められる場合には、さらに、本件事実関係の下で、任務懈怠と相当因果関係のある損害は何か、具体的な損害額はいくらかについて具体的に検討する必要があろう。

（13）　鈴木竹雄『商法研究Ⅱ』（有斐閣、1971）57頁以下。
（14）　江頭・前掲注（1）963頁。
（15）　江頭・前掲注（1）470-471頁。

Ⅱ　分割、事業譲渡

問題（旧司法試験平成21年度第1問）

製パン事業を営むX株式会社は、資本関係のない食品大手のY株式会社が保有する製パン工場の一つであるA工場をのれんも含めて取得し、これを直営したいと考えている。A工場（のれんも含む。以下同じ。）の評価額は、複数の証券アナリストに評価させたところ、5億円であった。

X社の経営陣は、今後Y社と資本関係を持つことで、Y社からノウハウの提供等を受けることを期待することができると考え、A工場を現金ではなくX社株式50万株で取得することを希望してY社の経営陣と交渉を行ったが、最終的に、両社の経営陣は、X社がY社からA工場をX社株式60万株で取得すること（以下「本件取得」という。）に合意した。

なお、X社は、発行可能株式総数が300万株、発行済株式総数が200万株、純資産額が20億円であり、X社株式の価値は1株当たり1000円であったものとする。また、X社は、公開会社であるが、委員会設置会社〔筆者注：現指名委員会等設置会社〕でも種類株式発行会社でもないものとする。

本件取得を実行するには、X社の側では、どのような手続をとればよいか。次の二つの方法について、検討せよ。

1　本件取得に反対するX社の株主が、X社に対して、その有するX社株式の買取請求をすることを認める方法

2　本件取得に反対するX社の株主が、X社に対して、その有するX社株式の買取請求をすることを認めない方法

以上

解答例

第1　設問1

1　本件取得を実行するにあたり、X社が、本件取得に反対する株主に対し、その保有するX社株式の買取請求を認める方法として、いかなる手続きが考え

られるか。

2　本件取得は、Y社が、その事業に関して有する権利の一部（A工場）を、分割後に他の会社（X社）に承継させるものであるから、吸収分割（会社法（以下省略）2条29号）に当たると考える。

そして、吸収分割においては、これに反対する株主（以下「反対株主」という。797条2項参照）に、自己の保有する株式の買取請求が認められている（785条1項）。

これは、吸収分割のような組織再編手続きが、会社組織の重要な部分に変更をもたらす行為であることから、反対株主に退出の機会を与えることを目的としたものと考える。①

したがって、X社は、吸収分割の手続きを行うことによって、反対株主にX社の株式買取請求を認めることができる。

3　吸収分割手続きについて

(1)　X社が吸収分割を行う際の手続きは以下のとおりである。②すなわち、①Y社との吸収分割契約の締結（757条、定めるべき契約内容につき758条参照）、②吸収分割契約事項の事前開示（794条）、③株主総会特別決議による承認（795条）、④反対株主が株式買取請求を行使するための通知等（797条）、⑤債権者への催告（799条）である。

(2)　前記手続きのうち、③②は、X社の株主が、本件取得を承認するか否かを判断するために設けられたものと考える。④また、③は、本件取得が株主にとって重要な事項であることから、株主の意思を反映させるため通常の手続きよりも厳格な手続きを定めたものであり、⑤については、本件取得により、X社の業績が悪化し、債権回収が困難となるおそれがある債権者に対し、その利益保護のため異議を述べる機会を設けたものと考える。

(3)　以上、吸収分割においては、反対株主の株式買取請求権が認められているため、X社としては、本件取得を吸収分割の手続きによって、反対株主に自社株式の買取請求を認めつつ、本件取得を実行することができる。

第2　設問2

1　他方、反対株主に、X社株式の買取請求を認めずに本件取得を実行するにあたり、X社はいかなる手続きを行う必要があるか。

2　この点、X社としては、募集株式を発行し、その対価としてY社にA工場を現物出資させる方法が考⑤えられる。

すなわち、X社は、①未だ100万株の株式を発行することが可能であるから、

X社が本件取得にかかる60万株を新株として発行するか、②X社が保有する自社株式をY社に取得させることができる。⑥

そして、株式の対価として、Y社にA工場を現物出資させることで、反対株主に株式買取請求権を認めることなく本件取得が可能となると解する。⑦

募集株式の発行にあたり、法が反対株主に買取請求権を認めていない趣旨は、公開会社における募集株式の発行においては、吸収分割等の組織再編とは異なり、会社の重要な部分に変更をもたらす行為ではないからと考える。

3　募集株式の発行手続きについて

(1)　X社は取締役会設置会社のため（2条5号、327条1項1号）、取締役会による募集事項の決定が必要となる（199条1項、201条1項）。⑧

(2)　もっとも、X社株式は1株あたり1000円であるが、Y社は、X社株式を1株833円（5億円÷60万株）で取得することになる。

そこで、かかる金額が「特に有利な金額」（199条3項参照）にあたるか、⑨あたる場合には、募集事項の決定にあたり、株主総会特別決議が必要となることから、問題となる（309条2項5号、199条2項）。⑩

ア　法が、「特に有利な金額」での募集株式の発行にあたり株主総会特別決議を必要とした趣旨は、株式価値の希釈化により、既存株主が経済的⑪不利益を受けることを防止することにあると考える。

もっとも、募集株式の発行は、会社の資金調達を目的として行われることからすると、会社が公正な価格よりも低い価格を設定することも許されると解する。

そこで、「特に有利な金額」とは、払込金額が、当該会社の公正な株式価格よりも著しく低い金額をいうものと解するところ、「特に有利な⑫金額」に該当するかは、旧株主の利益と資金調達という目的との調和の見地から個別具体的に判断されるべきである。

イ　本件取得におけるX社株式の価格は、1株あたり833円であり、X社の公正な株式価格（1000円）と比べ、約17％低い金額となる。

確かに、本件取得によりX社はのれんを含めA工場を譲受ける⑬であるから、資金調達という側面からは前記株式価格は「特に有利な金額」といえないとも思える。

しかし、⑭本件取得により、X社の株式は1株961円まで低下するため（25億円÷260万株）、既存株主の株式価値は4％程度希釈化することになる。

そうすると、差し迫って資金調達が必要であるなどの事情が認められない本件においては、前記株式価値の低下を既存株主に甘受させるべきでないと考える。

ウ　したがって、本件取得におけるY社の払込金額は、「特に有利な金額」に該当するというべきである。よって、募集事項の決定にあたっては、株主総会の特別決議が必要である。

(3)　また、純資産20億円のX社が、評価額5億円のA工場を譲受けることは、「重要な財産の譲受け」(362条4項1号）に該当するため、取締役会での決議が必要となると解する。

すなわち、本件取得が「重要な財産の譲受け」に該当するかは、当該財産の価額、会社の総資産に占める割合、財産の保有目的や会社における従来の取扱い等の事情を総合的に考慮して判断すべきあるところ、A工場の評価額は5億円と高額である上、X社の総資産の20%を占めることからすると、本件取得は「重要な財産の譲受け」にあたると解する。

したがって、本件取得にあたっては、X社の取締役会による決議が必要となる。

(4)　さらに、本件取得では、株式取得の対価として、Y社からA工場が現物出資されることから、裁判所に対する検査役の選任の申立てが必要となる（207条)。

(5)　以上、X社は、募集株式の発行手続きにより、X社の反対株主に対し、その保有する自社株式⑮の買取請求権を認めることなく本件取得を実行することができる。

以　上

［コメント］

①　最判昭和48・3・1民集27巻2号161頁の考え方である。

②　これら以外にも、事後開示（801条4項5項）にも触れたほうがよい。吸収分割の登記（923条）にも触れられるとなおよい。

③「債権者への催告（799条)」だけでは足りない。正確には、債権者が異議を述べることができること等につき、官報に公告し、かつ知れている債権者に各別に催告するという手続きが要求されていることに言及すべきである（799条2項、なお各別の催告が省略できる場合につき、同条3項参照)。ただし、これでは長くなるので、「公告等、債権者が異議を述べるための必要な手続き（799条)」くらいの簡潔な記述でよいか。

④　本問のように制度について解答する問題については、条文を挙げて制度を説

明するだけでなく、それぞれの制度趣旨についても触れることが重要。

⑤　「株式の発行」と「自己株式の処分」とを含む概念は「募集株式の発行等」。したがって、「募集株式の発行等をし」という表現が適切。

⑥　「自社株式」ではなく「自己株式」。「自己株式の処分」という語もあったほうがよい。

⑦　「解する」という語は一般的には条文を解釈する際に使用する語なので、ここでは不要か。

⑧　199条2項の引用がない。

⑨　Y社にとって「特に有利な金額」であるかが問題となることをはっきり示すべきであろう。

⑩　199条3項の引用がない。

⑪　既存株主から新株主への利益移転が発生することに触れたうえで、このことを示すべき。だが、それでも株主総会特別決議が必要な理由としては不十分である。既存株主に有利発行の必要性に同意を得て行うためということに触れてほしい。

⑫　直前で示していることを踏まえると、まずは「公正な金額」を決めたうえで、それに対して著しく低い金額か否かを検討する、としたほうが自然な解釈ではないだろうか。

⑬　「譲り受ける」。送り仮名に注意。以下についても同様。

⑭　設問2につき、これより上の部分は募集株式の発行等（「株式の発行」と「自己株式の処分」）に関する論述であるが、⑭の部分のみは株式の発行により本件取得を行った場合についての分析であるため、そのことに言及すべきであろう。参考までに、自己株式の処分により本件取得を行った場合には、以下のような論述になろう。「本件取得を自己株式の処分による方法で行う場合には、Y社のA工場（評価額5億円）の現物出資に対し、X社の有する自己株式60万株（6億円の価値）を割り当てることになる。これにより、X社の株式価値は1株950円まで低下するため（((20億円－6億円)＋5億円)÷200万株)、既存株主の株式価値は5％希釈化する。」

⑮　「自社株式」という語は「自己株式」と混乱するので、誤解を招かないためにも問題文と同じく「X社株式」と記したほうがよいだろう。

解説

1　はじめに

本問はいわゆる論点について考えて解答させる問題ではなく、制度について解答させる問題である。そのため、条文を挙げて制度を説明することは当然要求されるが、それとともに何のためにその制度があるのかという、いわゆる制度趣旨についても言及する必要があろう。

本問は、X社がY社からA工場（のれん[1]も含む）をX社株式60万株で取得するスキームにはどのようなものがあるかについて、X社株主に反対株主の株式買取請求権を認める方法であるか否かで分けて解答せよ、というものである。このような企業再編の場面において反対株主に株式買取請求権を認めるスキームとしては、事業の譲渡や組織再編（合併、会社分割、株式交換、株式移転）が考えられよう。設問1では、これらの中から本問の事例に適したものを選んで解答することになる。

以下では、X社株主に反対株主の株式買取請求権を認める方法として吸収分割（2）、認めない方法として新株の発行、自己株式の処分について解説する（3）。

なお、問題文では平成21年度の出題当時の会社法に従い「X社は、……委員会設置会社……でもない」としているが、以下では現行の会社法に従い「X社は、……指名委員会等設置会社でも監査等委員会設置会社……でもない」として解説をする。

2　設問1：反対株主の株式買取請求権を認める方法

(1)　総説

会社分割には吸収分割、新設分割の2種類があるが、本問のように既存の会

（1）「のれん」とは、得意先関係や営業上のノウ・ハウなど、法的権利としては認められていないが経済的価値のある事実関係のことをいう。龍田節＝前田雅弘『会社法大要（第2版）』（有斐閣、2017）396頁、江頭憲治郎『株式会社法（第7版）』（有斐閣、2017）653頁注14、田中亘『会社法（第2版）』（東京大学出版会、2018）396頁参照。

社が他の会社の権利義務を承継するときに利用されるのは吸収分割である。吸収分割とは、株式会社がその事業に関して有する権利義務の全部または一部を分割後他の会社に承継させることである（2条29号）。本問では、Y社のA工場をX社が吸収分割により取得し、その対価としてX社株式60万株をY社に交付するという手法がとられることになろう。

吸収分割を行うには、吸収分割承継株式会社（本問でいうX社のこと。以下、「承継会社」とする）と吸収分割会社（本問でいうY社のこと。以下、「分割会社」とする）が吸収分割契約を締結する必要がある（757条）。問題文によれば、X社Y社間での合意がすでになされており、この時点で吸収分割契約が締結されていると考えてよいだろう。したがって、設問1では、この後の手続につき解答すればよい。具体的には、⑴吸収分割契約の事前開示、⑵株主総会による承認、⑶反対株主に株式買取請求権を行使させるために必要な手続、⑷債権者が異議を述べるために必要な手続、⑸事後開示、⑹吸収分割の登記につき、承継会社のとるべき手続をその趣旨とともに解答すべきである。以下では、本問で問われている承継会社のとるべき手続にしぼって解説するが、分割会社にも同様の手続が課されているものがあることを、条文を参照して各自で確認しておいてほしい。

⑵　吸収分割を行うための手続

(A)　吸収分割契約の事前開示

まず、吸収分割契約備置開始日から効力発生日後6か月を経過するまで、吸収分割契約の内容その他法務省令で定める事項（施行規則191条～193条）を記載した書面または記録した電磁的方法を本店に備え置かなければならない（794条）。吸収分割契約備置開始日[(2)]とは、会社法794条2項各号に掲げられている日のいずれか早い日である。効力発生日とは、吸収分割がその効力を生ずる日であり、吸収分割契約の内容として定められている（758条7号）。この事前開示は、株主が吸収分割契約を承認すべきかどうかを判断するにあたって参考とする情報を提供するため、また債権者が吸収分割に異議を述べるかどう

（2）　条文では「吸収合併契約等備置開始日」となっているが、ここでは説明の便宜のため、このような表現にした。なお、「吸収合併契約等」とは、吸収合併契約、吸収分割契約、または株式交換契約のことを指す（782条1項）。

かの判断材料を提供するために行われるものである[3]。

(B)　株主総会の承認

次に、承継会社は、効力発生日の前日までに、株主総会の特別決議により、吸収分割契約の承認を受けなければならない（795条1項、309条2項12号）。株主にとって重要な事項の承認であるため、特別決議を必要としたものである。

(C)　反対株主の株式買取請求権を行使させるために必要な手続

上記の株主総会に先立って吸収分割に反対する旨を通知し、かつ当該株主総会において吸収分割に反対した株主は、「反対株主[4]」となり（797条2項1号イ）、効力発生日の20日前から効力発生日の前日まで、株式買取請求権を行使することができる（797条5項）。これは、吸収分割という会社組織の基礎に本質的変更をもたらす行為に反対する株主に会社からの退出の機会を与えるための制度である（合併についての最判昭和48・3・1民集27巻2号161頁参照）。反対株主に株式買取請求権を行使する機会を与えるため、承継会社は、効力発生日の20日前に、その株主に対し、吸収分割をする旨と分割会社の商号・住所を通知しなければならない（797条3項。公告で代えることができる場合につき797条4項）。

(D)　債権者が異議を述べるために必要な手続

吸収分割が行われるとき、仮に分割会社の財務状態が悪いと、承継会社の債権者の債権回収可能性が低下し、その利益が害されるおそれがある[5]。そのため、承継会社の債権者は、吸収分割に対して異議を述べることができる（799条1項2号）。この機会を与えるため、承継会社は吸収分割に関する799条2項1～3号所掲の事項と、債権者が一定の期間内に異議を述べることができる旨を官報に公告し、かつ知れている債権者には各別に催告しなければならない（799条2項。各別の催告が省略できる場合につき799条3項参照[6]）。なお、異議を述べなかった債権者は吸収分割を承認したものとみなされる一方（799条

（3）　田中・前掲注（1）639頁、伊藤靖史ほか『会社法（第4版）』（有斐閣、2018）405頁、近藤光男ほか『基礎から学べる会社法（第4版）』（弘文堂、2016）269頁。

（4）　当該株主総会で議決権を行使できない株主も「反対株主」となる（797条2項1号ロ）。

（5）　田中・前掲注（1）658頁、伊藤ほか・前掲注（3）421頁。

（6）　799条では「存続株式会社等」という表現が使われているが、これは吸収合併存続株式会社、吸収分割承継株式会社、または株式交換完全親株式会社のことを指す（794条1項）。

4項)、吸収分割が債権者を害するおそれがないときを除き、承継会社は異議を述べた債権者に対して弁済し、もしくは相当の担保を提供し、または弁済の目的で相当の財産を信託しなければならない（799条5項)。

(E)　事後開示

効力発生日に吸収分割の効力が発生した後遅滞なく、分割会社は吸収分割により承継会社が承継した分割会社の権利義務その他の吸収分割に関する事項として法務省令（施行規則189条）で定める事項を記載または記録した書面または電磁的方法を作成し（791条1項1号)、承継会社は効力発生日から6か月間、これを本店に備え置かなければならない（801条3項2号)。承継会社の株主、債権者その他の利害関係人はこれを閲覧・謄写できる（801条4項5項)。これにより、吸収分割の手続の適正な履行を間接的に担保することができるし、株主・債権者は吸収分割無効の訴え（828条1項9号）を提起するか否かを判断することができる[(7)]。

(F)　吸収分割の登記

吸収分割は契約で定めた効力発生日にその効力を生じる（759条1項)。承継会社は、効力発生日から2週間以内に本店の所在地において吸収分割の登記をしなければならない（923条)。もっとも、これは吸収分割の効力要件ではない。

3　設問2：反対株主の株式買取請求権を認めない方法

X社株主に反対株主の株式買取請求権を認めずにY社からA工場を取得する方法としては、X社が新株を発行する方法と自己株式を処分する方法が考えられる。具体的には、X社が60万株を発行して第三者割当ての方法でY社に割り当てるか、X社が自己株式を保有している場合にはその保有する自己株式をY社に譲渡し、それに対してYはA工場を現物出資する方法である。

(1)　新株の発行および自己株式の処分の手続

X社の発行可能株式総数が300万株、発行済株式総数が200万株であることを考えると、あと100万株の新株を発行することができる。したがって、本

（7）　江頭・前掲注（1）927頁、886頁、田中・前掲注（1）666頁、伊藤ほか・前掲注（3）429頁。

問でY社に割り当てる60万株につきX社は新株を発行することが可能である。また、問題文からは明らかではないが、X社が自己株式を60万株以上保有している場合には、60万株をY社に譲渡することも可能である。

X社のような公開会社の場合、新株の発行および自己株式の処分を決定する機関は取締役会であるのが原則である（199条2項、201条1項）。しかし、払込金額が募集株式を引き受ける者に特に有利な金額である場合には、既存株主の株式価値が希釈化されて経済的な不利益を被ることになるため[8]、株主総会の特別決議によらなければならない（201条1項、199条2項・3項）。本問のX社株式の価値は1株＝1000円であるところ、Y社は評価額5億円のA工場（のれんを含む）を出資してX社より60万株を割り当てられるのであるから、Y社は1株＝833.33…円でX社株式を引き受けることになる。これがY社にとって「特に有利な金額」に当たる場合には、X社の株主総会の特別決議でこれを決定しなければならない。

払込金額が「特に有利な金額」に当たるか否かは、公正な金額[9]を基準として、著しく低い金額で発行されているか否かにより判断される。実務では、上場会社について、「払込金額は、株式の発行に係る取締役会決議の直前日の価額（直前日における売買がない場合は、当該直前日からさかのぼった直近日の価額）に0.9を乗じた額以上の価額であること。ただし、直近日又は直前日までの価額又は売買高の状況等を勘案し、当該決議の日から払込金額を決定するために適当な期間（最長6か月）をさかのぼった日から当該決議の直前日までの間の平均の価額に0.9を乗じた額以上の価額とすることができる。」という取扱いがされている（いわゆる「自主ルール[10]」）。X社が上場会社か否かについては問題文から明らかではないが、本問でもこれを参考にして時価の90％未満での発行であれば有利発行にあたるという基準をたててもよいと思われる。

（8）　これに関しての詳細な説明は紙幅の都合上ここではできない。各自で基本書（田中・前掲注（1）467頁、伊藤ほか・前掲注（3）314頁、神田秀樹『会社法（第22版）』（弘文堂、2020）145頁など）を読んで、しっかり理解しておいてほしい。

（9）　上場会社における公正な金額の意義につき、東京地決平成16・6・1判時1873号159頁［百選22］参照。この裁判例は、後述の「自主ルール」を参照している。なお、非上場会社における「特に有利な金額」については、最判平成27・2・19民集69巻1号51頁［百選23］がある。

（10）　日本証券業協会「第三者割当増資の取扱いに関する指針」（平成22年4月1日）。

本問では、Y社に対してはX社株式の価値の約83.3％でX社株式が発行されており、これは有利発行に当たると判断してよいだろう。

(2)　A工場を現物出資するための手続

X社の新株発行または自己株式の処分に対し、Y社はA工場を現物出資することになる。本件取得は、A工場が食品大手のY社の事業の一部であることから、X社にとっては事業の一部の譲受けにすぎない。これは、事業の全部の譲受けではないため、X社の株主総会の特別決議は不要であり（467条1項3号、309条2項11号）、またこれに反対するX社株主には株式買取請求権が認められていない（469条1項）。したがって、事業の一部譲受けという観点からはX社に特別な手続は不要である。そのため、本問ではこれに関する論述は必要最小限でよいように思われる。

しかし、X社の純資産額が20億円であるのに対し、のれんを含むA工場の評価額は5億円ときわめて高額であることに注目すると、本件取得が「重要な財産の譲受け」（362条4項1号）に該当することが考えられ、X社の取締役会決議が必要となるか否かが問題となる。また、本件取得はいわゆる現物出資によるものであるため、そのための手続も解答する必要があろう。

(A)　「重要な財産の譲受け」に該当するか否か

重要な財産の処分・譲受けなどの重要な業務執行の決定については、取締役会で決議しなければならず、代表取締役その他の取締役に委任することはできない（362条4項）。これは、重要な業務執行の決定については、取締役全員の協議により適切な意思決定がなされることが期待されているためである[(11)]。しかし、どのような行為が「重要な」財産の処分・譲受けに該当するかは、法文上明らかにはされていない。

判例は重要な財産の処分に該当するかの基準について示しているが、重要な財産の譲受けの場合も同様に解してよいだろう。すなわち、重要な財産の譲受けに該当するか否かは、「当該財産の価額、その会社の総資産に占める割合、当該財産の保有目的、処分行為〔譲受けの場合は譲受行為と読み替えてよいだろう——筆者注〕の態様及び会社における従来の取扱い等の事情を総合的に考

(11)　江頭・前掲注（1）413頁。

慮して判断すべき」ものとされている（最判平成6・1・20民集48巻1号1頁［百選63］）。したがって、判例の列挙する判断要素のうち、問題文に書かれている事情についてあてはめて解答すればよい。たとえば、本問のA工場の価額はのれんも含め5億円と高額で、X社が譲り受けた場合の総資産に占める割合は20％と非常に高いことなどから「重要な財産の譲受け」に該当し、取締役会の決議を経る必要がある、というあてはめが考えられよう。

なお、本問では本件取得は現物出資として行われており、そもそもX社の取締役会決議（有利発行の場合は株主総会の特別決議）が必要とされていることから、「重要な財産の譲受け」に該当するか否かについての論述は、ごく簡潔でよいと思われる。

(B)　現物出資の手続

現物出資とは、金銭以外の財産による出資のことである。具体的には、動産・不動産・債権・有価証券・知的財産権・事業の全部または一部の出資が考えられる(12)。現物出資には、出資の目的物が過大評価されて不当に多くの株式が与えられることにより他の株主や会社債権者を害する危険性がある。そこで、会社法は現物出資を行う場合には特別な手続を用意している。

現物出資を行おうとする場合、会社は募集株式を引き受ける者の募集を行う際にその旨を定めなければならない（199条1項3号）。前述のように本問では有利発行に該当するため、これは株主総会の特別決議で決定されることになる。この募集事項の決定後遅滞なく、会社は現物出資財産の価額を調査させるため、裁判所に対し、検査役の選任を申し立てなければならない（207条1項）。本問でもこの2点につき、現物出資に特別な手続が用意されている理由とともに論述する必要があるだろう。

---

(12)　江頭・前掲注（1）72頁、髙橋美加ほか『会社法（第3版）』（弘文堂、2020）443頁。

Ⅲ　詐害分割

問題（オリジナル）

次の文章を読んで、〔設問１〕および〔設問２〕に答えなさい。

1　甲株式会社（以下「甲会社」という）は、公開会社ではない会社であり、甲商品の製造販売から創業を開始した会社である。近年、甲商品を製造販売する甲部門は、外国製の類似品の輸入に押され、会社内の不採算部門となっていた。甲部門の技術を一部応用して開発された乙商品の製造販売を行う乙部門の業績は好調であった。甲会社は現在債務超過の状態にあるが、その原因が甲部門の衰退にあることは客観的に明らかであった。

2　甲会社の役員らは、今後の業績回復の見込みが不透明な甲部門を切り捨て、優良部門である乙部門のみの今後の発展を目標として、経営の立て直しを模索し、次のような会社分割（以下、「本件会社分割」という）を計画した。

・甲会社の取締役会は、新たに乙株式会社（以下「乙会社」という）（公開会社ではない会社）を新設分割設立会社として設立し、乙部門を乙会社に移転させる。

・乙部門に係る権利義務は全て乙会社が承継する。

・乙会社の設立の際に発行される株式は全て甲会社が取得する（乙会社の株式は、実際上の価値はほとんどない）。

・甲部門に係る債務は乙会社には承継されず、新設分割会社である甲会社に残存する。

・甲会社の会社分割前の資産は１億円、負債は１億 5000 万円であるが、乙会社に移転する権利義務関係は、資産 9000 万円、負債 8000 万円とする。

A 株式会社（以下、A 社という）は、甲会社甲部門に関する取引について、債権 6000 万を有している。A 社の他に、B 株式会社も、甲部門に関する取引について債権 1000 万円を有している。C 株式会社（以下、C 社という）は、乙部門に関する取引について、債権 8000 万円を有している。

3　会社分割計画は甲会社の株主総会で承認されたが、A 社および B 社は、本件会社分割について知ることはなかった。令和元年５月１日、本件会社分割の効力が発生した。

甲会社の経営状態は本件会社分割後も回復することはなく、Ａ社およびＢ社に対する債務も期限の利益を喪失した。Ａ社およびＢ社に対して、未だ債務の履行はされていない。

〔設問１〕 Ａ社は、令和２年８月１日、新設分割無効の訴えを提起することができるか論じなさい。

〔設問２〕 Ａ社は、令和２年12月１日、乙会社に対して債権を回収するために、どのような法律上の主張ができるか論じなさい（なお、〔設問１〕の手段は検討対象外とし、Ａ社が倒産手続に入る可能性については考慮しないこととする）。

解答例

第１　設問１

１　Ａ社は、新設分割無効の訴え（会社法（以下略）828条１項10号）を提起することができるか。

２　⑴ア　本件会社分割に無効事由が認められるか。無効事由については、明文の規定はないが、組織再編の無効は多くの利害関係人に影響を与えることから、法的安定性の見地に鑑み、無効事由は重大な瑕疵に限定すべきと考える。

イ　甲会社は、本件会社分割を実施するにあたり、甲会社の債権者に異議を述べる機会を与えなければならない（810条１項、２項）。これは、会社分割によって、債権を回収できなくなるおそれのある債権者を保護することにある。①

しかし、Ａ社とＢ社は甲会社の債権者であるにもかかわらず、本件会社分割について知らされていない。

したがって、本件会社分割においては、債権者異議手続きを怠った点で瑕疵があったというべきである。

また、債権者異議手続きの瑕疵は、債権者の会社分割に対する意見を述べる機会を不当に奪うものであるから、前記法の趣旨に鑑みても重大な瑕疵であると考える。

ウ　したがって、本件会社分割には無効事由が存在するといえる。

(2)ア　もっとも、A社は原告適格を有するか。法は、新設分割無効の訴えを提起する者を限定しているため、A社が「新設分割について承認をしなかった債権者」（828条2項10号）に当たるか問題となる。

イ　法が新設分割無効の訴えにおいて原告適格を限定したのは、権利義務関係を早期に確定し、法的安定性を確保することにあると考える。

そうすると、「新設分割について承認をしなかった債権者」とは、新設分割の承認または不承認について、発言することが認められている債権者、すなわち、新設分割につき異議を述べることができる債権者をいうと解する（810条1項2号参照）。

そして、新設分割について異議を述べることができる債権者とは、「新設分割後新設分割株式会社に対して債務の履行を請求することができない新設分割株式会社の債権者」であるところ（810条1項2号）、A社は本件会社分割後も新設分割会社である甲会社に対して債務の履行を請求することが可能な債権者であるから、新設分割について異議を述べることができる債権者に該当しない。

ウ　そうすると、A社は「新設分割について承認をしなかった」（828条2項10号）にも当たらず、新設分割無効の訴えの原告適格を有しないと考える。

よって、本件会社分割には無効事由が存在するが、A社に原告適格がないことから、Aにおいてが新設分割無効の訴えを提起することはできない。

第2　設問2

1　A社は、「残存債権者」（764条4項）として、乙会社に対して債務の履行を請求することができるか。②

2　(1)　本件会社分割では、甲部門にかかる債務は乙会社に承継されない。

したがって、A社は、新設分割設立会社である乙会社に承継されない債務の債権者であり、「残存債権者」といえる（764条4項）。

(2)ア　また、「残存債権者を害する」（764条4項）とは、新設分割会社がその財産を減少させることで、新設分割会社の債権者が十分な弁済を受けられない状態になることをいうと解する。

イ　本件会社分割は、資産1億円に対し負債が1億5千万円と債務超過に陥っていた甲会社が、その資産の9割を乙会社に移転するものであるところ、甲部門に関する取引について債権6千万を有するA社が、本件会社分割によって、十分な弁済を受けられなくなることは明らかである。
ウ　したがって、本件会社分割は、「残存債権者を害する」といえる。
(3)ア　さらに、764条4項には、「残存債務者を害することを知って」とあるところ、甲会社に詐害意思が認められるか問題となる。
イ　詐害意思は、会社分割により、新設分割会社の責任財産が減少し、残存債権者において十分な弁済が受けられなくなることに対する認識であると解する。
ウ　本件では、前記のとおり、本件会社分割の時点で甲会社の責任財産が減少する蓋然性があったのであるから、甲会社において、A社が十分な弁済を受けられなくなることを認識していたと評価できる。
　したがって、本件会社分割においては詐害意思も認められるというべきである。
(4)　よって、A社は、本件会社分割における「残存債権者」として、乙会社に対して、債務の履行を請求することができる。

以　上

［コメント］

①　債権者異議手続について整理すること。残存債権者に対しては、債権者異議手続の規定はない（但し、789条1項2号括弧書、810条1項2号括弧書）。

②　詐害的会社分割における残存債権者保護としてさまざまな類型が存在するが、解答上、会社法764条4項の直接履行請求権と民法424条の詐害行為取消権による詐害的会社分割の比較があるとなお良い。

解説

1　本問の論点

詐害的会社分割における分割会社の残存債権者の保護に関して、新設分割による場合を想定し、①新設分割無効の訴えの原告適格、②平成26年改正会社法により新設された直接履行請求権について問題を設定した。

2　新設分割無効の訴え（設問1）

⑴　概要

新設分割の無効は、新設分割の効力が生じた日から6ヶ月以内に、訴えをもってのみ主張することができる（828条1項10号）。

新設分割無効の訴えの原告適格を有する債権者は、「新設分割について承認をしなかった債権者」（同条2項10号）に限定されている。この根拠について、判例は、「新設分割による権利義務の承継関係の早期確定と安定の要請を考慮しているためである」と示し、「『新設分割について承認をしなかった債権者』とは、新設分割の手続上、新設分割について承認するかどうか述べることができる債権者、すなわち新設分割に異議を述べることができる債権者（同法810条1項2号）と解するのが相当である」としている（東京高判平成23・1・26金判1363号30頁）。

ただし、学説上は、いわゆる詐害的会社分割における分割会社の残存債権者は「異議を述べることができない債権者」であるが、「新設分割について承認をしなかった債権者」に含めることができるとする見解があること、判例のいう「権利義務の承継関係の早期確定と安定」の意味が不明確であると指摘されていることに留意する必要がある。[1]

答案における無効事由の記述に関しては、今後の学説の展開を注視する必要がある。

⑵　原告適格

本問では、A社が「新設分割について承認をしなかった債権者」に該当するか検討することになる。会社分割後も分割会社に対して債務の履行を請求できる者は、債権者異議手続の対象とはならない（789条1項2号、810条1項2号）。これは、分割会社が新設会社または承継会社へ移転した権利義務の対価を分割会社が取得することから残存債権者が害されることはないからだと説明される。分割会社の残存債権者は債権者異議手続の対象とならないため、A

（1）　弥永真生「会社分割無効の訴えの原告適格」商事1936号（2011）4頁以下。小出篤「『組織に関する訴え』における原告適格の法定」神作裕之ほか編『会社裁判にかかる理論の到達点』（商事法務、2014）190頁以下も参照。

社は「新設分割について承認をしなかった債権者」に該当しない。ゆえに、分割会社の残存債権者は、新設分割無効の訴えの原告適格を欠く[2]。

3　会社法上の分割会社の残存債権者の保護（設問2）

(1)　概要

会社分割において、分割会社の残存債権者は債権者異議手続の対象外であることから会社分割が濫用され、分割会社の残存債権者が害される事例が相次いだ。裁判上、分割会社の残存債権者保護の類型が現れていたが、平成26年改正会社法は詐害的会社分割における残存債権者保護のための直接履行請求権を新設し、立法的解決がされた。

直接履行請求権により、分割会社が残存債権者を害することを知って会社分割をした場合には、残存債権者は、設立会社または承継会社に対して、承継した財産の価額を限度として、当該債務の履行を請求することができる（759条4項、764条4項）[3]。

本問は、会社法上の直接履行請求権について、民法上の詐害行為取消権との相違を意識しつつ論じてもらうことを目的としていた。

(2)　要件

(A)　詐害性[4]

改正会社法の規定における「残存債権者を害する」とは、民法424条1項と同様の意味であり、分割会社が自己の財産を減少させる行為をして、残存債権者が十分な弁済を受けられなくなることをいう[5]。詐害性の内容については、判例のほか学説上も、依然として多くの議論がされており、移転した資産の内容、対価の内容、会社分割の目的の偏頗性、重畳的債務引受の有無等が問題となっている。

本問では、債務超過の状態にあった甲会社が本件会社分割を行うことにより、

（2）　小出・前掲注（1）192頁以下。

（3）　田中亘『会社法（第2版）』（東京大学出版会、2018）660頁以下。

（4）　難波孝一「詐害的会社分割—会社法からの分析」川嶋四郎＝中東正文編『会社事件手続法の現代的展開』（日本評論社、2013）134頁以下。

（5）　法務省民事局参事官室「会社法制の見直しに関する中間試案の補足説明」商事1952号（2011）56頁以下。

乙会社に承継される債権者と甲会社の残存債権者の間には、責任財産について著しい不公平が生じ、残存債権者を害することになるのは明らかであった。本件会社分割により、残存債権者であるAが本件会社分割後に回収しうる債権の弁済率は、本件会社分割がなければ回収できたであろう弁済率を下回っている。A社は、本件会社分割により債権回収に重大な影響を受けるため、害されていると解される。

(B)　詐害意思

残存債権者保護のため会社法上の直接請求を求めるには、分割会社が残存債権者を害することを知って会社分割を行ったという詐害意思が必要である（759条4項、764条4項）。詐害意思とは、当該会社分割により、分割会社の責任財産が減少し、残存債権者が十分な弁済を受けられなくなることを認識していることをいう。

本問では、甲会社はA社の弁済率が低下することを認識していると解される。

(C)　請求または請求の予告が可能な期間

設立会社または承継会社が残存債権者に対して負う責任は、分割会社が残存債権者を害することを知って会社分割をしたことを知った時から2年以内、または会社分割の効力発生日から10年以内に、残存債権者が請求または請求の予告をしなければ、その期間を経過した時に消滅する（759条6項、764条6項）。本問では、請求の時期に問題はない。

(3)　詐害行為取消権との関係

詐害的会社分割における残存債権者保護について、最高裁は、「新設分割が詐害行為取消権行使の対象となることを否定する明文の規定は存しない。また、会社法上、新設分割をする株式会社……の債権者を保護するための規定が設けられているが（810条）、一定の場合を除き新設分割株式会社に対して債務の履行を請求できる債権者は上記規定による保護の対象とはされておらず、新設分割により新たに設立する株式会社……にその債権に係る債務が承継されず上記規定による保護の対象ともされていない債権者については、詐害行為取消権によってその保護を図る必要性がある場合が存するところである」と判示した（最判平成24・10・12民集66巻10号3311頁）。当該判例は、会社分割が詐害行為取消権の対象となりうることを示している。

民法上の詐害行為取消権を認容する確定判決は、債務者および全ての債権者に対してその効力を有する（民法425条）ため、詐害行為取消権と直接履行請求権の制度趣旨は異なる。詐害行為取消権により詐害行為の取消しと逸出財産の返還が請求できるが（民法424条の6）、価額賠償がされる場合には、直接履行請求権の要件および効果とほぼ同様となるため、両者の関係が問題となる。

直接履行請求権は、裁判外でも行使でき、金銭により債務が履行されるものであり（上記判例は、金銭による債務履行を求めるものではない。）、債権全額について、承継財産の価額を限度として請求できる。詐害行為取消権における価額償還は、債務者がした行為の目的が可分である時は、被保全債権の額を限度としてのみ請求が可能である（民法424条の8）。

両規定は、残存債権者保護の手法として併存しており、A社はこれらを選択的に行使できる。もっとも、詐害行為取消権の目的を全ての債権者のための責任保全として捉えると、直接履行請求権による請求の方が残存債権者の救済範囲が広くなると考えられる[6]。

なお、詐害的会社分割をめぐっては、詐害性の意義や、詐害行為取消権と直接履行請求権の行使の関係性について十分に明らかにはなっていない。ゆえに、現在のところ試験で問われる可能性は高くないと思われ、基本的な条文を押さえておけば良いであろう。

（6）　学説上、残存債権者が直接履行請求で確定判決などの債務名義をとった後で、承継会社・設立会社について倒産手続が開始された場合は、債務名義が価額賠償の額に限定されないで債権全額となっているため、最初に価額賠償を求めた場合よりも、他の債権者との関係でより多くの分配を受けられる可能性があるとする見解がある（加藤貴仁ほか「（座談会）平成26年会社法改正の検討」ソフトロー研究24号（2014）144頁〔田中亘発言〕）。

Ⅳ　キャッシュ・アウト

問題（オリジナル）

株式会社Y（以下「Y社」という）は、その発行済株式総数が1000万株であり、Y社株式は、東証二部に上場されていた。株式会社A（以下「A社」という）は、令和2年3月6日当時、Y社株式約300万株を保有するY社の筆頭株主であった。

A社は、令和元年頃より、公開買付けを前置した特別支配株主の株式等売渡請求又は全部取得条項付種類株式を用いてY社を完全子会社化すること（以下「本件全部取得」という）を計画していた。まず、Y社は、Y社及びA社から独立した株価算定機関B社より、Y社株式の価値につき、市場株価法で200円～216円、DCF法で270円～371円とする株価算定書を取得した。次に、Y社は、Y社及びA社から独立したC法律事務所から、本件全部取得の方法・過程等に関する法的助言を受けた。そして、Y社取締役のうち、A社取締役でもあったDは、本件全部取得に関する取締役会の審議及び決議に参加せず、Y社の立場においてA社との協議及び交渉にも参加しなかった。さらに、C弁護士及びY社社外監査役Eは、Y社より諮問を受け、令和2年2月5日から同年3月5日までの間、Y社から説明を受けるとともに、A社との間で書面による質疑応答を行い、B社からY社株式の価値評価に関する説明を受けた。C弁護士及びEは、同月5日、Y社取締役会に対し、本件全部取得の目的には合理性があり、交渉過程の手続及びY社株式1株につき285円とする公開買付価格につき、その公正性を疑わせるような特段の事情は存在しないことから、本件全部取得はY社の少数株主にとって不利益でない旨の意見書を提出した。

A社は、令和2年3月6日、Y社の完全子会社化の一環として、公開買付価格をY社株式1株につき285円（以下「本件取得価格」という）とすること、Y社株式について特別支配株主の株式等売渡請求又は全部取得条項付種類株式を用いた全部取得手続により、Y社の株主はA社のみとすること、全部取得手続で交付される金銭の価額は本件取得価格とすること、買付予定数の下限は466万6667株であり、公開買付期間が令和2年3月9日から同年4月20日までとする公開買付け（以下「本件公開買付け」という）を実施することとし、その旨を公表した。Y社は、同日、取締役会において、本件公開買付けについて、賛同の意見及び応募の推奨を表明（以下「本件意見表明」という）することを決議し、その旨を公表した。本件公開買付けは、約550万株の応募により、成立し、その結果、Y社の議決権保有割合は、約85%となった。

Y社は、令和2年5月7日を基準日とし、同年6月24日に臨時株主総会及び種類株主総会（以下、合わせて「本件株主総会」という）を開催し、Y社株式の取得のために必要な議案につき、いずれの議案も、出席株主の有する議決権数の約90%の賛成により適法に可決承認された。Y社株式は、同年7月27日をもって上場廃止となり、Y社は、同月30日、全部取得条項付種類株式の全部を適法に取得した。

X_1は、令和2年6月10日にY社株式1000株を取得した者であり、X_2は、同年7月1日にY社株式500株を取得した者である。

〔設問1〕　X_1とX_2には、取得価格決定の申立適格が認められるか。

〔設問2〕　仮に、X_1とX_2の取得価格決定の申立適格が認められた場合、取得価格はいくらになるか。

解答例

第1　設問1

1　X_1について

(1)　A社が実施したのは、全部取得条項付種類株式（会社法（以下略）171条1項、108条1項7号）を用いたキャッシュアウトである。

会社が株主総会の決議によって、当該種類株式の全部を取得するためには、株主総会の特別決議により、取得の対価の内容やその数、取得日等を定めなければならないが（171条、309条2項3号）、決議された取得対価に不満がある株主は、取得日の20日前から取得日の前日まで、裁判所に対し、取得価格決定の申立てができるとされている（172条1項）。

(2)　取得価格決定の申立てが認められている株主は、①当該株主総会に先立って当該株式会社による全部取得条項付種類株式の取得に反対する旨を当該株式会社に対し通知し、かつ、当該株主総会において当該取得に反対した株主（当該株主総会において議決権を行使することができるものに限る。）と、②当該株主総会において議決権を行使することができない株主である（172条

1項1号、2号)。

X_1は、基準日後にY社株式を取得しているため、①の株主には該当しない。そこで、②株主総会において議決権を行使することができない株主として、取得価格決定の申立適格が認められるか。X_1が基準日後にY社株式を取得したことから問題となる。

(3)　ここで、取得価格決定に対する申立制度の趣旨は、その意思に反して保有株式を強制的に取得される株主に対し、投下資本の回収の機会を与え、当該株主を保護することにあると解する。

したがって、当該株主に対し、投下資本回収の機会を与えることが相当といえる場合には、取得価格決定の申立適格を認めるべきである。

(4)　本件についてみると、X_1は基準日後にY社株式を取得している。そのため、X_1は、当該株式が本件取得価格をもって強制的に取得される可能性を認識していたのであるから、投下資本回収の機会を与えるべきではないように思える。

しかし、X_1がY社株式を取得した時点では、Y社株式取得のために必要な株主総会決議が成立しておらず、本件取得価格が適当な価格といえるか判然としない状況であった。

そうすると、このような段階で、X_1の投下資本回収の機会を奪うことは、前記取得価格決定に対する申立制度趣旨に鑑み相当でないと考える。

よって、X_1には本件株主総会において議決権を行使できない株主として取得申立適格が認められると解する(172条1項2号)。

2　X_2について

(1)　X_2は本件株主総会後にY社株式を取得した株主であるが、X_2にも取得価格決定の申立適格が認められるか。

(2)　取得価格決定の申立制度の趣旨を前記のとおりに解すれば、本問におけるX_2も保有株式を強制的に取得される株主にあたるため、取得価格決定の申立適格が認められるようにも思える。

しかし、基準日後に取得しただけの株主と異なり、株主総会決議後は、当該株式が一定の対価のもとで強制的に取得されることが確定しているのであるから、それを認識して株式を取得した者に対してまで、投下資本の回収の機会を与えるべきではないと考える。

(3)　本件でも、X_2がY社株式を取得した時点では、本件全部取得に必要な議案はいずれも適法に可決承認されていたのであるから、X_2としても本件取得価格を承知した上でY社株式を取得したものと考える。

したがって、X_2に対し、投下資本回収の機会を与えることは相当とはいえず、X_2には取得価格決定の申立適格が認められないと解する。

第2　設問2

1　X_1およびX_2（以下Xらという。）に取得価格決定の申立適格が認められるとして、取得価格はいくらとすべきか。

2　取得価格決定の申立ての趣旨が、少数株主における投下資本の回収にあることからすれば、取得価格決定における価格は、「公正な価格」（117条5項等参照）を指すと解する。

そして、本件全部取得のように、公開買付けが前置されている場合における「公正な価格」の算定にあたっては、①一般的に公正と認められる手続きによる公開買付けが行われていること、②当該会社が、公開買付け等の価格と同じ価額で全部取得条項付種類株式を取得したといえること、また、①②が充足された上で、③取引の基礎となった事情に予期しない変動が生じたと認めるに足りる特段の事情がないと認められる場合には、公開買付け等の価格を公正な価格とすべきである。

なお、①一般的に公正と認められる手続きか否かについては、多数株主と少数株主とが利益相反関係にあることから、意思決定過程が恣意的なものになるのを排除するための措置が講じられているか、また公開買付けに応募しなかった株主の保有する株式についても、公開買付けと同じ価格で取得することが明示されているかを判断すべきである。

3　本件についてみると、Y社は、本件取得価格の決定にあたり、Y社およびA社から独立した株価算定機関BからY社株式の株価算定書を取得しており、同様に、Y社とA社から独立したC法律事務所から法的助言を受けていた。

また、C弁護士およびEからは、公開買付価格につき、公正性を疑わせる事情は存在せず、少数株主にとって不利益ではない旨の意見書が提出されている。

これらのことからすると、本件取得価格の意思決定過程が恣意的なものになることを排除するための措置⑤が講じられているというべきである。

さらに、全部取得手続きで交付される金銭の価額を本件取得価格とすることが定められていることからすると、本件公開買付けは、一般的に公正と認められる手続きによって公開買付けが行われたといえる（①充足）。

また、Y社は、適法に公開買付けの価格と同額で全部取得条項付種類株式を取得していることに加え（②充足）、本件全部取得は、本件公開買付け後の株主総会で、適法に可決・承認されているところ、取引の基礎となった事情に予期しない変動が生じたと認められる特段の事情を認めることもできない（③充足）。

以上の事情を踏まえると、本件公開買付けにおける価格が「公正な価格」というべきであり、Xらの取得価格は285円が相当と解する。

以　上

［コメント］

① 取得価格決定の申立適格の検討に際して、条文から丁寧に検討しており、大変よい。

② 制度趣旨から検討できており、大変良い。条文の文言上は、基準日後の株主についても申立適格が否定されていないことについて言及できるとより説得的である。

③ 何条の問題かについて言及できると、より、よい答案となろう。

④ 基準日後の株主の場合と比較して検討できており、大変良い。

⑤ 一般に公正と認められる手続といえるか否かは、実質的に判断されるべきであり、価格形成の交渉過程についても審査されるべきである。本問では、価格形成の交渉過程についての事情がないことから、株価算定書の価格についても言及することが求められよう。

解説

1　出題の意図

本問は、キャッシュ・アウトにおける価格決定の申立てに関する近時の裁判例である大阪地決平成29・1・18金判1520号56頁（以下「本決定」という）を素材とした、オリジナル問題である。本問では、基準日後の株主による取得価格決定申立ての可否、株主総会後に株式を取得した株主による取得価格決定の可否及び取得価格決定における審査方法が問われている。本問をとおして、キャッシュ・アウトにおける取得価格決定の申立適格及び取得価格決定の審査方法を確認しつつ、取得価格決定における公正な価格の具体的なあてはめについて、事実関係を踏まえて、検討することが求められる。

2　設問1

(1)　問題の所在

X_1は、本件株主総会の基準日後である令和2年6月10日にY社株式を取得しており、また、X_2は、本件株主総会後の同年7月1日にY社株式を取得している。

そこで、X_1とX_2につき、会社法172条1項に基づく取得価格決定の申立適格が認められるかが問題となる。

(2)　株主総会の基準日後に株式を取得した株主の申立適格

全部取得条項付種類株式の全部を取得するためには、株主総会の特別決議により、取得の対価を定めることになる（171条1項・309条2項3号）が、取得対価に不満な株主は、取得価格決定の申立てで、取得対価の額を争うことができる（172条1項）。取得価格決定の申立てが認められる株主は、①事前に全部取得に反対する旨を会社に通知し、かつ、株主総会で反対した株主、②株主総会で議決権を行使することができない株主である（172条1項1号2号）。

全部取得について決議する株主総会の基準日後に株式を取得した者については、東京地決平成25・9・17金判1427号54頁（百選A34参照）において、①会社法172条1項2号やその他の明文で基準日後に取得した株主に取得価格決定の申立権を認めない旨を規定していないこと、②基準日後に株式を取得した時点では、全部取得に係る株主総会決議が成立することが決定していないこと、③価格決定申立権と議決権とは切り離された権利とされていることを前提に、全部取得によって株主は強制的に株式を取得され、一般的に基準日から株主総会決議の日まで相当の期間が設定される可能性があることから、基準日後に株式を取得したことをもって、当該株主に対しその投下資本の回収の機会を保障しないとする合理的な理由がないことから、会社法172条1項2号の株主に該当し、申立適格が肯定されている。

学説上も、同様の理由から、株主総会の基準日後に株式を取得した者について、取得価格決定の申立適格を肯定する見解が多数説である。もっとも、公開買付前置型キャッシュ・アウトの公開買付け後で、かつ、二段階目の全部取得の株主総会の基準日後に株式を取得した株主は、保護する必要がないとする有力説もある。[1]

⑶　株主総会後に株式を取得した株主の取得価格決定の申立適格

全部取得についての株主総会決議後に株式を取得した者も会社法172条1項2号の株主に該当し、取得価格決定の申立適格が認められるかにつき、最高裁判例はない。

裁判例（東京地決平成27・3・4金判1465号42頁）においては、強制取得についての株主総会において決議がされた後は、既に株式が一定の対価で強制的に取得されることが確定しており、価格決定の申立ての制度趣旨からして、そのような株式をあえて取得した者が保護に値するとはいえないから、このような者からの申立ては申立権の濫用と評価される場合もある旨の判示がなされている。

また、株主総会決議を経ることなくキャッシュ・アウトが可能となる特別支配株主の株式等売渡請求における会社法179条の8第1項の売買価格決定の申立適格につき、判例（最決平成29・8・30民集71巻6号1000頁）は、特別支配株主の株式売渡請求は、売渡株主に対し通知し又は公告すること（179条の4第1項1号、社債、株式等の振替に関する法律161条2項）により、その時点における対象会社の株主が、その意思にかかわらず定められた対価の額で株式を売り渡すことになることから、通知又は公告により株式を売り渡すことになることが確定した後に売渡株式を譲り受けた者は、同項による保護の対象として想定されていない旨を述べ、申立適格を否定している。

特別支配株主の売渡請求における会社法179条の8第1項の売買価格決定における申立適格の判例に対して、学説上、会社法179条の8は価格決定の申立適格について特段の限定をしておらず、差益の獲得を狙って価格決定の申立てをすることは特段不当とはいえないとして、反対する有力説もある。[2]

⑷　本問の検討

本問におけるX_1は、本件株主総会の基準日後に株式を取得した株主である。まずは、裁判例や学説の多数説である申立適格を肯定する見解について言及す

（1）　飯田秀総「基準日後取得株主による全部取得条項付種類株式の取得価格決定の申立て」商事2136号（2017）53頁。
（2）　田中亘『会社法（第2版）』（東京大学出版会、2018）619頁。

ることになろう。これに対して、否定説を自説とするのであれば、肯定説に言及し、その不都合を指摘しつつ、自説の理由付けを行うことになろう。

本問における X_2 は、本件株主総会後に株式を取得した株主である。まずは、裁判例の見解である申立適格を否定する見解について言及することになろう。これに対して、肯定説を自説とするのであれば、特別支配株主の売渡請求に関する議論を参考に、否定説に言及し、その不都合を指摘しつつ、自説の理由付けを行うことになろう。

いずれの解答に際しても、会社法172条1項2号該当性の問題であることを指摘することが必要である。

3　設問2

(1)　問題の所在

本問では、X_1 及び X_2 いずれも、申立適格が肯定されたことを前提に解答することになる。

本問では、取得価格決定における公正な価格の審査方法が問題となる。

(2)　キャッシュ・アウトにおける価格決定の公正な価格の算定方法

全部取得条項付種類株式を用いたキャッシュ・アウトにおける取得価格決定における価格は、条文の文言に記載はないが、株式買取請求の場合と同様に「公正な価格」であると解されている。

判例（最決平成28・7・1民集70巻6号1445号［百選88］）は、公開買付けが前置された全部取得条項付種類株式の取得価格決定における「公正な価格」の算定方法は、①一般に公正と認められる手続により公開買付けが行われ、②その後に当該株式会社が公開買付け等の価格と同額で全部取得条項付種類株式を取得した場合には、③取引の基礎となった事情に予期しない変動が生じたと認めるに足りる特段の事情がない限り、裁判所は、株式の取得価格を上記公開買付けにおける買付け等の価格と同額とするのが相当である旨を判示している。また、①一般に公正と認められる手続としては、(i)独立した第三者委員会や専門家の意見を聴くなど多数株主等と少数株主との間の利益相反関係の存在により意思決定過程が恣意的になることを排除するための措置が講じられ、(ii)公開買付けに応募しなかった株主の保有する上記株式も公開買付けに係る買付け等の価格と同額で取得する旨が明示されていることが挙げられている。そして、小池裁判官の補足意見では、一般に公正と認められる手続が実質的に行われたか否か、買付価格がそのような手続を通じて形成された公正な価格といえるか否かを認定することが必要である旨が指摘されている。

学説上も、判例の審査方法に、賛成する見解が多数説である。

もっとも、最高裁決定は、①について具体的なあてはめをしておらず、どのような事情をどの程度まで審査するかについては後の裁判例に委ねられていた[(3)]。

最高裁決定後の本決定においては、独立した株価算定機関からの価値算定書を取得したこと、独立したリーガル・アドバイザーからの助言を受けていたこと、利害関係のある取締役を除外したこと、独立した第三者からの意見書を取得したこと、買付予定数の下限の設定をしたこと、公正性を担保する客観的状況の確保をしたことを認定し、意思決定過程が恣意的になることを排除するための措置がとられていたことを認めつつ、本件買付価格の価格交渉過程が明らかでなく、また、価格交渉過程において、恣意的意思決定排除措置が具体的にどのように機能したのかが明らかではないとして、恣意的意思決定排除措置の存在のみから、本件買付価格が公正な価格であるとはせず、株価算定書の価格を参照した上で、本件買付価格が公正な価格である旨を判示している。また、最高裁決定の事案においては、公開買付価格の値上げの交渉がなされ、最高裁決定後の他の裁判例（京都地決平成29・6・9金判1541号43頁）においても、公開買付価格の値上げ交渉の過程が示されている。そうであれば、最高裁決定が示した①(i)意思決定過程が恣意的になることを排除されるための措置としては、価格形成過程にまで着目し、価格形成過程が明らかではない場合には、株価算定書の株価も参照した上で、一般に公正な手続といえるか否か判断すべきであろう。

(3)　本問の検討

本問において、本件取得価格が「公正な価格」に該当するか、最高裁決定の枠組みにあてはめて結論を出すことになろう。

Y社及びA社から独立した株価算定機関B社からのY社株式の株価算定書

（3）　髙原知明「判解」法曹会編『最高裁判所判例解説民事篇（平成28年度）』（法曹会、2019）418頁。

を取得したこと、独立したリーガル・アドバイザーであるC法律事務所からの助言を受けていたこと、利害関係のある取締役Dを除外したこと、独立した第三者C弁護士及びY社社外監査役Eからの意見書を取得したこと、買付予定数の下限の設定をしたこと、公正性を担保する客観的状況の確保をしたことを認定し、意思決定過程が恣意的になることを排除するための措置がとられていたことを認めることになろう。

もっとも、本問では、C弁護士及びY社社外監査役EとA社との本件取得価格に関する交渉過程やA社とY社との本件取得価格の形成過程に関する事項が示されていない。

そこで、B社から取得した株価算定書におけるY社株式の価値をも参照することになる。株価算定書においては、市場株価法で200円～216円、DCF法で270円～371円とされており、本件取得価格は、いずれも算定レンジの範囲内にある。

そして、公開買付けに応募しなかった株主の保有する株式も公開買付けに係る買付け等の価格と同額で取得する旨が明示されている。

そのため、①一般に公正と認められる手続がとられているといえよう。

また、Y社は、②公開買付け等の価格と同額で全部取得条項付種類株式を取得している。

そして、③取引の基礎となった事情に予期しない変動が生じたと認めるに足りる特段の事情も認められない。

よって、本件取得価格である285円が公正な価格として、取得価格になる。

第9章

その他

I　手形

問題（予備試験平成28年度）

〔設問1〕と〔設問2〕の配点の割合は、3：7
次の文章を読んで、後記の〔設問1〕及び〔設問2〕に答えなさい。

1．甲株式会社（以下「甲社」という。）は、平成18年9月に設立された株式会社であり、太陽光発電システムの販売・施工業を営んでいる。甲社の発行済株式の総数は1000株であり、そのうちAが800株、Bが200株を有している。甲社は、設立以来、AとBを取締役とし、Aを代表取締役としてきた。なお、甲社は、取締役会設置会社ではない。
2．Aは、前妻と死別していたが、平成20年末に、甲社の経理事務員であるCと再婚した。甲社は、ここ数年、乙株式会社（以下「乙社」という。）が新規に開発した太陽光パネルを主たる取扱商品とすることで、その業績を大きく伸ばしていた。ところが、平成27年12月20日、Aは、心筋梗塞の発作を起こし、意識不明のまま病院に救急搬送され、そのまま入院することとなったが、甲社は、Aの入院を取引先等に伏せていた。
3．平成27年12月25日は、甲社が乙社から仕入れた太陽光パネルの代金2000万円の支払日であった。かねてより、Aの指示に従って、手形を作成して取引先に交付することもあったCは、当該代金の支払のため、日頃から保管していた手形用紙及び甲社の代表者印等を独断で用いて、手形金額欄に2000万円、振出日欄に平成27年12月25日、満期欄に平成28年4月25日、受取人欄に乙社と記載するなど必要な事項を記載し、振出人欄に「甲株式会社代表取締役A」の記名捺印をして、約束手形（以下「本件手形」という。）を作成し、集金に来た乙社の従業員に交付した。乙社は、平成28年1月15日、自社の原材料の仕入先である丙株式会社（以下「丙社」という。）に、その代金支払のために本件手形を裏書して譲渡した。
4．Aは、意識を回復することのないまま、平成28年1月18日に死亡した。これにより、Bが適法に甲社の代表権を有することとなったが、甲社の業績は、Aの急死により、急速に悪化し始めた。Bは、Cと相談の上、丁株式会社（以下「丁社」という。）に甲社を吸収合併してもらうことによって窮地を脱しようと考え、丁社と交渉したところ、平成28年4月下旬には、丁社を吸収合併存続会社、甲社を吸収合併消滅会社とし、合併対価を丁社株式、効力発生日を同年6月1日とする吸収合併契約（以下「本件吸収合併契約」という。）を締結するに至った。

5．Aには前妻との間に生まれたD及びEの2人の子がおり、Aの法定相続人は、C、D及びEの3人である。Aが遺言をせずに急死したため、Aの遺産分割協議は紛糾した。そして、平成28年4月下旬頃には、C、D及びEの3人は、何の合意にも達しないまま、互いに口もきかなくなっていた。

6．Bは、本件吸収合併契約について、C、D及びEの各人にそれぞれ詳しく説明し、賛否の意向を打診したところ、Cからは直ちに賛成の意向を示してもらったが、DとEからは賛成の意向を示してもらうことができなかった。

7．甲社は、本件吸収合併契約の承認を得るために、平成28年5月15日に株主総会（以下「本件株主総会」という。）を開催した。Bは、甲社の代表者として、本件株主総会の招集通知をBとCのみに送付し、本件株主総会には、これを受領したBとCのみが出席した。A名義の株式について権利行使者の指定及び通知はされていなかったが、Cは、議決権行使に関する甲社の同意を得て、A名義の全株式につき賛成する旨の議決権行使をした。甲社は、B及びCの賛成の議決権行使により本件吸収合併契約の承認決議が成立したものとして、丁社との吸収合併の手続を進めている。なお、甲社の定款には、株主総会の定足数及び決議要件について、別段の定めはない。

〔設問1〕　丙社が本件手形の満期に適法な支払呈示をした場合に、甲社は、本件手形に係る手形金支払請求を拒むことができるか。

〔設問2〕　このような吸収合併が行われることに不服があるDが会社法に基づき採ることができる手段について、吸収合併の効力発生の前と後に分けて論じなさい。なお、これを論ずるに当たっては、本件株主総会の招集手続の瑕疵の有無についても、言及しなさい。

解答例

第1　設問1

1　甲社は、手形金支払請求を拒むことができるか。Cが独断で本件手形を作成し、乙社に交付したことから問題となる。

2　(1)　本件手形は、Cが権限なく甲社名義①で作成した、いわゆる偽造手形②であるから、原則、甲社は手形金の支払債務を負③わない。

しかし、本件手形は、振出人欄に「甲株式会社代表取締役A」との記名捺印がある。そこで、④権利外観法理を規定した民法110条を類推適用することができるか。

(2)　民法110条は、取引の安全を保護するために規定されたものであると⑤解する。

したがって、同条を類推適用するにあたっては、①外観の存在、②本⑥人の帰責性、および③相手方が偽造手形であることにつき、善意無過失であることが必要であると考える。

(3)　本件についてみると、本件手形の振出人欄には、「甲株式会社代表取締役A」との記名捺印がある（①）。また、甲社は、日頃からCに手形用紙および代表者印を保管させており、Cが容易に手形を振り出すことが可能な状態においていた点で、甲社に帰責性が認められる（②）。さらに、Aが手形を振り出すことができないことを乙社は知らなかったのであるから、本件手形の偽造につき、乙社は善意無過失であった（③）。

したがって、本件では、民法110条を類推適用することができると解する。

3　よって、甲社は、丙社からの手形金支払請求を拒むことはできない。

第2　設問2

1　吸収合併の効力発生前

(1)　Dは、DEに招集通知が送付されていないことや、CがA名義の全株式につき、議決権を行使していることから、これらが「招集手続きの違反」または「決議方法の法令違反」にあたるとして、株主総会決議取消訴訟を提起することが考えられる（会社法（以下略）831条1項1号）。

(2)　甲社に「招集手続きの違反」は認められるか。

Aが死亡したことにより、甲社株式は、相続人⑦CDEの準共有⑧となる（民法898条、同264条）。そして、⑨「株式が二以上の者の共有に属するとき」、共有者は、株式会社が株主に対してする通知等を受領する者を1名決めて、会社に通知する必要がある（126条3項）。

他方、前記通知がない場合、株式会社は、株式の共有者のうちの一人に対して通知又は催告をすれば足りる（同条４項）。

A名義の甲社株式は相続人CDEの準共有となっているが、CDEは甲社に対して、通知等を受領する者を通知していない。

したがって、甲社はCDEのいずれかに通知又は催告をすればよく、甲社がCのみに株主総会の招集通知を送付したこと自体は「招集手続きの違反」にあたらないと解する。

(3)　ア　甲社に「決議方法の法令違反」は認められるか。

Cが A名義の全株式につき、議決権を行使したことは「決議方法の法令違反」にあたるか。

イ　株式が２名以上の共有に属するとき、共有者は、権利行使者を１名決め、会社に通知をしなければ、当該株式について権利を行使することはできない（106条本文）。⑩

したがって、X社への通知がないにもかかわらず、Cが単独で議決権を行使したことは、決議方法の法令違反にあたると考える。

ウ　もっとも、Cは甲社から同意を得ていることから106条但書により、Cが議決権を行使することができるようにも思える。

しかし、同条但書を広く適用することは、会社の恣意的な運用により実質的に他の共有者の議決権を奪うことになりかねない。⑪

そのため、同条但書の適用範囲は狭く解するべきであり、本件のように、共有者の中で異なる意見を有する者がいる場合には、株主の意見を尊重するためにも、同条但書を適用することはできないと考える。

したがって、Cが単独で議決権を行使したことは、「決議方法の法令違反」に該当し、本件株主総会においては、決議の取消事由が認められると解する（831条１項１号）。

(4)　以上、本件株主総会決議には取消事由が存在するため、Dとしては、本件株主総会決議から３ヶ月以内に、株主総会決議取消訴訟を提起することができる（831条１項柱書）。

なお、株主であるCDの議決権行使の機会を奪っている本件では、違反の事実が重大であるため、裁量棄却は認められない（831条２項）。⑫

(5)　また、本件吸収合併における株主総会決議に法令違反が認められることから、本件吸収合併は、「当該吸収合併等が法令に違反する場合」（784条の２第１号）にあたる。

したがって、CDに「不利益を受けるおそれ」が認められれば、Dとしては、吸収合併の差止を求めることもできる（784条の２）。

2　吸収合併効力発生後

(1)　本件吸収合併契約の効力発生後にDが採ることができる手段としては、吸収合併無効の訴えを提起することが考えられる（828条1項7号）。

もっとも、無効原因については明文の規定がないことから、いかなる事由が無効原因に該当するか問題となる。

(2)　吸収合併等の組織再編において、無効事由が容易に認められると、株主や⑬債権者の地位が極めて不安定となる。そこで、組織再編における無効事由は、取引の安全を踏まえ、重大な瑕疵がある場合に限定すべきである。

本件についてみると、上述したとおり、本件株主総会決議には決議方法の法令違反が認められるところ、かかる瑕疵は、株主であるCDの議決権を奪うものであり、その瑕疵は重大というべきである。

(3)　したがって、本件吸収合併手続きには重大な瑕疵が存在するところ、Dは吸収合併の効力が生じた日から6ヶ月以内に、吸収合併無効の訴えを提起することができる（831条1項柱書、828条1項7号）。

以　上

［コメント］

①　「甲株式会社代表取締役A」が、Aでなく甲の名義であることを、法人の署名方式についての議論を踏まえ、一言することが望まれる。

②　偽造の定義を踏まえ、本件が偽造の問題であることを示すべきである。「いわゆる」でごまかしてはいけない。

③　なぜ負わないのかにつき、（私的自治の原則を踏まえ）ごく簡単でいいので、述べておくとよい。

④　なぜ、適用でなく、類推適用なのだろうか。類推を議論するためには、「類推の基礎」の言及が不可欠である。「偽造」の定義をしっかり書き、無権代理との違いを明らかにしておかないと、論述に説得力が欠けてしまう。

⑤　この点については、「解する」までもなく、異論はないように思う。

⑥　権利外観法理の適用要件を記載しているが、民法110条を類推適用するのであるから、同条の文言を踏まえ、あてはめていく必要がある。

⑦　正確には、「法定相続人」。

⑧　ごく少数説として、当然分割説もあるが、ここは準共有と決め打ちで書いてしまってよいだろう。

⑨　3項4項の趣旨（なぜそうなっているか）について書いておくとよいと思う。後で出てくる会社法106条の議論とのつながりを示すことができる。

⑩　本条の趣旨（会社の事務処理の便宜）について述べたほうがよい。

⑪　実質論だけでなく、平成27年判決を踏まえた論述をすると、説得力を増すだろう。

⑫　細かいことにもフォローが行き届き、よい指摘である。

⑬　株主総会決議の瑕疵と組織再編の無効事由との関係について、解釈論として規範定立しておく必要がある。

解説

1　はじめに

本設問は、実質的には、手形法と会社法から、それぞれ1問ずつ出題されたに等しく、設問1と設問2は、互いに独立した問題である。設問1は、手形法の基本的理解を問う問題で、旧司法試験時代であれば、平易な問題と評しうるものである。ただ、手形法にあてる勉強時間が少なくなっている現在においては、手こずる受験生も多いかもしれない。

他方、設問2は、株式が共同相続された場合における権利行使者の指定に関する基本的理解を前提として、組織再編の効力を争う場合における基本的スキームを問うものであり、吸収合併効力発生前の手段と発生後の手段を分け、前者として、吸収合併の差止請求（784条の2）と株主総会決議取消訴訟（831条1項1号）を、後者として、吸収合併無効の訴え（828条1項7号）を挙げることを求めている。

設問2の各論点については、本書の各項目で詳細な説明がなされているので、ここでは、詳しい解説を省略し、設問1を中心にごく簡単に解説をする。

2　設問1：手形被偽造者の責任

(1)　はじめに：手形法の論点の抽出方法

新司法試験、司法試験予備試験時代の受験生が、手形法に必ずしも習熟していないことに鑑み、まず一般論を述べておきたい。手形法において論点を抽出するにあたってのポイントは次の2つである。この2点を留意して考えていけば、おおよその論点は抽出できるはずである（もちろん各論点について正確な理解をしておくことは、前提として要求される）。

① 基本的手形行為（振出）に関する責任からまず考える。

② 個々の責任について考えるにあたっては、債務→権利→抗弁の順序で考える。[1]

本設問についてあてはめてみよう。まず、①については、裏書人である乙の担保責任（遡求債務）が問われていないので、素直に、甲による基本的手形行為たる振出債務負担の可否を検討すればよい。

⑵ 被偽造者の手形責任

(A) 考えの筋道

さて、本設例においては、以下のとおり考えていくことになろう。

① Cが、本件約束手形の振出人欄に「甲株式会社代表取締役 A」の記名捺印をして、約束手形を作成し、受取人である乙社の従業員に交付している。[2]

② ここに当該手形の振出人欄にある「甲株式会社代表取締役 A」との記載は、A ではなく、甲の名義である。法人の手形行為の場合、手形行為の代理の方式に準じて、代表機関がその法人のためにすることを示して、その代表者自身の署名（記名捺印でも可）をすることを要すると解されている（最判昭和 41・9・13 民集 20 巻 7 号 1359 頁）。学説の中には、上記のほかに、個人の場合と同様に、機関方式による署名（例えば、A が単に「甲株式会社」とのみ記載し、会社印を押捺する方式）を許容する見解もある。

しかし、その見解に立った場合でも、「甲株式会社代表取締役 A」の記載

（1） 確認として、債務→権利→抗弁の順に検討されるべき論点についてまとめておく。

<table>
<tr><td>債務 1（誰に対しても債務を負わない場合）</td><td colspan="2">物的抗弁</td></tr>
<tr><td rowspan="2">債務 2（善意・無（重）過失の者に対して債務を負うことがある場合）</td><td>交付欠缺
権利外観法理
表見代理、偽造など</td><td>新抗弁理論による場合有効性の抗弁として整理</td></tr>
<tr><td colspan="2">基本的手形行為以外：
手形行為独立の原則</td></tr>
<tr><td>権利</td><td colspan="2">善意取得</td></tr>
<tr><td>抗弁</td><td colspan="2">いわゆる人的抗弁（手形法 17 条）</td></tr>
</table>

（2） 手形振出の最終段階である受取までなされているので、いわゆる交付欠缺（手形理論）の問題は生じない。

が甲の署名であることには、異論がない。

③　本設問で問題なのは、前記甲の署名をしたのが、権限がある甲ではなく、事実上手形を作成して取引先に交付することもあったCが、その独断でなしたものであった[(3)]。そして、Cは、単なる使用人にすぎず、社長、副社長、専務取締役等の会社を代表する権限を有しているわけでもなく、取締役ですらない。最判昭和35・10・14民集14巻12号2499頁によると、使用人が代表取締役の承認の下に、常務取締役の名称を使用して取引した場合、表見代表取締役の規定（354条）が類推適用されるが、代表取締役（A）の承認がない本件とは、事例を異にする。

④　結局のところ、本件では、Cが甲の許可なく、甲名義の手形行為をしたということとなり、偽造の問題となる。そして、本件で問われるのは、偽造がなされた場合における被偽造者（甲）の手形責任である。

(B)　偽造の定義

偽造概念については、無権代理との異同をめぐり、判例の変遷があるところ、現在の判例・通説は、次頁の表のように解している（設問に倣い、行為者をC、効果帰属されうる者を甲とする。本設問に関連する部分を網掛けしておいた)。表を一覧すればわかるとおり、現在の学説は、偽造を、他人による手形行為が代理方式でなされたか機関方式でなされたかの差にすぎないとして、できる限り、パラレルに解していこうと考えている。そして、これによると、偽造とは無権限で機関方式の手形行為をなすことであり、本問におけるCの手形振出は、偽造そのものであるといえる。

(C)　被偽造者の責任

そして、本設問で問われるのは、被偽造者である甲の手形責任である。まず、大前提として、答案に記載しておかなければならないことは、「原則」として、被偽造者（たる甲）は、手形行為をしていない以上、私的自治の原則に従い、手形責任を負わないということである。その上で、「例外」として、いかなる場合に責任を負うかを考えていくことになる。

(3)　この事実は問題文で与えられている。

〔表：偽造についての論点の整理〕

他人による手形行為の種類	代理方式	機関方式
手形券面上の記載	甲代理人Ｃ	甲
無権限でなした場合	無権代理	偽造
偽造者の責任	手形法８条	・手形法８条類推説（最判昭和49・６・28民集28巻５号655頁） ・偽造者行為説
被偽造者の責任： 原則として責任負わず（最判昭和27・10・21民集６巻９号841頁）	表見代理（民法110条等）	表見代理の類推（最判昭和43・12・24民集22巻13号3382頁）
追認の可否	民法117条により可能	可能（最判昭和41・７・１判時459号74頁）

上表のとおり、判例（最判昭和43・12・24民集22巻13号3382頁）は、表見代理とパラレルな取り扱いをしようとする見地から、第三者において他人が本人名義で手形を振り出す権限があると信ずるにつき、正当な理由がある場合に、表見代理に関する民法の規定の類推適用を認める。

そこで、答案上は、かかる判例の立場を規範（自説）として述べた上で、類推しうる事案かどうかを検討していくことになる。表見代理の規定も、結局は権利外観法理の表れであるから、同法理の一般的要件である、外観、信頼、帰責性のそれぞれにつき、本設問の事実と照らし合わせていくことになる。具体的には、下記のとおりである。

【外　観】：本件手形の振出人欄に「甲株式会社代表取締役Ａ」の記名捺印がなされていたことから真正な手形であるとの外観が存在している。
【信　頼】：甲社はＡの入院を取引先に伏せていたことから、乙社はＡの入院を知らなかったといえ、本件手形が偽造されたことにつき善意無過失であったといえる。
【帰責性】：甲社は経理事務員であるＣに日頃から手形用紙及び代表者印を保管させており、Ｃがいつでも手形を偽造できる状態にあったといえ、甲社の帰責性も認められる。

結論的には、表見代理既定の類推適用は許容されることになろう。

なお、乙につき、悪意・有過失であった場合には、判例上、表見代理における第三者は直接の相手方に限られると解されているところから（大判大正12・6・30民集2巻9号432頁等)、やや困難な問題が生じる。その場合には、偽造の場合に枠組みに修正を加えたり、権利外観法理に依拠したりする必要が出てこよう。ただ、本設問の場合には、乙の段階で、表見代理が類推適用され、乙が保護されると解されるので、かかる問題は生じないと思われる（第三取得者は、前者の権利を承継する。前掲大判大正12・6・30等)。

⑶　結論

結論として、丙社が本件手形の満期に適法な支払呈示をした場合に、甲社は、本件手形に係る手形金支払請求を拒むことができないと解される。

3　設問2：組織再編の効力

⑴　事前の手段

(A)　はじめに

事前の手段としては、組織再編の差止請求と株主総会決議取消しの訴えを提起することが考えられる。ここでは後者についてのみ、簡単に解説する。

(B)　株主総会決議取消しの訴え①：招集

株式が二以上の（準）共有になっている場合、会社法は、（準）共有者に対し、会社からの通知・催告を受領する者一人を定め、会社に対し通知することを要求している（126条3項)。これは、権利行使者の指定に関する会社法106条の規定に倣ったものである。

設例においては、かかる指定がされていない状態で、株式の準共有者CDEに関する通知はCのみに送付されており、一見すると、「決議方法の法令違反」(831条1項1号）に該当しうるかのように思われる（権利行使者の指定方法に関する多数決説に立ったとしても、持株数においてDEに勝っていないCは、DEの同意なくして、権利行使者になりえない。なお、権利行使者の指定に関しては、参考論点を参照)。

しかし、会社法126条4項は、前記の会社に対する通知がない場合における会社からの通知・催告は、（準）共有者中の一人に対してすればよいと定めている。これは、会社の事務処理の便宜を考慮したものと解される。

したがって、設例におけるCへの通知は、適法であり、取消事由を構成しないことになる。

【参考論点】権利行使者の指定

(1)　問題の所在

設例においては、Aは遺言を残さずに死亡したため、法定相続が生じ、Aの法定相続人C、D及びEとなる。その法定相続分は、Cが1/2、D及びEが1/4ずつとなる（民法900条1号）。かような状況において、Cは、D、Eの賛同を得られない状況にもかかわらず、甲社の同意を得て、A名義の全株式につき賛成する旨の議決権行使をした。

そこで、この議決権行使に先立って、Cが権利行使者として適法に指定されたのかが問題となる。

(2)　株式の共同相続と株式の準共有

株式が共同相続された場合の株主権の帰属につき、金銭債権の場合とパラレルに、法定相続分に応じ当然分割されるとする見解も存在する。しかし、判例・通説は、社員権である株主権を金銭債権と同視するわけにはいかないこと、仮に当然分割を認めても、端数が出た場合、準共有関係を承認せざるを得ないことから、共同相続人間の準共有を生じさせるものと理解する。

(3)　権利行使者の指定

株式について共同相続人間で準共有を生じた場合、会社法106条が適用される。そして同条は、会社の事務処理の便宜から、権利行使者を定めることを要求しており、共同相続人は、権利行使者を定めなければならない。ところが、同条は、どのように定めるべきかにつき規定をしておらず、解釈が分かれることになる。

考え方としては、多数決説（持分の価格に従いその過半数をもってこれを決するとの見解）と、全員一致を要するとする全員一致説とが主張されている。最判平成9・1・28判時1599号139頁は、多数決説を採る。しかし、多数決説といえども、「勝てば官軍」式に、全て反対者を締め出すことを認めるものではない。もともと同条は、前述のとおり、会社の事務処理の便宜を考慮した規定である。同条が適用される場面が、株式の共同相続に限られる現在、相続という面から、前記の「便宜」を説明しなおすと、あくまでも遺産分割協議等により財産の帰属関係が確定するまでの「暫定的取扱い」を定めたものにすぎない。多数決説も全員一致説も、その暫定的期間中に、一種保存行為的に権利行使を認めるか、逆に一時的な状態に過ぎないのだから権利行使を暫定的にストップさせておくか、の価値判断の違いに過ぎず、拠って立つ基盤たる「暫定性」については異論がないといってよい。
　したがって、かかる暫定性を大きく超え、権利行使者指定を活用することにより、支配関係の決定的変動までも認めることは、この制度の予定していないところであり、多数決を濫用する場合には、権利の濫用として権利行使が否定されうる（大阪高判平成20・11・28金判1345号38頁）。

(C)　株主総会決議取消しの訴え②：議決権行使

　ついで、設例においては、議決権行使に関する甲社の同意を得て、CがA名義の全株式につき賛成する旨の議決権行使をしている。前述のとおり、DEの同意なくしてCが権利行使者になることはできず、しかも現実にDEの同意がない設例の場合、Cは権利行使者として議決権の行使をすることはできない。

　そして、かかる場合、会社の方から、権利行使につき同意をすることもできないと解される。

　最判平成27・2・19民集69巻1号25頁は、共有に属する株式について会社法106条本文の規定に基づく指定および通知を欠いたまま当該株式についての権利が行使された場合において、当該権利の行使が民法の共有に関する規定に従ったものでないときは、株式会社が同条但書の同意をしても、当該権利の行使は、適法となるものではない旨判示する。

　以上のところからすると、Cの議決権行使は、決議方法の法令違反として、取消事由を構成する（831条1項1号）。もちろん重大な瑕疵であるので、裁量棄却の対象ともならない（831条2項）。

(2)　事後の手段：組織再編の無効の訴え

　事後の手段としては、組織再編無効の訴えについて論じることになる。その際には、組織再編無効の訴えと前記の株主総会決議取消訴訟の関係についても、論じていくことになろう。

巻末付録

I　巻末付録①

問題（予備試験平成 27 年度）

次の文章を読んで、後記の〔設問 1〕及び〔設問 2〕に答えなさい。

1. X 株式会社（以下「X 社」という。）は、昭和 60 年に設立され、「甲荘」という名称のホテルを経営していたが、平成 20 年から新たに高級弁当の製造販売事業を始め、これを全国の百貨店で販売するようになった。X 社の平成 26 年 3 月末現在の資本金は 5000 万円、純資産額は 1 億円であり、平成 25 年 4 月から平成 26 年 3 月末までの売上高は 20 億円、当期純利益は 5000 万円である。
　X 社は、取締役会設置会社であり、その代表取締役は、創業時から A のみが務めている。また、X 社の発行済株式は、A 及びその親族がその 70%を、B が残り 30%をいずれも創業時から保有している。なお、B は、X 社の役員ではない。
2. X 社の取締役であり、弁当事業部門本部長を務める C は、消費期限が切れて百貨店から回収せざるを得ない弁当が多いことに頭を悩ませており、回収された弁当の食材の一部を再利用するよう、弁当製造工場の責任者 D に指示していた。
3. 平成 26 年 4 月、上記 2 の指示について D から相談を受けた A は、C から事情を聞いた。C は、食材の再利用を D に指示していることを認めた上で、「再利用する食材は新鮮なもののみに限定しており、かつ、衛生面には万全を期している。また、食材の再利用によって食材費をかなり節約できる。」などと A に説明した。これに対し、A は、「衛生面には十分に気を付けるように。」と述べただけであった。
4. 平成 26 年 8 月、X 社が製造した弁当を食べた人々におう吐、腹痛といった症状が現れたため、X 社の弁当製造工場は、直ちに保健所の調査を受けた。その結果、上記症状の原因は、再利用した食材に大腸菌が付着していたことによる食中毒であったことが明らかとなり、X 社の弁当製造工場は、食品衛生法違反により 10 日間の操業停止となった。
5. X 社は、損害賠償金の支払と事業継続のための資金を確保する目的で、「甲荘」の名称で営むホテル事業の売却先を探すこととした。その結果、平成26年10月、Y株式会社（以下「Y社」という。）に対し、ホテル事業を1億円で譲渡することとなった。X社は、その取締役会決議を経て、株主総会を開催し、ホテル事業をY社に譲渡することに係る契約について特別決議による承認を得た。当該特別決議は、Bを含むX社の株主全員の賛成で成立した。なお、X社とその株主は、いずれもY社の株式を保有しておらず、X社の役員とY社の役員を兼任している者はいない。また、X社及びY社は、いずれもその商号中に「甲荘」の文字を使用していない。

6．その後、Y社は、譲渡代金1億円をX社に支払い、ホテル事業に係る資産と従業員を継承し、かつ、ホテル事業に係る取引上の債務を引き受けてホテル事業を承継し、「甲荘」の経営を続けている。1億円の譲渡代金は、債務の引受けを前提としたホテル事業の価値に見合う適正な価額であった。

7．X社は、弁当の製造販売事業を継続していたが、売上げが伸びず、かつ、食中毒の被害者としてX社に損害賠償を請求する者の数が予想を大幅に超え、ホテル事業の譲渡代金を含めたX社の資産の全額によっても、被害者であるEらに対して損害の全額を賠償することができず、取引先への弁済もできないことが明らかとなった。そこで、X社は、平成27年1月、破産手続開始の申立てを行った。

8．Eらは、食中毒により被った損害のうち、なお1億円相当の額について賠償を受けられないでいる。また、X社の株式は、X社に係る破産手続開始の決定により、無価値となった。

9．Bは、X社の破産手続開始後、上記3の事実を知るに至った。

〔設問1〕

(1)　A及びCは、食中毒の被害者であるEらに対し、会社法上の損害賠償責任を負うかについて、論じなさい。

(2)　A及びCは、X社の株主であるBに対し、会社法上の損害賠償責任を負うかについて、論じなさい。

〔設問2〕

ホテル事業をX社から承継したY社は、X社のEらに対する損害賠償債務を弁済する責任を負うかについて、論じなさい。

解答例

第1　設問1(1)
①
1　Cの責任（429条1項）

(1)　429条1項は、株式会社が社会的に重要な地位を占め、取締役の職務遂行
②
に依存することから、第三者保護のため、特別の法定責任として、間接損害・直接損害を問わず、第三者に対する損害賠償を認める。

そこで、429条の要件は、①役員等の任務懈怠、②任務懈怠に関する故意
③　④　⑤
または重過失、③第三者の損害発生、④①と③の相当因果関係、である。

(2)　①

Cは弁当事業部門本部長であり、Xの取締役でもあるため「役員等」に該当（329条1項）し、善管注意義務（330条、民法644条）を負い、食品安
⑥　⑦
全管理任務がある。

にもかかわらず、利用した食材に大腸菌が付着していたことにより、食中毒が発生しており、食品安全管理任務を怠った。

(3)　②

再利用した食材は、賞味期限でなく、消費期限が過ぎており、何らの手当
⑧
もしなければ、食材に問題が生じることは予想できる。

にもかかわらず、食材に対して何らの殺菌等の手当をせずに再利用しており、食品安全管理任務の懈怠に重過失がある。

(4)　③

平成26年8月、Xが製造した弁当を食べた人々におう吐等の症状が現れ、Eらはこの食中毒により損害が生じた。

(5)　④

上記症状の原因は再利用した食材に大腸菌が付着していたことによる食中毒であり、Eらの被害とCの任務懈怠の間に因果関係がある。
⑨
2　Aの責任
⑩
(1)　前記同様、429条1項の要件を満たすか。

ア　①

Xの代表取締役であるAは、会社の対内的業務執行（363条1項）全
⑪
般につき善管注意義務、取締役会を通じてCの職務執行を監督（362条2項2号）すべき任務がある。AはDから相談を受けCから事情を聞いたにもかかわらず、Cに対して「衛生面には十分に気を付けるように。」と

述べるだけで、食品安全を監督する任務を怠った。

イ　②

Aは、Dから相談を受け、Cに対して食品の再利用の禁止の監督をする機会があったにもかかわらず、それをしなかったのであり、任務懈怠に重過失がある。
⑫

ウ　③

前記(3)と同じ。

エ　④

監督任務に基づき、再利用の禁止をしていれば、食中毒は発生しなかったのであり、任務懈怠と損害に因果関係がある。

3　以上より、429条1項の各要件を満たし、C及びAのEらに対する損害賠償責任がある。
⑬

第2　設問1(2)

1　Cの責任

(1)　Cは株主Bに対して、429条1項の責任を負うか。

429条は、前記第三者保護に基づくことから、代表訴訟（847条）で対応するだけでは実際上の株主の救済として十分でないような特段の事情のある場合は、間接損害を被った株主も「第三者」に該当すると解する。
⑭

ア　①及び②

前記第1、第1項、(1)(2)と同じ。

イ　③
⑮

Bは株主であるところ、Xは純資産額1億円であったにもかかわらず、Xの破産手続開始決定により、株式が無価値になったのであり、「損害」が認められる。同破産開始決定により、法人格が消滅し、会社自体の損害を回復することが期待できず、代表訴訟によっても十分な救済はできない特段事情があることから、株主Bは「第三者」に該当する。
⑯⑰⑱

ウ　④

任務懈怠によって生じた食中毒被害の損害賠償請求により、会社に損害が生じ、その賠償及び取引先への弁済の不能により破産手続開始決定がなされて、株式が無価値となっており、相当因果関係が認められる。
⑲

2　Aの責任

(1)　前記同様429条1項の要件を検討する。

ア　①及び②

前記第１、第２項(1)アイと同じ。

イ　③

第２、１項(1)イと同じ。

ウ　④

第２、１項(1)ウの任務懈怠は、監督任務と読み替え、その他同じ。⑳

(2)　以上より、429条１項に基づき、Ａ及びＣはＢに対して損害賠償責任を負う。

第３　設問２㉑

１㉒　ＸのＹへの譲渡は、一定の営業目的のため組織化され、有機的一体として機能するホテル事業の財産㉓（従業員及びホテル事業に係る取引上の債務等）の全部を譲渡し、これによって㉔、譲渡会社がその財産によって営んでいたホテルの事業活動を純資産（計算規則73条１項３号）と同額の譲渡対価１億円、純利益㉕（同規則94条）5000万円の倍額で、量的に「重要な一部」として譲受人に受け継がせ㉖、譲渡会社がその譲渡の限度に応じ法律上当然に21条に定める競業避止義務を負う結果を伴うことから「事業の譲渡」にあたる㉗（21条１項）。㉘

２(1)　Ｙは、「甲荘」の名称を使用することから、22条１項の類推適用が認められないか。㉙

(2)　22条１項は、商号（27条２号）続用によって、債権者は事業主体の交替を認識できないことから、商号を信頼した債権者を保護する。㉚

そこで、事業上使用される名称が営業の主体を表示するものとして用いられ㉛、名称を譲受人が継続して使用する場合は、当該外観を信頼した債権者を保護するため、22条１項の類推適用が認められる。もっとも、外観を信頼した債権者を保護する趣旨に基づくことから、名称の㉜事業に関する債務のみ弁済する責任を負う。

(3)　本件では、Ｙは、「甲荘」の名称はホテル事業のみに表示していたものであるから、Ｘが営む弁当事業によって生じたＥらの損害賠償債務を弁済する責任は負わない。

［コメント］

①　冒頭に、429条１項に基づく請求を選択することを簡潔に示した方がよい。

②　429条１項の性質について、最判昭和44・11・26民集23巻11号2150頁の立場を、簡潔に記述しておりよい。

③　「そこで」という接続詞は不要と思われる。接続詞はなくとも、流れとして問

題ない。

④　429条1項である。

⑤　条文の文言に、忠実に記述すべきである。

「に関する」→「について」

「故意」→「悪意」

⑥　「役員等」は、329条1項ではなく、423条1項に定義されている。

⑦　本件再利用行為が食品衛生法に違反するものであり、法令違反があることを前提に、任務懈怠の有無を検討するのが直接的な構成と思われる。

なお、任務懈怠の検討において、解答例のような構成による場合、「…任務がある」ではなく、「…義務がある」としたうえで、その義務違反があるため任務懈怠があるという表記が一般的であろう（設問1⑴⑵A・Cの責任に関して以下同様）。また、Cが負う義務の内容をより具体的に示したうえで、Cの行為に着目して義務違反の有無を認定すべきである。

⑧　賞味期限であればよいとか、手当てをすればよいという問題ではなく、義務違反の内容に関して本件再利用自体が問題であることを前提に、Cの行動を分析して、任務懈怠についての悪意重過失の有無を検討すべきである。

⑨　条文や解答例において立てた要件の文言に忠実であるべきである。

「被害」→「損害」

「因果関係」と「相当因果関係」（「第1-1⑴」参照）の表記の統一

⑩　本件再利用を実際に行わせているCの責任について論じた後、監視・監督義務を問題とするAの責任を論じる順序はよい。問題となる行為を直接行ったCの責任を前提にして、Aの責任を論じる方が、表現しやすい。

⑪　Aの代表取締役としての義務につき、業務執行の全般を担う者として、他の取締役や使用人に対し、監視・監督義務を負うと構成することができる。他方、取締役会の構成員として他の取締役に対する監視義務を負うという構成もありうる。

解答例において、代表取締役Aの義務につき、どのような構成をとるか明確に表現できるとよい。

⑫　どのような「機会」があったかを具体的に記述できるとよい。

⑬　表現について、設問の記載の仕方を参照し、例えば、「A及びCは、Eらに対し、損害賠償責任を負う。」とするのがわかりやすい。また、AとCは連帯して責任を負う（430条）ことにもふれられるとよい（設問1⑵も同様）。

⑭　原則・例外の関係が明確となるよう表現を工夫すべきである。例えば、間接損害事例においては、株主は原則「第三者」に該当しないと考えるということ

を理由とともに示したうえで、「特段の事情」がある場合には「第三者」に含まれるという記述にすべきであろう。

なお、「代表訴訟」は、「株主代表訴訟」と記述した方が丁寧である。

⑮ 「第三者」該当性の検討に関して、規範（「第2-1(1)柱書」）とあてはめ（「第2-1(1)イ」）を連続して記述したほうがよい。解答例では、「第2-1(1)ア」の記述が間に入っているため、分かりにくくなってしまっている。

また、「第2-1(1)イ」内の記述の順序に関して、要件が「第三者の損害」であるから、第三者該当性を検討した後に、損害の有無を検討するのがよい。（解答例では逆の順になっている）。

⑯ 「破産手続開始決定」である。

⑰ 正確には、破産手続開始決定を受けても、当該法人は、破産手続による清算の目的の範囲内において、破産手続が終了するまで存続するものとみなされる（471条5号、破産法35条）。正確な記述が求められる。

⑱ 「特段の事情」。

⑲ AやCの任務懈怠により生じた食中毒被害に関して、Xが損害賠償責任を負ったことで、Xに損害が生じたという関係を明確にすべきである。ここでの損害賠償請求を受ける主体に関して、AやCでなく、Xであること明確にされたい。

表現に関し、「により、…により」となっており、読みにくく感じるので、表現を工夫されたい。

⑳ 例えば、「任務懈怠の内容は、監視義務の違反であることの他は、同じである。」という表現のほうが正確かと思われる。

㉑ 全体のバランスとして、試験時間との関係も考慮しながらではあろうが、「第3-1」に比して、「第3-2」の記述をより拡充すべきと思われる。

㉒ 1文が長く読みづらい印象を受ける。設問2の冒頭部分ということもあり、特に読みやすさも考慮した書出しだとよい。表現に関しては、規範とあてはめの区別を明確にするとよい。

㉓ 会社法の文言に照らし、「事業」で統一すればよい。なお、判例（最判昭和40・9・22民集19巻6号1600頁）は、平成17年改正前商法のもとのものであるため、「営業」という文言を使っている。

㉔ 解答例のような記述をするのであれば、ホテル事業に係る（プラスの）資産も継承していることを示すとよい。

㉕ 本問では、この条文は引用しなくてよい。なお、純資産の部の区分に関しては、会社計算規則76条を参照。

㉖ 本問では、この条文は引用しなくても問題ないと思われる。

㉗「事業の重要な一部」に該当するかの形式的基準としては、467条1項2号括弧書、施行規則134条を参照。

㉘ 21条1項は、事業譲渡そのものというより、譲渡会社の競業の禁止に関する条文であるから、ここで参照する必要はない。

㉙ なぜ、本問において、Eらの保護との関係で、22条1項の類推適用を問題とするかにつき、ふれるとよい。

㉚ 27条は定款の絶対的記載事項に関するする規定なので、ここで引用する必要はない。

㉛ まず、本件においては商号の続用がないので、22条1項の直接適用はないことを示すべきである。そのうえで、最判平成16・2・20民集58巻2号367頁を参考にしながら、類推適用の可否を、趣旨と要件に照らし、検討していくべきである。

㉜ 22条1項類推適用の要件との関係で、「事業によって生じた債務」の要件の問題であることを意識すべきである。そして、ホテル事業ではなく弁当事業により生じた債務であるから、「事業によって生じた債務」とはいえないということを示すのがよい。

解説

1　本問の論点

本問では、①役員等の対第三者責任（設問1）、②事業の譲受会社における譲渡会社の債務についての弁済責任（設問2）が中心に問われている。いずれも、会社法の基本事項や関連判例をふまえ、検討を展開することが求められる。

2　設問1⑴：429条1項の責任

設問1⑴では、AおよびCが、食中毒の被害者であるEらに対し、会社法上の損害賠償責任を負うかが問われている。

本件で、AやCが負いうる会社法上の責任として、役員等の第三者に対する責任（429条1項）の成否が問題となる[(1)]。429条1項に関する理解を前提に、本件における具体的事実のもとで、AとCが損害賠償責任を負うかについて解答が求められる。

(1) 役員等の第三者に対する責任の性質

役員等[2]は、その職務を行うについて悪意または重大な過失があったときは、これによって第三者に生じた損害を賠償する責任を負う（429条1項）。

429条1項の定める責任の性質に関し、最判昭和44・11・26民集23巻11号2150頁は、第三者保護のための特別の法定責任と位置付ける[3]。すなわち、取締役は、会社に対し、善管注意義務・忠実義務を負う一方で、第三者とはこのような関係になく、取締役が会社に対する義務を怠っても、当然に第三者に損害賠償責任を負うものではない。しかし、429条1項は、会社が経済社会において重要な地位を占め、その活動は取締役の職務執行に依存するものであることを考慮して、第三者保護の立場から、取締役が、直接第三者に対し、損害賠償責任を負うことを規定したとする[4]。

(2) 429条1項の要件

429条1項の要件は、①役員等の会社に対する任務懈怠[5]、②①について悪意または重過失、③第三者の損害の発生、④①と③の因果関係である[6]。

(3) 取締役Cの責任

(A) 悪意または重過失による任務懈怠——法令違反

取締役の任務懈怠は、会社に対する善管注意義務（330条・民法644条）・忠実義務（355条）の違反を意味する[7]。取締役の任務には、法令を遵守してそ

（1） AおよびCに対する損害賠償責任の根拠として、設問に「会社法上」の損害賠償責任との指示があるため、例えば民法上の不法行為責任は、本問における検討の対象外となる。また、代表取締役Aの行為との関係で、350条の定める不法行為責任も問題となりうるが、同条は会社の責任を追及するための規定であるため、検討の対象外となる。

（2）「役員等」とは、取締役、会計参与、監査役、執行役または会計監査人をいう（423条1項）。

（3） 洲崎博史「取締役の第三者に対する責任の法意」岩原紳作ほか編『会社法判例百選（第3版）』（有斐閣、2016）144-145頁。429条1項の責任の性質について、岩原紳作編『会社法コンメンタール9　機関(3)』（商事法務、2014）342頁以下〔吉原和志〕参照。

（4） 以上につき、前掲最判昭和44・11・26。
　また、この判例は、取締役が、一般不法行為に基づく損害賠償責任を負うことを排除するものではないとする。

（5） 本文の立場による場合、第三者に対する故意過失ではなく、会社に対する任務懈怠についての悪意重過失が問題となることに注意されたい。前掲最判昭和44・11・26は、「取締役の任務懈怠により損害を受けた第三者としては、その任務懈怠につき取締役の悪意または重大な過失を主張し立証しさえすれば、自己に対する加害につき故意または過失のあることを主張し立証するまでもなく、」429条1項に基づき、取締役に対して、責任追及できるとしている。

（6） 岩原編・前掲注（3）347頁〔吉原〕参照。

（7） 江頭憲治郎『株式会社法（第7版）』（有斐閣、2017）470頁。

の職務を行うことが含まれ（355条[8]）、「法令」に違反する行為が行われれば、それは任務懈怠にあたる[9]。

本件では、Cが、弁当製造工場の責任者Dに指示し、食品衛生法に違反する食材の再利用（以下「本件再利用」という）を行わせた。この食品衛生法に違反する行為を行うことが、「法令」違反に該当し、任務懈怠を構成するかが問題となる。ここでは、食品衛生法が「法令」に該当するかの検討が求められる。

「法令」の範囲について、最判平成12・7・7民集54巻6号1767頁は、いわゆる非限定説に立ち、以下のように判示している[10]。すなわち、善管注意義務や忠実義務を定める規定および「これを具体化する形で取締役がその職務遂行に際して遵守すべき義務を個別的に定める規定が、本規定にいう『法令』に含まれることは明らかであるが、さらに、商法その他の法令中の、会社を名あて人とし、会社がその業務を行うに際して遵守すべきすべての規定もこれに含まれる」としている[11]。その理由については、「会社が法令を遵守すべきことは当然であるところ、取締役が、会社の業務執行を決定し、その執行に当たる立場にあるものであることからすれば、会社をして法令に違反させることのないようにするため、その職務遂行に際して会社を名あて人とする右の規定を遵守することもまた、取締役の会社に対する職務上の義務に属する」とする。

この判例の立場によれば、取締役は、会社が遵守すべきあらゆる法令について、それに違反した場合は任務懈怠責任が問われる[12]。したがって、本問の食品衛生法も「法令」に含まれ、Cの行為は、任務懈怠を構成する。

そして、Cは、自ら本件再利用につき、指示していたのであるから、任務懈怠につき、悪意（少なくとも重過失[13]）が認められると評価できよう。

（8）　江頭・前掲注（7）470頁。

（9）　大隅健一郎ほか『新会社法概説（第2版）』（有斐閣、2010）233頁、伊藤靖史ほか『会社法（第4版）』（有斐閣、2018）237頁〔伊藤靖史〕。

（10）　この判決および限定説と非限定説については、畠田公明「取締役の責任と法令違反」岩原紳作ほか編『会社法判例百選（第3版）』（有斐閣、2016）102-103頁参照。

（11）　弥永真生『リーガルマインド会社法（第14版）』（有斐閣、2015）230頁参照。

（12）　伊藤ほか・前掲注（9）238頁〔伊藤〕。

（13）　重過失の意義について、岩原編・前掲注（3）381頁〔吉原〕参照。

(B) 第三者の損害の発生と因果関係

本件では、X社が製造した弁当を食べたEらに、おう吐や腹痛といった症状が現れており、例えば治療費の発生など、損害が生じていると思われる。

そして、その症状の原因は、再利用された食材に大腸菌が付着していたことによる食中毒とされている。したがって、Cの指示した本件再利用により、Eらは食中毒にかかり、損害が発生したといえ、任務懈怠と損害の因果関係も認めることができよう。

(4) 代表取締役Aの責任

(A) 悪意または重過失による任務懈怠——監視・監督義務違反

取締役は、善管注意義務の一環として、他の取締役や使用人に対する監視・監督義務を負う[(14)]。代表取締役の場合、包括的な対内的業務執行権を有する（363条1項1号）ため、業務を統括する者として、会社の業務執行の全般にわたり、他の取締役や使用人に対する監視・監督義務を負う[(15)]。

前掲最判昭和44・11・26も、「代表取締役は、対外的に会社を代表し、対内的に業務全般の執行を担当する職務権限を有する機関であるから、……ひろく会社業務の全般にわたつて意を用いるべき義務を負う……。したがつて、少なくとも、代表取締役が、他の代表取締役その他の者に会社業務の一切を任せきりとし、その業務執行に何等意を用いることなく、ついにはそれらの者の不正行為ないし任務懈怠を看過するに至るような場合には、自らもまた悪意または重大な過失により任務を怠つたものと解するのが相当である。」とする。

本件では、Aには、代表取締役の任務として、弁当事業部門を含め、X社において違法行為がなされないよう他の取締役や使用人を監視・監督する義務があった。しかし、Aは、平成26年4月に、Dから本件再利用に関して相談され、Cからの事情の説明を受けたが、本件再利用を止めさせなかった。Aは、

---

(14) 江頭・前掲注（7）473-474頁。

(15) 岩原編・前掲注（3）372-373頁〔吉原〕、同254頁〔森本滋〕、大隅ほか・前掲注（9）223頁。

一方、代表取締役Aの他の取締役に対する監視義務について、取締役会の監督権限から、取締役会の構成員として地位によるものとして構成することも可能である（最判昭和48・5・22民集27巻5号655頁参照）。岩原編・前掲注（3）254頁〔森本〕、上柳克郎ほか編集代表『新版 注釈会社法(6) 株式会社の機関(2)』（有斐閣、1987）282-283頁〔近藤光男〕参照。

X社において食品衛生法に違反する本件再利用がなされているのを知ったにもかかわらず、CやDに対し、これを止めさせなかったのであるから、Aには監視・監督義務違反があり、任務懈怠が認められるであろう。

そして、Aは、Cに対し、「衛生面には十分に気を付けるように。」と述べただけであったとあり、本件再利用を行うこと自体は是認したとさえいいうるから、任務懈怠についての悪意（少なくとも重過失）は認められるであろう。

(B)　第三者の損害の発生と因果関係

Aが監視・監督義務を怠ったことにより、Eらに本件再利用による損害が生じたといえよう。

(5)　AとCの責任

AおよびCに責任を認める場合には、両者の責任は、連帯責任となる（430条）。

3　設問1(2)：間接損害と株主の「第三者」該当性

設問1(2)では、AおよびCが、X社の株主Bに対し、会社法上の損害賠償責任を負うかが問われている。本問でも、設問1(1)同様、429条1項の責任が認められるかが問題となる。

429条1項の要件に関し、悪意または重過失による任務懈怠については、設問1(1)と同様に考えられる。本問では、429条1項における損害の範囲に関する議論を前提に、株主の「第三者」[16]該当性を中心に論じていくこととなる。

(1)　直接損害と間接損害

429条1項における損害に関して、前掲最判昭和44・11・26は、役員等の任務懈怠と第三者の損害との間に相当因果関係がある限り、会社が損害を被った結果、ひいて第三者に損害を生じさせた場合（間接損害）か、直接第三者が損害を被った場合（直接損害）かを問わず、役員等は責任を負うとしている。

本問において、株主Bが被った損害は、間接損害である。X社の経営の低迷に加え、食中毒による賠償責任の負担により、X社は損害を被り、債務超過に陥った。それにより、X社につき破産手続開始決定がなされ、X社株式が無

(16)　第三者とは、責任を負うべき役員等と会社を除く第三者を意味する。岩原編・前掲注（3）382頁〔吉原〕。

価値となったことで、Bに損害が生じている。

⑵ 間接損害事例における株主の「第三者」該当性

通説は、取締役の任務懈怠により、会社が損害を被り、株式が無価値となったような場合には、株主は持分価値の減少分について第三者として責任追及することができないとする[17]。すなわち、株主は、株主たる資格において受けた損害については、429条1項の責任を追及することができない[18]。会社が取締役の任務懈怠により損害を被ったことで、全株主が平等に不利益を被っている場合には、株主代表訴訟を提起し、会社ひいては株主の損害の回復を図るべきであり、個々の株主が第三者として責任追及することを認めれば、株主間の不平等を生じ、また債権者を害するとされる[19]。

この立場を前提とすれば、本件において株主Bは、AおよびCに対して、429条1項に基づき損害賠償請求はできないこととなる。

他方で、取締役と支配株主が一体である閉鎖型の会社において、少数株主の救済を株主代表訴訟に限ると、加害が繰り返され実効的な救済が図れないとして、このような場合には株主を第三者に含めるべきとの見解もある[20]。

本件でも、創業時から代表取締役を務めるAおよびその親族がX社の株式の70%を有していることや、X社は破産していることという事情をふまえれば、株主Bの救済を株主代表訴訟に限ると、その救済は困難となろう。そこで、この見解に立ち、株主Bを第三者に含めると考える余地もある。

⑶ 損害と因果関係

株主Bを第三者に含める場合には、株式が無価値となったことで生じた損害が、因果関係ある損害と考えられる。

---

(17) 伊藤ほか・前掲注（9）253頁〔伊藤〕。
(18) 大隅ほか・前掲注（9）251頁。
(19) 伊藤ほか・前掲注（9）253頁〔伊藤〕。
(20) 江頭・前掲注（7）513頁。反対、大隅ほか・前掲注（9）251頁。
なお、東京高判平成17・1・18金判1209号10頁も、「特段の事情」のない限り、間接損害事例における損害回復は株主代表訴訟によらなければならないとしている。原弘明「株主による取締役の第三者に対する責任の追及⑵」岩原紳作ほか編『会社法判例百選（第3版）』（有斐閣、2016）224頁参照。
より一般的に、間接損害についても、株主は429条の責任を追及できるとすべきとの立場もある。弥永・前掲注（11）256-257頁。

⑷　AとCの責任

AとCに責任を認める場合、設問1⑴同様、両者の責任は連帯責任となる(430条)。

4　設問2：22条1項の類推適用

本問では、ホテル事業をX社から承継したY社が、X社のEらに対する損害賠償債務を弁済する責任を負うかが問われている。ここでは、事業の譲受会社が、譲渡会社の商号を続用しない場合に、譲渡会社の債務につき弁済責任を負うかに関し、22条1項の類推適用の可否を検討することとなる[(21)]。

⑴　事業譲渡の意義と効力

(A)　事業譲渡の意義

事業譲渡の意義について、最判昭和40・9・22民集19巻6号1600頁[(22)]によれば、467条1項にいう事業譲渡と、21条以下に定める事業譲渡は同意義であり、以下のような内容をいうとされる。すなわち、この判例によれば、事業譲渡とは、①一定の事業目的のため組織化され、有機的一体として機能する財産の全部または重要な一部の譲渡であって、②譲渡会社が、その財産によって営んでいた事業活動の全部または重要な一部を譲受人に受け継がせ、③譲渡会社が、その譲渡の限度に応じ、法律上当然に、21条の競業避止業務を負うものをいう[(23)]。

本問において、X社からY社へのホテル事業の譲渡（以下、「本件譲渡」という）は、その事業の内容や価値、その事業のX社における位置づけ等からして、前掲最判昭和40・9・22の①ないし③の要件をみたし、事業の重要

---

(21)　Y社の弁済責任に関しては、23条および23条の2も問題となりうる。しかし、23条に関しては、Y社が「債務を引き受ける旨の広告」を行ったという事実はないため、適用はない。23条の2に関しては、そもそもX社がすでに破産手続開始決定を受けていることから、同1項による請求権を行使しえない（23条の2第3項)。

(22)　山部俊文「重要財産の譲渡と特別決議」岩原紳作ほか編『会社法判例百選（第3版)』(有斐閣、2016）174-175頁参照。

なお、この判例は平成17年改正前商法のもとでのものであるため、判例では「営業の譲渡」、「営業」の語が用いられているが、以下では「事業譲渡」、「事業」に置き換え、また条文も会社法の条文にて示すなどの調整をしている。伊藤ほか・前掲注（9）438頁参照。

(23)　事業譲渡の意義に関し、学説の対立等について、落合誠一編『会社法コンメンタール12 定款の変更・事業の譲渡等・解散・清算［1］』(商事法務、2009）26-30頁〔齊藤真紀〕参照。

な一部の譲渡（467条1項2号）に該当すると考えてよいであろう。[24][25]

(B) 本件譲渡の効力

X社においては、本件譲渡に係る契約につき、取締役会決議を経て（362条4項）、株主総会の特別決議による承認（467条1項、309条2項11号）を得るといった手続を経ているため、その効力は問題ないといえるであろう。したがって、本件では、21条以下の適用があることを前提に、検討を進めていくこととなる。

(2) 事業譲渡と第三者

事業譲渡が行われた場合、別段の合意のない限り、当該事業上の債務は、債務引受けなどの手続がとられることにより、譲渡人から譲受人に移転する[26]。本件では、Y社は、X社から、ホテル事業に係る取引上の債務を引き受けてホテル事業を承継している。

一方、Eらに対する損害賠償債務のような事業譲渡において移転の対象とされていない債務については、譲渡人のみがその債務の弁済の責任を負う[27]のが原則である。

---

(24) 事業の「重要な」一部にあたるかに関しては、その事業が会社事業全体において占める地位を考慮し、その移転が会社の事業の基礎に重要な影響を及ぼすかが問題となる。この限界を明確にするため、467条1項2号括弧書では、譲渡する資産の帳簿価額が、総資産額として法務省令（施行規則134条）で定める方法により算定される額の5分の1（定款で下回る定め可）を超えないものは除くとされる。以上につき、大隅ほか・前掲注（9）437頁。重要性の判断基準について、落合編・前掲注（23）31-34頁〔齊藤〕参照。

本件に関して検討すると、X社が譲渡したホテル事業は、昭和60年の設立以来、X社が経営してきた事業であった。また、平成26年3月末時点のX社の資本金は5000万円、純資産額は1億円であり、平成26年3月期の当期純利益は5000万円であった。これに対し、本件譲渡は、適正価額として対価1億円でなされた。以上に照らせば、本件譲渡は、それに係る契約時である同年10月時点を基準としても、X社において、事業の「重要な」一部の譲渡に該当すると考えられよう。

(25) 事業の重要な「一部」であることに関して、会社においては、個人商人と異なり、商号を1個しか持ちえないため、複数の営業を営んでも1個の営業として扱われる。会社法では、会社が行うべきものの総体について、個々の営業とは区別して、事業と表記される。以上につき、相澤哲＝郡谷大輔「定款の変更、事業の譲渡等、解散・清算」相澤哲編著『立案担当者による新・会社法の解説』（商事法務、2006）139頁。

そして、本件では、X社は、ホテル事業の他に、弁当の製造販売事業も営んでいることから、ホテル事業の譲渡は、X社における事業の重要な「一部」の譲渡に該当する。伊藤ほか・前掲注（9）438頁〔田中亘〕参照。

(26) 森本滋編『商法総則講義（第3版）』（成文堂、2007）85頁〔前田雅弘〕、弥永真生『リーガルマインド商法総則・商行為法（第3版）』（有斐閣、2019）55-56頁。

しかし、このように譲渡人のみが責任を負うとすると、譲渡人は事業譲渡による対価を得ているとはいえ、資産は譲受人のもとに移転しているから、譲渡人の債権者に不利益を与える可能性がある[(28)]。そのため、22条以下において、債権者保護のための規定が設けられている。本件との関係では、22条1項の類推適用の可否が問題となる。

(A)　22条1項の意義

22条1項は、事業の譲受会社が、譲渡会社の商号を続用する場合には、その譲受会社も、譲渡会社の事業によって生じた債務を弁済する責任を負うと定める。譲受会社がこの責任を負う場合は、譲受会社は無限責任を負担し、譲渡会社と不真正連帯債務の関係に立つ[(29)]。

22条1項の趣旨について、商号が続用される場合には、債権者は事業主体の交替を知りえないし、知っていても債務は事業とともに移転したと考えるのが通常であるから、債権者の信頼を保護するため、譲受人に弁済責任を定めたとされる[(30)]。

もっとも、本件では、Y社が、X社の商号を続用しているという事実はないため、22条1項の直接適用はない。

(B)　22条1項の類推適用

そこで、22条1項の類推適用の可否が問題となる。これに関して、最判平成16・2・20民集58巻2号367頁[(31)]は、商号の続用がなくとも、ゴルフクラブの名称が営業主体を表示するものとして用いられている場合において、「ゴルフ場の営業の譲渡がされ、譲渡人が用いていたゴルフクラブの名称を譲受人が継続して使用しているときには、譲受人が譲受後遅滞なく当該ゴルフクラブの

---

(27)　本件でも、Eらの損害賠償請求権を含む弁当の製造販売事業における債務は、本件譲渡に際し、承継されていない。そのため、Y社は、Eらに対するX社の債務につき、弁済責任を負わないのが原則である。

(28)　大塚英明ほか『商法総則・商行為法（第3版）』（有斐閣、2019）46頁〔中東正文〕。

(29)　森本編・前掲注（26）86頁〔前田〕。

(30)　森本編・前掲注（26）85頁〔前田〕、弥永・前掲注（26）56頁、大塚ほか・前掲注（28）46頁〔中東〕。最決昭和29・10・7民集8巻10号1795頁も、「外観を信頼した債権者を保護する」ための規定とする。

見解の対立について、小林量「ゴルフクラブの名称の継続使用と商法17条1項（会社法22条1項）の類推適用」神作裕之＝藤田友敬編『商法判例百選』（有斐閣、2019）38-39頁参照。

(31)　小林・前掲注（30）38-39頁参照。

会員によるゴルフ場施設の優先的利用を拒否したなどの特段の事情がない限り、会員において、同一の営業主体による営業が継続しているものと信じたり、営業主体の変更があったけれども譲受人により譲渡人の債務の引受けがされたと信じたりすることは、無理からぬものというべきである。したがって、譲受人は、上記特段の事情がない限り、」旧商法26条1項[32]の類推適用により、譲渡人は預託金の返還義務を負うと解するのが相当であるとしている。

この判例によれば、事業の同一性に対する債権者の信頼保護という観点から、商号の続用がなくとも、商号同様に事業主体としての表示機能を有するような名称を用いて事業活動が行われている場合には、特段の事情のない限り、22条1項の類推適用により、譲受人は譲渡人の債務の弁済責任を負うこととなる[33]。

⑶ 本件における22条1項の類推適用の可否

Y社が損害賠償債務の弁済責任を負うかに関して、22条1項が類推適用されるかを要件に則して検討することが求められる。すなわち、①事業主体を表示するものとして用いられている名称の継続使用の有無、②「事業によって生じた債務」の該当性が問題となろう。

⒜ 事業主体を表示するものとして用いられている名称の継続使用

「甲荘」が、ホテル事業における事業主体を表示するものとして使用されていたといえるであろうか。X社は、昭和60年の設立以来、「甲荘」という名称でホテル事業を営んできたのであるから、「甲荘」という名称はホテル事業の事業主体を表示するものして使用されてきたと評価できるであろう[34]。そして、「甲荘」という名称は、ホテル事業の譲渡後、Y社において継続して使用されている。

なお、本件では、前掲最判平成16・2・20にいう「特段の事情」に該当する事情はみあたらない。

⒝ 「事業によって生じた債務」に該当するか

22条1項の類推適用により、譲受人が弁済責任を負うのは、「譲渡会社の事

---

(32) 現22条1項、商法17条1項。

(33) 小林・前掲注(30)39頁。

(34) 江頭憲治郎編『会社法コンメンタール1 総則・設立⑴』(商事法務、2008)220頁〔北村雅史〕参照。

業によって生じた債務」についてである。

「事業によって生じた債務」の内容に関して、最判昭和29・10・7民集8巻10号1795頁は、「営業譲渡人が営業上の不法行為によつて負担する損害賠償債務」も含まれるとする。本件におけるX社のEらに対する損害賠償債務の性質としては、不法行為責任とも、契約責任とも構成しうるが、いずれにしても「事業によって生じた債務」に含まれうる。

しかし、本件の場合、X社のEらに対する損害賠償債務は、Y社が譲り受けた「甲荘」の表示するホテル事業ではなく、弁当の製造販売事業において生じたものである。したがって、「事業によって生じた債務」には該当しない[35]と解されよう。

(35)　譲渡されたのは「甲荘」の名称でホテル経営を行うホテル事業であるから、22条1項類推適用の趣旨との関係で、事業の同一性について、ホテル事業とは別の弁当の製造販売事業における債権者の保護を要すべき場面ではない。

Ⅱ　巻末付録②

問題（予備試験令和２年度）

次の文章を読んで、後記の〔設問１〕及び〔設問２〕に答えなさい。

1．甲株式会社（以下「甲社」という。）は、飲食店の経営、飲食店の経営を行う会社の株式を保有することにより当該会社の事業活動を支配・管理すること等を目的とする会社であり、種類株式発行会社ではない。甲社の発行済株式の総数は1000株であり、そのうち、創業者であるＡが400株を、Ａの息子であるＢが300株を、Ａの娘であるＣが300株を、それぞれ保有していた。甲社の取締役はＡのみであり、監査役は置いていない。

2．甲社は、Ａが店長兼料理長となっている日本料理店を営むとともに、いずれも飲食店の経営等を目的とする乙株式会社（以下「乙社」という。）と丙株式会社（以下「丙社」という。）の発行済株式の全てを保有していた。乙社の取締役はＢのみであり、乙社はＢが店長兼料理長となっているフランス料理レストラン（以下「レストラン乙」という。）を営んでいる。丙社の取締役はＣのみであり、丙社はＣが店長兼料理長となっているイタリア料理レストラン（以下「レストラン丙」という。）を営んでいる。甲社における乙社及び丙社の株式の帳簿価額は、それぞれ3000万円であった。

ここ数年、甲社の貸借対照表上の総資産額は１億円前後で推移しており、令和２年６月10日に確定した令和元年４月１日から令和２年３月31日までの事業年度に係る貸借対照表上の総資産額も１億円であった。甲社は、令和２年４月１日以降、下記６の合意までの間に、資本金、準備金及び剰余金の額に影響を与える行為や自己株式の取得を行っておらず、他社との間で吸収合併や吸収分割、事業の譲受けも行っていない。また、甲社は、これまでに新株予約権を発行したこともない。

3．Ｂは、個人として、200本以上に及ぶワインのコレクションを有していたが、収納スペースの問題もあり、コレクションの入替えを円滑に行うために、その半数程度を処分することを検討していた。ちょうどその頃、レストラン乙の改装が行われており、ワインセラーのスペースにも余裕ができることとなるため、

Bは、自己のワインコレクションから100本を選んで乙社に買い取らせることとした。

そのためにBが選んだワイン100本（以下「本件ワイン」という。）の市場価格は総額150万円であり、レストラン乙での提供価格は総額300万円程度となることが見込まれた。

4．Bは、乙社による本件ワインの買取りにつき、父であり、甲社の代表者でもあるAには話をしておいた方がいいだろうと考え、令和2年6月23日、Aの自宅を訪れた。Bは、Aに対し、本件ワインのリストと市場価格を示しつつ、本件ワインをレストラン乙で提供するならば総額で300万円程度になる旨を述べた。これに対して、Aは、「それならば300万円で、乙社が買い取ることにすればいいよ。」と述べた。

令和2年6月25日、乙社は、Bから本件ワインを300万円で買い取った(以下「本件買取り」という。)。

5．令和2年7月1日、Aと共に改装後のレストラン乙を訪れたCは、そのワインセラーをのぞいたことをきっかけとして、本件買取りが行われたことを初めて知った。本件ワインの買取価格を聞いたCは、「さすがに高過ぎるんじゃないか。」と不満を述べたが、Aは、「改装祝いを兼ねているし。」と述べ、Bも、「おやじが決めたんだから、お前は黙っていろよ。」と言って取り合わなかった。それまでもAがBばかりを支援することに不満を募らせていたCは、大いに憤った。

〔設問1〕

Cは、甲社の株主として、本件買取りに関するBの乙社に対する損害賠償責任とAの甲社に対する損害賠償責任を追及したいと考えている。B及びAの会社法上の損害賠償責任の有無とそれぞれの責任をCが追及する方法について、論じなさい。

6．本件買取りをきっかけとして、A及びBとたもとを分かつ決心をしたCは、甲社から独立してレストラン丙を経営したいと考え、Aと交渉を行った。その結果、令和2年8月12日、Cが保有する甲社株式を甲社に譲渡するのと引換えに、甲社が保有する丙社株式をCに譲渡する旨の合意（以下「本件合意」という。）が成立した。

〔設問２〕

本件合意の内容を実現させるために甲社及び丙社において会社法上必要となる手続について、説明しなさい。なお、令和２年８月12日現在の甲社の分配可能額は5000万円であり、その後、分配可能額に変動をもたらす事象は生じていない。

解答例

第１　設問１について

１　Ｂの乙社に対する損害賠償責任

⑴　責任追及の方法

Ｃは、Ｂに対し、特定責任追及の訴え（会社法（以下省略する。）847条の３第７項）により、Ｂの乙社に対する任務懈怠責任（423条）を追及することが考えられる。

本件では、Ｃは甲社株式の1000分の300を有する「株主」であり（847条の３第１項）、甲社は乙社の完全親会社であるから、ＣはＢの乙社に対する任務懈怠責任を追及するために特定責任追及の訴えを提起することができる。

⑵　会社法上の損害賠償責任の有無

ア　任務懈怠責任の要件

Ｂの乙社に任務懈怠責任が認められるためには、①Ｂが乙社の「役員等」であること、②任務懈怠行為、③故意又は過失、④損害の発生、⑤任務懈怠行為と損害の発生との間に因果関係があることが必要である。

本件では、Ｂは乙社の取締役であるから「役員等」という要件を充足する。以下では、その他の要件②ないし④について検討する。

イ　任務懈怠責任の有無

本件買取りは乙社と乙社取締役Ｂの取引であるから、株主総会の承認を欠く直接取引（356条１項２号）に該当し、任務懈怠①に該当しないか。

この点、会社法356条２項が承認を受けた場合には民法108条を適用しない旨規②定していることからすれば、356条１項２号は代理方式で取引される場合を想定しているといえる。したがって、「ために」とは、自己又は第三者の名義においての意味と考える。

本件買取りでは、乙社取締役Bが権利義務の帰属主体となり、乙社に対し、ワイン100本を300万円で売却しているので、自己の名義において取引をしたといえ、当該取引は直接取引に該当する。

乙社は、当該直接取引により、市場価格より150万円も高い値段で本件ワインを購入しており、当該直接取引よって150万円の損害を被ったといえる（要件④及び⑤充足）。そして、Bの直接取引により乙社に損害が発生しているので、Bの任務懈怠が推認され（423条3項1号）、かかる推認を覆す事情も存在しない（②充足）。なお、Bは自己のために直接取引をした取締役に該当するので、無過失責任を負う（428条1項、③）。

したがって、Bは乙社に対して任務懈怠責任を負う。

ウ　以上により、Bは、乙社に対し、150万円の損害賠償責任を負う。

2　Aの甲社に対する損害賠償責任

(1)　責任追及の方法

Cは、Aに対し、株主代表訴訟（847条3項）により、Aの甲社に対する任務懈怠責任（423条1項）を追及することが考えられる。

本件では、上記の通りCは甲社の「株主」であるから、CはAの甲社に対する任務懈怠責任を追及するために株主代表訴訟を提起することができる。なお、甲社は、非公開会社であるから保有期間要件についての制限はない③（847条2項、1項）。

(2)　会社法上の損害賠償責任の有無

ア　任務懈怠責任の要件

任務懈怠責任の要件については、上記1(2)アで述べたとおりである。本件では、Aは甲社の取締役であるから「役員等」の要件を充足する。以下では、その他の要件②ないし④について検討する。

イ　任務懈怠責任の有無

Aは乙会社の完全親会社である甲社の取締役であるところ、親会社の取締役が、子会社を監視する義務を怠ったことを理由に親会社に対して任務懈怠責任を負うかが問題となる。

この点、親会社と子会社とでは法人格が別なので、原則として子会社の業務につき④、親会社取締役は責任を負わない。もっとも、取締役は株式会社に善管注意義務を負っており、子会社の株式も親会社にとっては財産であるので、かかる財産の価値を維持することも親会社取締役の義務といえる。そうだとすれば、親会社の取締役が実質的に子会社の意思決定を支配したと評価できる場合で、かつ、親会社の取締役の指示が親会社に対する善管注意義務違反や法令違反に該当する場合には、例外的に、親会社取締役は、子会社に対する監視義務違反を理由に任務懈怠責任を負うと解する。

本件では、Aは親会社の甲社の筆頭株主であり、かつ、唯一の取締役である。また、乙社は甲社の完全子会社あり、かつ、Aは乙社の取締役Bの父親である。さらに、Aは、Bが本件買取りを行おうとした際にも明示的に本件買取りに賛成している。したがって、親会社取締役が実質的に子会社の意思決定を支配したと評価できる。⑤

また、上記で述べたとおり、Bが行った本件買取りは、株主総会の承認を欠く違法な直接取引であり、かつ、子会社である乙社の犠牲のもとにBに利益を与える取引である。したがって、Aが本件買取りを是認したことは、親会社の財産を減少させる意思決定をしたと評価でき、親会社に対する善管注意義務違反に該当する（要件②充足）。⑥

さらに、上記の通り、本件買取りにより、子会社である乙社には150万円の損害が生じており、完全子会社である乙社に損害が生じた以上、完全親会社である甲社の財産にも損害が生じているといえる（要件④及び⑤充足）。

加えて、Aは本ワインの市場価格などを認識した上で、本件買取りについて指示をしており、少なくとも上記善管注意義務違反について過失が認められる（要件③充足）。

したがって、Aは甲社に対して任務懈怠責任を負う。

ウ　以上により、Aは、甲社に対し、150万円の損害賠償責任を負う。

第2　設問2について

1　甲社において会社法上必要となる手続

(1)　自己株式の取得（160条）

本件合意は、甲社がCの保有する株式を有償で取得する行為であるから、特定の株主からの自己株式の取得に該当する。

甲社は、Cから甲社株式を取得するために会社法156条1項各号に掲げる事項についての株主総会決議に加えて、特定の株主からの株式取得につき、株主総会決議を採る必要がある（309条2項2号）。また、株主間の平等を図るため、他の株主には売主追加請求権が認められる（160条2項、3項）。なお、売主となる株主Cには議決権がない（160条4項）。⑦

次に、自己株式を取得するのと引換えに交付する金銭等の総額は、自己株式取得の効力が生ずる日における分配可能額を超えてはならない。本件⑧では令和2年8月12日の分配可能額は5000万円であるところ、C保有の甲社株式の帳簿価格は3000万円であるから分配可能額の範囲の自己株式の取得といえる。

以上が自己株式の取得に必要な会社法上の手続である。

(2)　子会社株式の全部譲渡（467条1項2号の2）

甲社がCに対して丙社株式の全部を譲渡する行為は、甲社の総資産額⑨の10分の3を占める丙社株式の譲渡であり、かつ、当該譲渡により甲は丙社の議決権のすべてを失うので、会社法467条1項2号の2の子会社株式の全部譲渡に該当する。

そのため、丙社の親会社である甲社は、株主総会の特別決議によりその契約の承認を受けなければならない（467条1項2号の2、309条2項11号）。この場合には、親会社である甲社の反対株主には、株式買取請求権が認められる（469条、470条）。

(3)　以上が甲社において会社法上必要となる手続である。

2　丙社において会社法上必要となる手続

丙社の取締役はCのみであるから同社は非公開会社に該当する。その⑩ため、甲社からCに丙社株式を譲渡する場合には、譲渡制限株式の譲渡に該当する。

したがって、当該譲渡について丙社の株主総会決議による承認が必要となる（137条）。

以　上

［コメント］

①　直接取引を行うにつき株主総会の承認を要するとの前提として、乙社が取締役会非設置会社であること（356条1項1号、365条1項）を明確にする必要がある。乙社取締役はBのみであるので、取締役会非設置会社である（331条5項、326条1項）。そして、公開会社には取締役会設置義務がある（327条1項1号）ので、取締役会を設置していない乙社は非公開会社（全株式譲渡制限会社）である。同じロジックより、取締役がAのみである甲社も、Cのみである丙社も、同様に取締役会非設置会社で非公開会社である。

②　近時有力説が計算説を採用していることを念頭において、解答例では名義説を丁寧に論証していると思われるが、多数説である名義説を採るならば、それほどの紙幅を割くまでもないだろう。逆に計算説を採りたいのならば、紙幅を

割いて論証すべきであろう。

③ ①と同じ。

④ 親会社取締役の子会社管理責任に関する理論的な根拠が明示されている。

⑤ 本件事実関係を丁寧に拾い上げて、子会社管理義務の存在を詳細に認定している。

⑥ ①と同じ。

⑦ 株主総会特別決議と明記すべきである。

⑧ このようにきちんと数字を押さえることが重要である。

⑨ 467条1項2号の2イロの要件該当性を検討しているので、その旨の指摘をすべきである。例えば、「イに該当」「ロに該当」といった一言だけでも印象は良い。

⑩ ①と同じ。

解説

1 設問1：結合企業における親会社株主保護の在り方

(1) はじめに

現代の企業においては、一つの会社が単体で事業を行うこともあれば、他社の株式を保有して子会社化し、企業集団を形成して事業を展開していくことも多い[(1)]。本来、会社はそれぞれ独立した法人格を有しているため、それぞれ単体の会社の中で任務懈怠が発生し、それに対する規律付けはそれぞれの会社ごとがなされるはずであるが、企業集団においては子会社の企業価値が親会社の企業価値に大きな影響を与えうる[(2)]ことになるため、①子会社取締役の任務懈怠行為につき親会社株主が直接責任追及する方法、そして、②子会社管理について親会社取締役に任務懈怠を認定し、それを親会社株主が責任追及する方法とが問題となり得、①は特定責任追及の訴え（多重代表訴訟）、②は親会社取締役の子会社管理責任と称される。

（1） 田中亘『会社法（第2版）』（東京大学出版会、2018）50、351頁コラム4-77。

（2） 坂本三郎編著『立案担当者による平成26年改正会社法の解説』（商事法務、2015）159頁。

⑵　特定責任追及の訴え

⒜　総説

まず、甲社株主Cによる、本件買取りに関する乙社取締役Bの乙社に対する損害賠償責任の追及が問題となる。まずBの乙社に対する任務懈怠の対象となる事実についてであるが、Bが自己のワインコレクションのうち100本を、市場価格150万円の2倍の総額300万円で買い取らせたことが問題となっている。

⒝　Bの乙社に対する任務懈怠：直接取引

これは、取締役が自己または第三者の名義において[3]会社と取引をすること、すなわち利益相反取引における直接取引に該当し、これを行うときには法定の決議機関による承認を得なければならない（356条1項2号、365条1項）。本件では乙社は取締役会非設置会社であるため株主総会の承認を受ける必要がある。しかし、本件では、この承認を経ずに直接取引が行われたため、Bの任務懈怠となる。

直接取引が行われるときには、取締役がその影響力を利用して、取引条件を自己や第三者にとって有利に、そして会社にとって不利なものとする恐れがある。その一方で、直接取引が行われることにより、事業に必要な財産が取締役から会社に譲渡され、会社の利益になることもある。そこで、直接取引は一律禁止とせずに、それが行われるときに法定の決議機関の承認が必要となるとされている[4]。

本件においては、Bが市場価格総額150万円のワインをレストランでの提供価格の300万円程度で乙社に買い取らせることとした。乙社からすると仕入価格と提供価格とが同額となることになり、明らかに乙社に損害を与える直接取引に該当する。仮に後に300万円を超える額によりワインを提供し得、会社に利益をもたらすようなことがあったとしても、それは結果論にすぎない。よって、定型的に会社を害するおそれのない取引でもなく、また、会社とって合理的であると認められるような取引の個別具体的内容も存在していないのである

（3）　計算説を採る見解も有力ではある（田中・前掲注（1）245頁）が、多数説である名義説を採るほうが受験政策的には無難であるため、ここでは名義説に割り切って議論を進める。

（4）　田中・前掲注（1）245頁。

から、当該取引を直接取引として、株主総会の承認をとるべきであった。[(5)]

(C) 乙社取締役Bの乙社に対する損害賠償責任の甲社株主Cによる追及方法：特定責任追及の訴え

乙社取締役Bは乙社に対して任務懈怠による損害賠償責任を負うことが明らかになったが、それを甲社株主Cが追及する手段としては、特定責任追及の訴えがある。

特定責任追及の訴えは、6ヶ月前から引き続き最終完全親会社等の総株主の議決権の100分の1以上の議決権を有する株主または発行済株式（自己株式を除く）の100分の1以上の株式を有する株主が行使することができる（847条の3第1項）。非公開会社では6ヶ月間の継続保有要件は不要となる（同条6項）。特定責任追及の訴えの対象となるのは、株式会社の発起人等（発起人や役員等を含む）の責任の原因事実が生じた日において、当該株式会社の株式の帳簿価額が最終完全親会社等の総資産額の5分の1を超える場合における当該発起人等の責任に限定される（847条の3第1項4項）。特定責任追及の訴えを提起する前に、株式会社に対する提訴請求（847条の3第1項）、60日間待って初めて提起できること（847条の3第7項）などについては、通常の代表訴訟と同じである。

本件においては、甲社は乙社の完全親会社であり（847条の3第2項1号）、Cは乙社の取締役である。そして、Cは発行済株式総数1000株の甲社の300株を保有する株主であり、原告適格を満たす（甲社は非公開会社であるため6ヶ月の継続保有要件もかからない）。ワインの買取りが行われた令和2年6月23日時点において、甲社の総資産額は1億円程度（令和元年4月1日から令和2年3月31日までの総資産額は1億円であり、その後資本金等の額に影響を与える行為等は行っていないのであるから、おそらく変動はない）であり、乙社の株式の帳簿価格3000万円であるため、当該株式会社の株式の帳簿価額が最終完全親会社等の総資産額の5分の1を超える場合に該当する。よって、Cは原告として、乙社取締役Bに対し、特定責任追及の訴えを提起することができる。

（5） 田中・前掲注（1）248頁。

(3)　親会社取締役の子会社管理義務・責任

次に、甲社株主Cによる、本件買取りに関する甲社取締役Aの甲社に対する損害賠償責任の追及が問題となる。本件買取りは乙社とBとの間で締結されたものであるため、本件買取りそのものに関する問題ではなく、子会社である乙社において行われた本件買取りに関する、親会社である甲社の取締役Aの管理義務が問題となっている。もしもこのような管理義務が認定されれば、管理義務は取締役Aの甲社に対する義務として存在しているため、その懈怠は甲社に対する責任とされ、株主代表訴訟（責任追及の訴え）の対象となる(847条)。

本来、親会社と子会社とは別の法人であり、親会社取締役は子会社に指図を行うことにより違法行為を行わせたといった特段の事情がない限り、子会社において行われた違法行為につき親会社に対して義務を負い、それにつき責任を負うといったことはないはずである[(6)]。しかし、平成9年独占禁止法改正による純粋持株会社の解禁以降、親会社取締役は子会社の管理等に関して、親会社に対して何らかの義務を負うべきかとの議論が盛んになり、現在では、子会社株式も親会社の保有する資産であるから、その価値を維持するべく管理することも親会社の取締役の義務の内容に含まれるとの理由付けにより、親会社取締役の子会社管理義務を認める見解[(7)]が有力となっており、解答例もこの見解に立脚している。

ここで問題となるのは、親会社取締役がこのような義務を負うのはいかなる場合であるのか、である。この論点について参考となるのが、福岡魚市場事件判決[(8)]である。本事件では、完全子会社であるB社が完全親会社であるA社を含む仕入業者に対し、一定の預かり期間に売却できなければ期間満了時に買い取る旨の約束をした上で、魚を輸入してもらい、同期間満了後に在庫商品をいったん買い取り、また一定の期間売却できなければ今度は仕入業者に買い取っ

（6）　東京地判平成13・1・25判時1760号144頁。

（7）　舩津浩司『「グループ経営」の義務と責任』（商事法務、2010）158、230頁。舩津教授の手によるものとして、「福岡魚市場事件評釈」岩原紳作ほか編『会社法判例百選（第3版）』（有斐閣、2016）110頁、「親会社取締役の子会社管理義務」田中亘ほか編『論究会社法——会社判例の理論と実務』（有斐閣、2020）103頁がある。

（8）　福岡高判平成24・4・13金判1309号24頁。

てもらうといった、いわゆるグルグル回し取引を行い、B社の在庫含み損を増大させ、その後B社再建のためにA社が貸付を行ったものの、後に貸付金残額を放棄させられたという事案において、A社取締役Yのグルグル回し取引に対する監視義務違反と貸付についての善管注意義務違反が問われた。福岡高裁は、原審福岡地裁判決を引用し、①グルグル回し取引は違法・不当なものであること、②Yは公認会計士からの在庫管理の指摘を受けた時点において、A社取締役として、A及びB社の在庫の増加原因を解明すべく、具体的かつ詳細な調査をし、これを命ずべき義務があること、などを認定した。本判決は親会社取締役の子会社管理責任を一定程度認めた[9]裁判例であると評価されているが、例えば、A社とB社とは完全親子会社関係であったため一会社の一事業部門内における出来事とほぼ同視できること、YらはA及びB社の取締役を兼任していたため情報共有が十分にできていたこと、グルグル回し取引は明らかに違法な行為であったこと、などといった特殊事情が存在するため、それが判決の結論に影響を与えたとすると、本件判示をどこまで一般化できるのかは議論の余地がある[10]。

さて本問に戻ると、先述のとおり、乙社においては会社を害する直接取引が存在すること、甲社と乙社とは完全親子会社関係にあること、乙社取締役はB一人のみであるため乙社にはガバナンスが効いていることを信頼できる状況にはなさそうなこと、AはBの父であり、しかも本件直接取引に関し話を通し、しかもAはこれを容認するような発言をしていたこと、などに鑑みれば、上記福岡魚市場事件判決を踏まえ、親会社取締役の子会社管理義務の存在を認めても問題ないだろう。

2　設問2：C保有にかかる甲社株式と引換えに甲社保有にかかる丙社株式のCへの譲渡の手続

(1)　総説

設問2の行為は、①C保有にかかる甲社株式を甲社が取得すること、②甲

(9)　原審である福岡地判平成23・1・26金判1367号41頁では、監視義務違反（間接損害）については損害の数額を具体的に認定することは困難であるとして、貸付の回収不能額（直接損害）についてのみ損害賠償責任を認め、控訴審でもこれは維持されている。

(10)　例えば、船津・前掲注（7）『百選』111頁、同『論究』112頁、齊藤真紀・商事2100号87頁（2016）、重田麻紀子・法学研究（慶應）85巻10号133頁（2012）。

社保有にかかる丙社株式をＣに譲渡すること、③丙社株式の譲渡、の３つに分解することができる。①は自己株式取得、②は子会社株式の全部譲渡、③は非公開会社（全株式譲渡制限会社）の株式譲渡に該当し、それぞれの手続を整理していけばよい。

⑵　自己株式取得

本件において、甲社がＣという特定の相手から自己株式取得を行うことになる。そのため、①取得事項（156条）決定に併せて特定の株主から取得することにつき株主総会特別決議を経る必要があり（160条、309条２項２号）、②他の株主には売主追加請求権が認められる（160条３項）。なお、Ｃには当該決議において議決権を行使することはできない（160条４項）。ついでに、甲社は非公開会社であるため同社株式は市場価格がある株式ではなく（161条）、Ｃからの株式取得は相続その他一般承継による取得事例でもなく（162条）、事例からして定款で排除されてもいない（164条）ため、売主追加請求権は排除されることはない。

自己株式取得と引換えに交付する金銭の総額は、その行為の効力発生日における分配可能額を超えてはならない（157条１項３号、461条１項２号）。令和２年８月12日現在の甲社の分配可能額は5000万円であり、同日の甲社の総資産額は１億円であると想定され（先述の通り平成２年６月23日時点においてそうであり、その後も変動要素はないと想定されるので）、Ｃは発行済株式総数1000株のうち300株を保有しているのであるから、Ｃ保有にかかる甲社株式の価値は１億円の30パーセントで3000万円と評価でき、これは甲社分配可能額の範囲内にある。よって、財源規制もクリアできる。

⑶　子会社株式全部譲渡

甲社がＣに対して丙社株式全部を譲渡する行為は子会社株式の全部譲渡に該当し、①譲渡する株式の帳簿価額が株式会社の総資産額の20パーセントを超えないとき、または②当該譲渡の後も株式会社が当該子会社の議決権の過半数を有するときのいずれかに当たるときを除いて、株主総会の特別決議が必要である（467条１項２号の２）。株式会社が、その子会社の株式等を譲渡することにより、株式等の保有を通じた当該子会社の事業に対する直接の支配を失う場合には、事業譲渡と実質的には異ならない影響が生じるからである[(11)]。甲社の総資産額が１億円で丙社株式の帳簿価額が3000万円であって①には該当せず、甲社は丙社の株式を全部譲渡して議決権をすべて失うのであるから②にも該当しない。よって、甲社では株主総会特別決議が必要である。

(4) 丙社株式の譲渡

株主である甲社がＣに丙社株式を譲渡している。丙社は先述の通り非公開会社であるから、譲渡制限株式の譲渡の承認につき株主総会決議が必要である（137条）ことが原則ではある。しかし、一人会社の株主が、その保有する株式を譲渡するときは、譲渡人以外の株主を保護する必要はないのであるから、株主総会による承認がなくても、その譲渡は会社との関係で有効となる[12]ので、同承認決議は不要である。

(11) 坂本編著・前掲注（２）178頁、田中・前掲注（１）679頁。

(12) 平成17年改正前商法204条１項但書所定の取締役会決議による承認がなかった事例として、最判平成５・３・30民集47巻４号3439頁。

論文演習会社法 下巻〔第2版〕

2017年2月20日 第1版第1刷発行
2021年2月20日 第2版第1刷発行

編 者 上田純子
松嶋隆弘
大久保拓也

発行者 井村寿人

発行所 株式会社 勁草書房

112-0005 東京都文京区水道2-1-1 振替 00150-2-175253
（編集）電話 03-3815-5277／FAX 03-3814-6968
（営業）電話 03-3814-6861／FAX 03-3814-6854
平文社・中永製本

ISBN978-4-326-40389-9 Printed in Japan